严文明文集

（第8卷）

严文明　著

文物出版社

总 目 录

第 1 卷　历史学与考古学·考古学史
　　　　上篇　历史学与考古学
　　　　下篇　中国考古学史

第 2 卷　中国远古时代·中国史前艺术
　　　　上篇　中国远古时代·远古的北京
　　　　下篇　中国史前艺术

第 3 卷　中国新石器时代
　　　　上篇　中国新石器时代（1964 年）
　　　　下篇　中国新石器时代（2005 年）

第 4 卷　中国史前文化的统一性与多样性

第 5 卷　仰韶文化与彩陶研究

第 6 卷　中国农业的起源

第 7 卷　中华文明的起源

第 8 卷　长江流域文明的曙光
　　　　上篇　长江流域文明的曙光
　　　　下篇　良渚文化与文明起源

第 9 卷　足迹
　　　　上篇　足迹
　　　　中篇　浚哲诗稿
　　　　下篇　考古研究之路

本卷目录

长江流域文明的曙光

上篇　长江流域文明的曙光

长江流域在中国文明起源中的地位和作用 ························ 3
长江流域最古的城市 ·· 13
长江文明的曙光
　　——与梅原猛对谈录 ······································ 21
成都平原文明的起源 ·· 84
在"纪念中国考古学百年暨江汉考古创刊四十周年学术研讨会"上的讲话 ······ 87
《长江中游新石器时代文化概论》序 ···························· 89
《长江中下游地区史前聚落研究》序 ···························· 91
《宜都城背溪》序 ·· 96
江陵毛家山发掘记 ·· 99
红花套的记忆 ··· 112
石家河考古记 ··· 120
谭家岭：收获和悬念 ··· 125
邓家湾考古的收获 ··· 127
石家河的立鹰纹玉牌饰 ······································· 134
《石家河发现与研究》序言 ···································· 136
楚都考古记 ··· 138
喜读《淅川下王岗》 ··· 141
《仙人洞与吊桶环》序 ······································· 147
在嵊州小黄山遗址学术研讨会上的发言 ························· 149

《中国河姆渡文化》序 ··· 151

在田螺山遗址学术研讨会上的发言 ································ 154

河姆渡与田螺山 ··· 156

江淮地区的文明化进程 ·· 161

安徽新石器文化发展谱系的初步观察 ··························· 166

文明化进程中的一个实例——凌家滩 ························· 172

凌家滩玉器浅识 ··· 178

下篇　良渚文化与文明起源

良渚文化研究的新阶段 ·· 185

良渚文化与文明起源 ··· 188

良渚文化：中国文明的一个重要源头 ························· 193

良渚文化与中国文明的起源 ······································· 196

良渚随笔 ··· 204

良渚遗址的历史地位 ··· 213

把良渚文化的研究向纵深推进（提纲） ······················ 215

在良渚论坛上的讲话 ··· 217

良渚古国，文明奇葩 ··· 221

华夏文明五千年，伟哉良渚 ······································· 225

弗利尔美术馆的良渚玉器 ··· 227

良渚文化的人头盖杯 ··· 231

一部优秀的考古报告——《反山》 ···························· 233

《良渚玉器》序言 ·· 238

《良渚古城——东亚早期国家》序 ···························· 240

长江流域文明的曙光

长江流域在中国文明起源中的地位和作用[*]

这次到四川来主要是参观四川大学和成都市文物考古工作队发现的几个古城，昨天刚刚看完，感到很有收获，对四川的古文化又有了一些新的认识。马继贤先生要我做个学术报告，他这是客气，实际是想考考我，看看我到底有些什么体会和认识。我没有准备，只是想了一想，现在硬着头皮来讲，一定有许多不妥当的地方，恳请各位不吝赐教。我讲的题目是《长江流域在中国文明起源中的地位和作用》，想分四个方面来谈。

一　问题的提出

长江作为中国第一大河，位置居中，并且具有非常优越的自然地理条件，至今仍然是我国经济最发达和人口最多的地区。长江在中国历史上也占有十分重要的地位，但历史文献中关于长江流域的记载却远不及黄河流域的那样丰富，有些记载语焉不详，所记事情若隐若现；还有长江流域的考古工作起步比较晚，发展也比较慢。有些在黄河流域已经弄清楚的问题，在长江流域还不甚明了。这样，长江流域在中国文明起源和早期发展中的地位与作用也就不是很清楚了。

最近这些年来，由于先后发现了像四川广汉三星堆和江西新干大洋洲那样高度发达的青铜文化，同时还有像湖北大冶铜绿山和江西瑞昌铜岭等那样规模极大的矿冶遗址。前两者的工艺技术和生产力发展水平可以与黄河流域的商文化相颉颃，后两者则是在黄河流域的商周文化中也还没有发现过的。至于史前时期也有许多十分引人注目的发现。人们开始意识到长江流域在中国历史上的地位和作用不可低估。不少学者提出应该更加重视对长江流域古代文明的研究，有的学者提出要打破传统的黄河中心或中原中心论，认为中国文明也是一种两河文明，即黄河与长江两大河流域的文明。有的学者旗帜鲜明地提出了大长江文明的概念，有的人甚至以为长江

＊　本文为 1996 年 4 月 25 日在四川大学的演讲。

文明超过了黄河文明。在一系列新的发现面前，出现各种不同的看法本来是很自然的。今天我也想就此谈谈自己的一些看法，很不成熟，不妥的地方希望得到各位的指正。

二　中国古代文明产生的基础和稻作农业的历史地位

从世界范围来看，大凡古代文明产生较早的地方，也就是谷物农业比较发达的地方。例如西亚古代文明的诞生地两河流域同时也是麦作农业的起源地。那里在麦作农业发展到一定阶段的时候便产生了苏美尔—阿卡德文明。埃及和印度古文明都受到了两河流域的影响，其经济基础也是麦作农业。中美洲古文明则是以玉米种植业为基础的。至于中国的古代文明，过去一直以为起源于黄河流域，考古发现证明黄河流域是粟作农业的起源地区，而且直到战国时代都是以种植粟和黍为主要作物的，中国古代文明是否就是在粟作农业的基础上产生的呢？

从另一方面来看，从古到今，人类的主要粮食作物除了以上几种以外还有水稻。事实上水稻乃是总产量最高，以其为主食的人口最多的一种谷物。人们不禁要问，为什么稻作农业没有产生一种文明？有人提出印度和东南亚或许有这样的文明，也有人联想到了中国的长江流域。

关于稻作农业的起源地区，以前流行印度说和东南亚说，后者有时也包括中国的华南地区。前些年山地起源说特别流行，即认为印度东北部的阿萨姆山地、缅甸北部山地和中国的云南山地是水稻的起源中心，然后再向四周传播。所有这些说法都是农学家根据作物品种分类和分布状况而推测出来的，缺乏考古发现的实物证据。我国从 20 世纪 50 年代开始在长江中游的屈家岭文化中发现水稻遗存，到 70 年代在浙江河姆渡文化遗址中发现大量的稻谷遗存和农具，年代早到公元前四五千年，是当时所知年代最早的稻作农业的证迹，于是学术界提出了长江流域起源说，得到考古学界的热烈响应。到了 80 年代，湖南的彭头山和湖北的城背溪文化中有一系列遗址出土了稻谷遗存，年代提早到了公元前六七千年。特别是河南贾湖的裴李岗文化遗址中也发现了大量年代相当的稻谷遗存，并且经过鉴定，断定是已经完全成熟的栽培稻——粳稻，从此长江起源说已为学术界（包括农学界）普遍接受了。这个问题最近又有了新的突破。1993 年和 1995 年，由北京大学和江西省文物考古研究所与美国安德沃考古基金会合组的农业考古队和湖南省文物考古研究所，分别对江西万年仙人洞和湖南道县玉蟾岩进行了发掘，前者出土了公元前 1 万年左右的很可能是水稻的花粉和植物硅酸体，后者更出土了几粒稻谷。据测定其中一粒接近野生稻，但与典型的普通野生稻已有一些不同。另一粒则明显地接近于栽培稻。与它们共存的石器全部都是打制的，估计其年代至少在公元前 1 万年。我想稻作农业起源年代的追溯工作应该到底了。再早就进入旧石器时代了。当然，由于这一发现才刚开始，资料还很有限，难以说明稻作农业起源的具体情况。但是经过这几十年不懈的努力，至少可以确信长江流域是稻作农业起源的中心，假如不是唯一的，也应该是最重要的一个中心。据我个人统计，中国史前遗址中发现有稻谷遗存的已达 140 多处，其中 80%以上分布在长江中下游，其次是黄淮流域，华南的遗址不但很少，年代也都很晚。可见稻作农业起源在长江流域，早期的发展中心在长江流域，至今最发达的地区还是长江流域。这样的水稻种植业是否提供了一种早期文明发展的基础呢？

为了回答这个问题，我想有必要分析一下为什么谷物农业发展到一定阶段会产生文明。农业是一种以年为周期的有计划的长期行为，首先要对准备栽培的作物有较深的了解。除了它的可食性和耐储藏性以外，还要对它的生长习性，包括对土地、水分和季节的要求等，为此还要制造一定的农具以便对土地进行加工以及除草、收割和碾磨谷物等。这里有许多经验和知识的积累，是一个综合的文化行为，简单的思维或短期的劳作是不可能奏效的。农人一定要定居，一定要组成较大的集体以便于解决生产中遇到的各种问题。这是与从事狩猎或采集的人们大不相同的。而稻作农业需要对土地加工的程度超过旱地农业，因为它一定要把地整平，否则有的秧苗得不到水，有的秧苗又会被水淹没。这就必须筑成不漏水的田埂，还要有灌溉和排水的设施，旱地农业则不一定要有这些设施。由于人们对稻田投入了那么多的劳动，又由于不断的灌溉使稻田有一定的自肥作用，不必要经常抛荒轮种。因此种植水稻的农人比种旱地的农人更加稳定，更有精力来改进农业技术，进而养成了他们较高的技术文化素养。这种素养自然会影响到手工业和艺术等许多方面。一些以稻作农业为主的考古学文化的手工业水平也比较高，可能就是因为这个原因。由此可见稻作农业不但可以是文明产生的基础，而且对文明的产生还有一定的促进作用。研究长江流域以稻作农业为基础的文明的产生和发展及其对东北亚与东南亚等地文明的影响与促进作用，无疑是一项具有十分重要的意义的事情。

三　长江流域文明起源的三个中心

1. 长江下游

主要指江浙地区。本区较早的有河姆渡文化（约为公元前 5000～前 4500 年），已有相当发达的稻作农业，后来的马家浜文化和崧泽文化都以稻作农业为主，到良渚文化（约为公元前 3300～前 2000 年）又有了显著的发展，其标志就是石犁等一系列新农具的出现。我国普遍实行犁耕要到春秋战国时代，比良渚文化晚了许多。良渚文化是首先实现犁耕的，这不但促进了农业的发展，而且带动了其他经济和社会文化的普遍繁荣。例如良渚文化的玉器、漆器和丝绸等手工业都比同时代的其他地区发达得多。这些手工业制品上体现的精湛技术和艺术水平，看过的人都会留下深刻的印象。经济的发展不但增加了社会的财富，也促进了社会分工和交换发展，促进了贫富分化和社会地位的分化，这在聚落形态上可以很清楚地反映出来。

良渚文化的聚落大致可以分为三级。第三级是普通的聚落，即一般的农村，和以前差不多，有几百处。第二级是较小的中心聚落，或者叫作次中心聚落，其中往往有人工堆筑的贵族坟山，墓葬较大，往往随葬玉器等珍贵物品。这样的聚落有一二十处。第三级就是中心聚落，目前发现的有浙江余杭良渚遗址群、上海福泉山遗址群和江苏武进寺墩遗址群等，其中尤以良渚遗址群的规模最大，规格也最高。它由 50 多个遗址组成，核心是过去称为大观山果园的莫角山遗址。它是一个长方形土台，长 670、宽 450 米，高出周围地面四五米到七八米不等，上面还有三个较小的土台。根据一些情况来判断，这整个莫角山遗址原先应当是依托一个自然土岗，经人工裁弯取直、填平补齐才会形成这个样子的。有人计算这项工程需要一千人连续干三十年才能完成。根据上面发现大面积夯土基址和数以万计的残破土坯来看，这大土台当是宫殿或宗庙一类礼制性建筑所在的地方。为了建设这样一个政治和宗教的中心，打基础的土建工程就长达三十年是不可想象的。如果是五六年也许比较合乎情理，那就需要五六千人同时劳动。这些人的吃住就是一个大问题，在这些人之外还要有一大批人为他们提供生活保障。什么样的力量能够调集如此庞大的劳动队伍有组织有计划并且持续多年地进行建设！一个合乎逻辑的结论自然是当时已经存在具有极大号召力和强制手段的统治集团，从一些迹象来看，他们是同时掌握政治、宗教、军事和经济大权的。因此我们设想当时应该出现某种初级形态的国家了。更有甚者，良渚遗址群中还有祭坛和人工坟山等许多同样需要许多劳力的工程，统治集团不管有多大的权力，也不能把全体人民都投入这一项工作中去。何况那些次中心聚落中也还有一些比较大的工程，也需要有一定的劳力。由此可见，组成良渚国家（姑且这么说）的人口一定有相当大的一个数目，并且占据了相当大的一块地方。目前我们虽然不能说出确切的范围，但如果把太湖以南都包括在内的话，恐怕也不算过分的。这种情况同以前的马家浜文化和崧泽文化比较已经有本质的变化，即由简单社会变成比较复杂的社会，由史前社会进入了初期的文明社会。

2. 长江中游

这里是对稻作农业起源和早期发展轨迹研究得比较清楚的地区。到屈家岭文化—石家河文化时期（约为公元前 3300 ~ 前 2100 年）出现了一系列城址。其中在湖北的有天门石家河、石首走马岭、江陵阴湘城、荆门马家垸和公安金家城共五处，湖南有澧县城头山和鸡叫城两处。各城的面积大小不等，小的只有六七万平方米，中等的约 20 万平方米，最大的石家河城约有 100 万平方米，是全国同时代几十座城址中最大的一处。从城墙的个别剖面来看，至少是分两次筑成的。据初步测量，有些段落的墙基宽约 50 米，顶宽四五米，高约 6 米。有的地段因为地势较高，墙体相对要小一些。加上东南部有一段约 400 米宽的缺口，把所有这些因素都考虑进去，城墙的用土在 50 万立方米以上。何况城墙顶部经过几千年的风风雨雨已经坍塌了不少，原来筑城的用土量必定更多。再说城外还有十分壮观的环城壕沟，有迹象表明挖壕的土并不一定全部都用来筑城。这样工程量就更大了。我小时候住在洞庭湖边，参加过好多次修筑河堤的工作。民工挖了土用箢箕盛了挑到堤上再把它夯实，平均一天大约能完成两方土。我看石家河城的样子，修筑起来很像筑河堤的工程。那时的人只能用石铲挖土，工作效率应该更差一些。如果一人一天平均完成一方土的工作量，那就需要一千人持续劳动将近两年的时间。这些人要吃要住，要使用必要的工具，因此还要有一大批人来提供起码的后勤保障。同良渚文化一样，这也必须有一个强有力的机构来征集这样多的人夫，并且把他们组织好去完成这样一项巨大的工程。可以想见，花费那样巨大的人力、物力修建城池，必定是战争已经发展为非常残酷激烈，人们不得不设法来保卫自己免受侵犯。但毕竟筑城的地方只是少数，一般的村落是不筑城的。那么有城的地方必定是集聚了比较多的财富，因而成为敌方觊觎的对象。富有的人住在城里，他们可以征调广大乡村的劳力来为自己修城，而修城的人自己反而得不到城墙的保护，说明当时的社会已经严重地分化，已经出现统治者与被统治者，这正是国家产生的一个必要的条件。根据石家河城内外发现的一些迹象，可以大致了解城的功能，城里人的组成以及可能作为统治集团的人员的组成情况。这城的中心部分在谭家岭一带，那里曾经发现了许多分间的房屋，并且发现过厚达 1 米的房屋墙基，说明那里是主要的居民区以及贵族的居所。城内的西北部分叫邓家湾，那里分布着成百座中小型墓葬，说明是普通居民的墓地。紧靠墓地有许多宗教性遗迹。例如有两个坑中至少埋藏有 5000 个陶塑动物和约 200 个陶塑人像。这些人几乎毫无例外地头戴平顶或微弧顶浅檐帽，身着长袍，双膝跪地，手捧大鱼，而且总是右手压头，左手托尾，很像是在举行某种宗教仪式。这些人的衣着则很像是巫师专有的服饰。那些动物种类甚多，其中家畜家禽有猪、狗、羊、牛和鸡，野生动物有猴、象、龟、鳖和长尾鸟等。还有一些很像是狐狸、狼、虎或豹的形象。它们既然和那些巫师的塑像出在一起，说明它们很可能是某种宗教仪式的道具。在这两个坑的旁边横卧着若干巨大的陶质炮筒形器，每个长 1.2～1.5 米，有的中部鼓起如圆球，上面布满很长的乳丁，乍看起来像个水雷。这些炮筒形器首尾相连呈一曲线，没有任何实用价值，估计也是宗教遗物。在这个地方还有用圜底陶缸首尾套接排列成直线或弧形，有的是单排，有的是双排，共有几组。城外肖家屋脊也有几组同样的遗迹。这些陶缸上多饰篮纹，在上半部醒目的地方往往有一个刻划符号，很像大汶口文化的陶尊形器。但石家河陶缸上的刻划符号主要有三种，即镰刀、石钺和陶杯。陶杯的样式和遗址中发现的粗红陶杯别无二致，只是符号中的红陶杯中插了一根小棍。这种杯质地粗糙，容积又很小，没有什么实用价值，可能也是一种宗教用品。在城内西南部的三房湾发现了数以十万计的红陶杯的堆积，说明那里应是一个长期进行大规模宗教活动的场所。三种刻划符号分别代表农具、武器和宗教祭器，是当时人们最看重的三项事业的代表性物品。遗址中还发现过一个陶罐，上面刻划着一个武士。他头戴花翎帽，身着短裙，脚穿长筒靴，右手高举石钺，俨然是一位指挥官的样子，而他的服装也与巫师的服装截然不同。这样看来，城里住的人主要就是贵族、巫师和武士，当然还会有许多手工业工匠。前三者构成了当时的统治集团，并且组成了颇有权威的统治机构。可见长江中游通过自己的道路也迈进了早期文明的门槛，是长江流域的第二个文明起源中心。

3. 长江上游

主要指四川，这是过去最不清楚的地区。这次到四川来，承成都市文物考古工作队的厚意，带我仔细地参观了新津龙马古城或者叫作宝墩古城、温江鱼凫城、都江堰芒城和郫县古城。真是大开眼界。其中除郫县古城没有发现遗物因而无法断定年代以外，其他三座的年代都可以大致确定。城垣墙体中发现的陶片，从陶质、器形到纹饰都和三星堆一期的差不多，没有发现更晚的东西，龙马古城经过试掘，发现墙体中的陶片与城墙压着的地层以及压着城墙的地层中所出的陶片虽有差别，但总体特征仍和三星堆一期基本相同，因此我们可以肯定这些城址的年代也应该和三星堆一期差不多。1987 年我参加三星堆遗址的学术讨论会时，发掘者把一包碎陶片拿给我看，说是出在最下层的。我当时觉得它和三星堆的主体文化有很大的差别，年代可能会比三星堆主体文化早许多。但因为陶片太碎，又缺乏可以比较的资料，难以把年代说得很准，只说有可能早到龙山时代。后来这类遗存发现得越来越多，特别是绵阳边堆山遗址经过较大规模的发掘，出土了比较多的器物，文化特征可以看得比较清楚，因此有的学者觉得应该命名为边堆山文化。几处遗址的碳－14 年代表明，边堆山文化大约在公元前 3000～前 2000 年，正好相当于龙山时代。从一些城址的剖面来看，其筑法是铺一层土，稍加夯实，接着再铺一层土，再加夯实，如此往复向上增加。每层土的厚度不必一致，表面也不水平而往往呈凸弧形。整个墙体则像一个大土垄，两边的坡度甚缓。这同屈家岭—石家河文化的筑城方法几乎是一样的。三个古城的平面大体都呈圆角方形，比较规整。面积小的有 10 万平方米，大的有二十几万平方米，和长江中游的也差不多。因此我们可以肯定，龙山时代的成都平原也已迈进了文明的门槛。换句话说，长江上游也是一个文明起源的中心。这一重大发现必将进一步加深人们对于四川在我国古代历史发展中的重要地位的认识。

四　长江流域在中国文明起源和早期发展中的地位和作用

比较长江流域的三个文明起源中心，可以看出中、下游之间的关系比较密切，中、上游之间因为隔着一个长江三峡，联系起来有很大的困难，所以相互之间的差别比较大。即使在中、下游之间的直接交往也是不多的，因为中间还隔着江西和安徽那样很大的一片中间地带，并且存在着文化上的次中心。这就是说，不能简单地把长江流域的各个文明中心视为一个整体而称之为长江文明。如果把这些文明起源中心同黄河流域的文明起源中心相比较，这个问题可以看得更加清楚。例如长江下游的良渚文化同黄河下游的大汶口文化就有十分密切的关系。它们都以鼎、豆、壶为基本的陶器组合，某些陶器的形制也很相似；它们都以石钺为主要武器。在良渚文化的遗址中可以见到背水壶等大汶口文化所特有的器物，在大汶口文化的遗址中也可以见到鼎形鬶等良渚文化所特有的器物。大汶口文化陶缸上的刻划符号曾经多次在良渚文化的玉器上见到。这说明在龙山时代，长江下游同黄河下游的文化关系要比它同长江中游的关系密切得多，相似或相同的因素也多得多。长江中游的屈家岭—石家河文化同黄河中游的仰韶晚期与中原龙山文化之间也有非常密切的关系。例如在黄河中游的一些遗址中，就不止一次地发现屈家岭—石家河文化所特有的高柄杯、蛋壳彩陶杯和擂钵等器物；至于石家河文化中的中原龙山文化因素就更多了，以至于有人认为在石家河文化晚期，曾经有一支中原龙山文化的人大举入侵长江中游。总之，长江中游与黄河中游的文化关系要比它同长江下游或长江上游的文化关系密切得多，相似的程度要大得多。在这种情况下，显然不能把长江和黄河在文化上分割开来，提出什么长江文明或黄河文明那样的概念。

从现在的情况来看，长江的上、中、下游以及黄河的中下游都各是一个文明起源中心，长江的中、下游之间和黄河的上游都存在亚中心，燕辽地区也有一个文明起源中心，因为黄河古代是从现在的天津一带入海的，所以燕辽地区也可以算是黄河下游。这些中心之间都存在着不同程度的联系，发展阶段尽管稍有差别，但基本上还是同步的。因此，我们可以把这些中心看成相互区别又相互联系的一个整体，是一个文化上的相互作用圈。在文明起源时期的情况是如此，在往后发展的相当长的一个时期内也是如此。这是我们中国古代文化发展的一个大核心地区。因为都在黄河和长江两大流域，我们就可以把它称之为东方的大两河文明，以区别于西亚的那个两河文明。中国不只有这样一个大两河文明，在它的周围地区还有许多文化中心，以后逐渐成为一些地区性文明。例如闽台地区的昙石山文化和圆山文化，广东地区的石峡文化，云南的白羊村等一类遗存，西藏的卡若文化，西北地区的一系列青铜文化，内蒙古的朱开沟文化和东北地区的一系列青铜文化等，后来这些文化有的融合在以两河文明为中心的伟大的华夏文明之中，有的发展为地区性文明，而与华夏文明结成非常密切的关系。由于黄河、长江流域的自然环境优越，地理位置适中，又是最早进入文明的地区，所以在往后的发展中总是处在领先的地位，成为全国经济文化发展的核心地区。而在这个核心地区之中的中原地区，由于地理位置优越，能够吸取和融合周围各地区的长处，从而在一定时期成为核心之中的核心。这样整个中国的古代文化就像一个重瓣花朵：中原是花心，周围的各文化中心好比是里圈花瓣，再外围的一些文化中心则是外圈的花瓣。这种重瓣花朵式的结构乃是一种超稳定性的结构，又是充满自身活力的结构。中国文明的历史之所以几千年连绵不断，是与这样一种多元一体的重瓣花朵式的文化结构与民族结构的形成与发展分不开的。

以上是就文明起源和古代文化结构方面来说的，说明长江流域文明的起源并不比黄河流域晚，而且一开始就构成中国古代文化核心的一部分。单是黄河流域不能代表中国古代文化，必须把长江流域包括在内。下面我想稍稍花一点时间分析一下中国古代文化中一些十分重要的因素，诸位将会发现其中有相当一部分乃是长江流域先民卓越的贡献。

先说瓷器。中国是瓷的国家，英文的中国——China 意译就是瓷器。但瓷器首先是从哪里产生的？很多人可能并不清楚。不过与瓷器的产生很有关系的白陶和硬陶却是长江中下游首先出现的。到了商代早期，黄河流域和长江流域的许多遗址中都发现有少量原始青瓷器。北京大学考古学系的陈铁梅先生曾经测量了若干遗址中的原始青瓷和共存的普通陶片的微量元素的组成情况，发现江西吴城两种质地的微量元素组分是相近的，而黄河流域各地点两种质地微量元素的组分却不相同，其中的原始青瓷的微量元素组分反而与江西的十分接近。这一信息告诉我们，黄河流域最早的原始青瓷很可能是在江西生产，然后才传播到北方去的。后来瓷器的生产越来越普遍，并且形成了许多有特色的传统，但长江流域一直是主要的产地，有瓷都之美称的景德镇就在江西。

中国又称丝国，是发明丝绸的国家，历史上有大量的丝绸出口。许多人不辞辛苦地长途跋涉贩运丝绸，以至于形成了著名的丝绸之路。但丝绸首先是从哪里发明的呢？过去说是黄帝的妻子嫘祖发明了养蚕，嫘祖在哪里甚至是否真有其人，都是无法说清楚的。前年在宜昌开了一个关于嫘祖的所谓学术讨论会，说她既是西陵氏，当然就应该是西陵峡地方的人。那是传说加附会，不足凭信的。拿考古发现来说，最早的蚕的形象见于浙江河姆渡文化一个象牙碗上的雕刻，最早的丝带和绸布也见于浙江钱山漾的良渚文化遗址里。至于湖北江陵马山战国墓和湖南长沙马王堆西汉墓中出土的大量丝织物，其工艺的精湛令看过的人无不叹为观止。从古到今出产丝绸的重心一直在长江流域，苏绣、杭纺、湘绣、蜀锦都是脍炙人口的上好出品。

中国古代尚玉，把它看成美好和高尚事物的化身，一块玉璧可以价值连城。最早的玉器主要有两个中心，一在燕辽地区的红山文化，一在江浙地区的良渚文化。在后来发展起来的商周文化中，玉器占有很重要的地位。但那些玉器的种类和特征基本是继承良渚文化的，红山文化的玉器似乎没有了下文。

漆器在中国古代也是一类十分重要的产品。最早的漆器出于浙江的河姆渡文化，在良渚文化中已经相当发达，后来楚国的漆器发展到了高峰。此后长江流域仍然是漆器的主要产地。

大家知道夏商青铜文化主要在黄河流域，到周代才逐步扩展到长江流域。前面已经谈到，商代的长江流域也有高度发达的青铜文化。而支持这些青铜文化的主要矿冶遗址却都在长江流域。

除此以外，还有一些现象也是十分值得注意的。例如中原地区龙山时代的主要炊器是鬲，长江流域则主要是鼎。后来随着商周势力的扩展，鼎鬲终于合流而成为一种所谓鼎鬲文化。有趣的是鬲一直仅仅作为普通的炊器，且多以陶为之；而鼎则演变为国家重器，成为代表贵族等级身份的礼器，多用上好的青铜为之。一些铜器上的花纹如饕餮纹和云雷纹等也都是首先出现于良渚文化而后为商周文化所继承和发展的。以上这些事实清楚不过地说明了长江流域在中国古代文明起源和早期发展中总是处在关键的地位，并且一直起着十分重要的作用。长江和黄河是分不开的，它们是你中有我，我中有你。只有中国文明或者作为它的核心的大两河文明，而没有单独的长江文明或黄河文明。随着考古工作的发展，长江流域会有更多新的发现，它在中国古代历史发展中的地位和作用也将会看得更加清楚。但我想这样一个基本认识大概是不会改变的。

[原载《长江文明的曙光》（增订版），文物出版社，2020 年]

长江流域最古的城市

　　长江流域同黄河流域一样，也经历过由环壕聚落到早期城池的演变历程。在长江中游，现知最早的环壕聚落也许要首推湖南省澧县的五福八十垱，属彭头山文化，年代在公元前 6000 年以前。稍晚一些而又保存完好的环壕聚落，则应数湖南省澧县的城头山遗址。这遗址的文化遗存主要是两种，下层属大溪文化，而上层属屈家岭文化，大溪文化的居址周围有壕沟，沟内出土有船桨和大量动植物遗存。北边沟边用木桩和藤编加固，可能是桥的遗迹。可见这种聚落周围的壕沟是经常有水的，不但起防卫作用，还有排水、供水甚至行船运输等功能。正因为如此，这种壕沟总是与自然河道相通的。这同黄河流域环壕聚落的壕沟往往较小（较窄较浅），平常并不蓄水，只能起防卫或排水作用者颇不相同。

　　非常有趣的是，到公元前 3000 年左右进入屈家岭文化的时候，这城头山遗址的居民为了加强防御并稍稍加大居址的面积，便把原先大溪文化的环壕填死，在上面筑起了城墙，再在城外新挖一个更宽更深的壕沟[1]。中国最早的城池就这样出现了。

　　城头山城址平面略呈圆形，外圆直径约 325 米，城内面积不足 7 万平方米。东南西北四边各有一城门，其中东城门经过发掘，发现地面铺砌了一层河卵石，一则起加固地面的作用，防止雨天出现淤泥，二则利于城内积水外排。

　　到目前为止，在长江中游发现的属于屈家岭文化，或始建于屈家岭文化时期，到石家河文化时期仍然使用和加固修理的城址已有 6 处。除城头山和鸡叫城在湖南省澧县外，其余 4 座都在湖北省，它们是石首市的走马岭、江陵县的阴湘城、荆门市的马家垸和天门市的石家河，其中以石家河城址的规模最大。

---

　　〔1〕　湖南省文物考古研究所、湖南省澧县文物管理所：《澧县城头山屈家岭文化城址调查与试掘》，《文物》1993 年第 12 期。补注：后来对城头山遗址的发掘，证明在大溪文化早期便已开始筑城，年代提早到了公元前 4000 多年。

石家河城址位于天门市石河镇以北，平面略呈不规整的长方形[1]。南北跨度有 1000 余米，东西也将近有 1000 米，城内面积将近 1 平方千米，是现知龙山时代城址中年代较早而面积最大的一处[2]。这个城址的城垣和环城壕至今还保存很大一部分，从地面上即可看出大致的轮廓。西部和西南部的城垣和城壕都是保存得最好的。西城垣较直，长约 950 米，方向北偏东 8°。现存底宽约 50 米，高五六米，顶宽五六米至十余米不等。局部的剖面观察表明城垣至少是分两次筑成的，多用原生黏土，一层一层地筑成，相当致密。由于取土的部位不同，呈现出明黄、褐、黄花、黄褐、红黄等颜色上的差别，相邻两层的颜色对比往往非常鲜明。各层厚薄颇不一致，较薄的只有 7 ~ 8 厘米，较厚的超过 20 厘米，以 10 余厘米厚者较多见。有些土明显呈混合状，有些土层里面还夹杂少量陶片，证明筑城时这里即已有人居住。从陶片的特征观察，大体都相当于屈家岭文化，据此可知城垣始筑的年代不会早于屈家岭文化。城垣西边的壕沟宽 60 ~ 80 米，现在大部分仍然蓄水，称为朱家泊。推想原先有的地方就很低洼，有的地方则取土筑城了。历经几千年，大部分淤积变浅了，边缘则因崩塌使水面又变得宽窄不一。西南城垣保留也很好，其外面的壕沟也很明显。20 世纪 50 年代新修的石龙干渠就是利用这条壕沟而修成的。城东垣只剩了中间一段，现称黄金岭，它的外侧同样也很低洼，显然是城壕的遗迹。城的北垣从地面已无法辨认，但从钻探得知其大小结构均与南城垣相似，它的外侧壕沟也明显可见。城垣的东北角有很大一块被大约是西周时期构筑的小城（现名土城）打破。城东南角则有一个大约 400 米的缺口，了无痕迹可寻。不知道是后来被破坏了，还是原本就没有修筑。如是后者，则当有木栅栏一类的东西来代替，否则就无法起到防卫的作用。因为至今还没有在这里进行发掘，这个问题暂时还得不到答案。现存城垣虽不完整，断断续续，但各段的规格大小和筑造方法基本上是一样的，各段的走向也说明它们本是一个整体。如果进一步从它内部和外面遗址的状况来分析，当可证明它确是一个巨大的整体结构，因而可确定它是一个石家河城。

这座城始建的年代如前所述不会早于屈家岭文化。由于在西南城垣、西北城垣和东城垣的内坡均发现有石家河文化早期地层覆盖其上，在邓家湾更发现有屈家岭文化晚期的墓葬打破西北城垣内城脚，可知这城始建的年代也不会晚于屈家

---

〔1〕　石家河考古队：《石家河遗址群调查报告》，《南方民族考古》（第五辑），四川科学技术出版社，1994 年。

〔2〕　严文明：《龙山时代考古新发现的思考》，《纪念城子崖遗址发掘 60 周年国际学术讨论会文集》，齐鲁书社，1993 年。

岭文化的晚期。城内和城周围的遗址，年代最早的相当于大溪文化，但很稀少。屈家岭文化时期已较发达，在32处遗址中至少有10处屈家岭文化的遗存，且主要是其晚期的。包含有石家河文化早期遗存的有22处以上，且堆积十分丰富，应是该城最繁荣的时期。到石家河文化晚期，只有13处遗址了，显然已处于衰落时期。再往后这里就有很长一个时期无人居住，城址自然也就废弃了。直到西周，这里才又有少量居民，并且筑了土城等很小的城堡。换言之，石家河城大约始建于公元前3000年或略晚，到公元前2000年左右完全废弃，经过了将近一千年之久。

石家河城的中心区大约是谭家岭及其周围。试掘了几个地点都发现有房屋遗迹。一般都是分成数间的长屋，有的墙壁是用土坯砌的，有的墙壁用夯土，其厚度可达1米。由此可见这里不但是居民密集区，还应有作特殊用途的大型建筑。

城内西北部的邓家湾有一片墓地，发掘的中小墓葬和瓮棺葬有100多座。墓地的偏东部分发现了几座用红烧土、陶片和黏土混合筑成的近似圆形或方形的台基。台基周围往往用篮纹缸镶边。这些缸彼此相套接横卧地上，乍看起来很像陶水管，但实际只起镶边的作用。不少陶缸上均有刻划记号，有的像镰刀，有的像陶杯，其作风很像大汶口文化中刻陶文的大口尊，只是陶文构形不同罢了。此外还有一种怪异的管形器，往往彼此相套。我们虽然不能完全明白这些遗迹的具体功用与含义，但至少可以确定它们不是一般的房屋建筑，也不是一般遗址中都可以见到的普通建筑，而只是在像这样巨大的城里才有的特殊建筑。也许还可大致推定是与祭祀或其他宗教仪式有关的建筑。就在这几处台基之间发现有几个不规则形的土坑。其中出土了数千件陶塑动物和人像。动物有家畜家禽如猪、狗、羊、鸡等，有野兽如象、猴、兔等，还有各种鸟类、龟鳖类和鱼类等。人像大多是头戴浅圆帽，身穿长袍，双膝跪坐，手抱大鱼。只有个别似蹲踞或摆动手臂的状态。如果同旁边的特殊建筑遗迹和墓葬联系起来考虑，它们也可能是与某种宗教活动有关的遗物。

城内西南部的三房湾有三个土台，北台有较大的房屋遗迹，东台上有大量红陶杯的堆积，其中不少还是完整器，粗略估计有数万乃至数十万件，数量之巨实在令人吃惊。西台则只有一般性文化层，遗物极少。这地方显然不同于居住中心的谭家岭，也不同于有墓地和宗教性遗迹的邓家湾。红陶杯质地粗糙，什么地方都能制造，似乎没有必要为着与别的地方进行交换而进行专业化的大规模生产。再说这种杯子容量甚小，质地低劣，似乎不宜做真正的饮器，而可能是举行某种祀典的特殊用品。总之它也是一种在别的地方从未见过的非常特殊的现象。

在城内东部的蓄树岭一带曾发现许多陶盆，并有一定的摆放方式，这里显然也不是一般性的居址。

　　把上述情况联系起来，可以大致看出城内各处存在着功能上的显著差别，这显然是有意规划的。而那些非常特殊的迹象不但在城外各遗址中不见，就是在别的地方的遗址中也是不见或罕见的，从而构成了石家河城的一大特色。

　　城外的遗址看来是跟城有关系的。这些遗址大体上是成群地环城散布，规模都较小，除一般农业聚落外，也有一些专业化分工的迹象。例如城北的胡家湾、周家湾、晏家新场和晏家光岭几处比较靠近，自成一群；城西的枯柏树、谭家港、堰兜子湾等几处也比较接近，自成一群。东北有毛家岭、王家台、敖家全、榨锅坟头等一群，西南有石板冲、昌门冲、贯平堰等一群，东南有罗家柏岭、程徐湾和肖家屋脊等一群。程徐湾曾出土大量的石料和石器半成品，推测那里有一个石器制造场。而石家河附近缺乏石料，那些原料或半成品必然是从外地贡纳或交换而来的。罗家柏岭和肖家屋脊都出土过不少玉器，其中有些还相当精致，如人面形牌饰、龙形环、凤形环和蝉形牌饰等，都是雕工细腻、造型别致的高级工艺品。在罗家柏岭、肖家屋脊都出土过孔雀石等品位较高的铜矿石，罗家柏岭还出土过一些残铜片，可惜不辨器形。由于石家河附近并不产铜和玉，这两种东西必定是从远方运来的，再次说明石家河城与外地存在着贡纳或贸易关系。考虑到罗家柏岭还发现过长 39.7 米的凹字形分间式大型建筑[1]，说明城外各居址并非只有平民，也可能有较低等的贵族。反过来说，既然城外都有大型建筑、铜器和精美玉器，如果在城内适当地点进行发掘，必将会发现更大的建筑，更多和更精美的铜器和玉器等。只有这样来思考问题，才可能对石家河城的经济文化发展水平有一个比较接近实际的估计。

　　石家河城的规模是巨大的。单以城垣来说，就至少用了 100 万立方米的土。在当时只有石铲等极简单的劳动工具装备的情况下，要把这些土挖起来运上去并筑成可以起防卫功能的城垣，真是谈何容易。假定有 1000 人持续不断地工作，也要花若干年才能完成。而这支劳动大军的吃、穿、住等生活给养、筑城的物资设备（石铲或骨铲、盛土的筐篮等）又该要有多少人去负责提供啊！这样大的工程，自然要有强有力的组织和指挥中心，要有权威性的规划方案，并且要有强制性的纪律保证，而这在一个规模十分有限的氏族—部落社会里是难以完成的。可以设想，那些规划和组织建设石家河城的人们也就是这座城的主人或统治者，而那些筑城的劳动大军和为他们提供给养与物资保障的广大民众倒不

---

　　[1]　湖北省文物考古研究所、中国社会科学院考古研究所：《湖北石家河罗家柏岭新石器时代遗址》，《考古学报》1994 年第 2 期。

一定是城里的居民。不能说城里的居民（确切地说是建城时已在当地定居的人们）没有尽力参加这项工作，但是因为工程规模浩大，主要的劳动力和物资必须靠别的更多的地方来共同提供。由此可见石家河的统治者权力之所及绝不会限于石家河遗址群分布的大约 6 平方千米的范围以内，而是更加广阔得多。这只要把石家河城同其他屈家岭—石家河文化的城址联系起来，就可以看得更加清楚。

如前所述，目前在长江中游已发现的屈家岭—石家河文化的城址共有 6 座，都分布在江汉平原和洞庭湖滨平原地区。其中荆门马家垸城址的面积约 20 万平方米，仅及石家河城的 1/5。其余几座均不过 5 万 ~ 8 万平方米，只有石家河城的 1/20 稍强。看来当时的城已存在等级的划分。我们虽不能肯定那些小城是否都同石家河城存在某种隶属关系，不能肯定今后是否还会在屈家岭—石家河文化的范围内发现第二座乃至第三座像石家河那样大型的城址和更多的中小型城址。但既然石家河城的修建需要从一个较大的范围内征发劳力和物资，建城以后那些城内的统治者自然还会保持和发展这种控制或统治的关系。

所以一个大城会控制若干中小城邑，而一个小城也会有一个控制的地区。这样的社会该称为什么？是按中国古文献中应用的名称叫国或邦好呢？还是像西方一些人类学家喜欢用的一个名称酋邦好呢？自然是可以研究的。但已不再是那种原始的氏族—部落社会了，则是大致可以肯定的。

在长江下游至今还没有发现相当于公元前 3000 ~ 前 2000 年时期的城址，但已有一些迹象表明这个地区也可能有那么早的城，而且发展水平也是很高的。当地这一时期的考古学文化被称为良渚文化，这个文化的中心地区是在浙江省余杭县的良渚镇附近，我称之为良渚遗址群。这个遗址群包含有 50 多处遗址，分布在良渚镇、瓶窑镇和安溪乡的范围以内。面积约 23 平方千米，较石家河遗址群还大许多。它的中心遗址是莫角山，周围是反山、瑶山和汇观山等一系列著名遗址。

早在 20 世纪初年，这里就出土了许多玉器，其中有不少现藏于许多国家的博物馆。美国华盛顿的弗利尔美术馆所藏一批精美的良渚文化玉器，很可能就是良渚遗址群出土的。1936 年西湖博物馆的施昕更发掘了良渚遗址，出土了一批颇有特色的黑陶，始知良渚是一处重要的史前遗址。1986 年和 1987 年在反山和瑶山的墓葬发掘中出土了数千件玉器，一下子把良渚遗址群的重要地位突显了出来。但这 50 多处遗址的中心在哪里，一下子还难以确定。1987 年秋，穿过莫角山遗址东南部的公路进行拓宽，在东段的北侧和中段偏西的南侧发现了大量被火烧过的土坯。东段东西断断续续延伸约 100 米，较宽的地方南北 20 余米还未到尽头；西段东西延伸约 30 米。类似的土坯碎块在遗址的北坡也能见到。这些土坯夹杂灰烬和炭末等被一层一层地夯筑紧密，每一夯层厚 15 ~ 20 厘米。有的地方仅有一层，有的地方有 6~7 层，故其总厚度为 0.2~1.2 米不等。土坯因绝大部分已被砸碎，原有尺寸已无法量度。仅少数勉强可测者，长 25~30、宽 16~20、厚 8~10 厘米，大小不大一致。这一发现使我们确信莫角山上曾有用土坯建造的大型建筑，应为良渚遗址群的中心所在。

1992~1993 年，浙江省文物考古研究所在大莫角山南侧的长命印刷厂院墙内发掘了 1400 平方米，发现下面全是夯土，而且四周均不到边。之后又在遗址西南也发现一片夯土，上面遗留有三排直径颇大的柱洞。这两片夯土可能有些关系，发掘者推测其面积大约有 3 万平方米[1]。据当地老乡说，过去该印刷厂修筑围墙时，在大莫角山南坡下面发现有一条壕沟，沟内曾出土数米长的大方木。不久以前，在莫角山遗址东北不远的马金口遗址中也出土了同样的大方木，同时还出土了大量的良渚文化陶片，可证这种大方木应属良渚文化。把这些情况综合起来，我们就不难想象在莫角山遗址上原先一定有若干由夯土筑成的巨大台基，有的台基周围还开挖壕沟。台基上用大方木构筑梁柱，然后用土坯建造墙体，构成一个宫殿式的建筑群体。其中有些建筑不知道因为什么原因被火烧毁了，因为其中有大量的梁柱等木料，才把那样多的土坯都烧得像红砖一样。人们清理废墟，把那些倒塌的土坯运走铺地，并且夯筑结实。像良渚这种多雨的地方，用红烧土铺地不但比较结实，而且可防止泥泞。在这样的基础上再盖更加壮丽的殿宇。像这样巨大的夯土台基和这样壮丽的殿宇建筑，就是在石家河城也还未曾发现过的。它的主人理应是掌握强大权力的统治集团，他们对防卫的关心不会比别的集团差。如果别的地方都已出现城防，这里就更应该有坚固的防卫设施。从种种迹象来看，那个 30 万平方米的大土台子，平面既是那么整齐的长方形，显然有着人工的痕迹。推想是依托一个慢坡形土岗，由人力加以裁弯取直，填平补齐才会成为现在这个样子。它的边缘坡度很陡，爬上去很不容易。如果在边缘修一条小土垣或建造篱笆栅栏之类的设施，就可以起到有效的防卫作用。山东省章丘城子崖的龙山文化"城址"，实际上就是这么做的，人们把它称之为"台城"。也许莫角山遗址就是良渚文化的一座台城，当然这并不排除在它的外围还会有其他的防卫设施。

如果把整个良渚遗址群联系起来看，莫角山遗址的中心地位就会显得更加清晰。在莫角山西北不到 200 米处就是著名的反山遗址。它是一处完全由人工筑成的贵族坟山，东西长 90、南北宽 30、高约 5 米，加上坡度，总用土量约 2 万立方米。现仅发掘了西头约 600 平方米一段，发现有 11 座贵族墓葬，出土了 1200 多件

〔1〕 杨楠、赵晔：《余杭莫角山清理大型建筑基址》，《中国文物报》1993 年 10 月 10 日第 1 版。

玉器，还有许多朽坏了的漆器。估计东段还会有更多墓葬。这是目前所知在良渚文化中规格最高的一处贵族坟山。莫角山西南也不过 200 米处有一个桑树头遗址，那里曾出土过大型玉璧等器物，可能也是一处贵族墓地。莫角山东北 500 多米是马金口遗址，那里有许多被火烧过的建筑遗迹如红烧土等，还出土过巨型方木（约 40 厘米见方，7 米多长）和大量陶片，当是一处重要的建筑遗迹。东南约 500 余米的钟家村也曾发现过玉器。最近在东面的稻田中又发现了很大的石筑墙基，可见那里也有重要建筑。

离莫角山稍远一点，在东北方向有瑶山遗址。那里本是在自然小山顶上修建的一个方形祭坛，中间是红土，外围是灰土，最外围是黄土，前两种土完全是从别处运上去的。祭坛外围用石块砌边。祭坛废弃后这里变成了贵族墓地，同样也出土了大量精美的玉器，其规格仅次于反山墓地。从莫角山往西则有汇观山祭坛遗址，祭坛的大小和形状几乎和瑶山相同，只是所在位置比瑶山低得多，只可算是一个小土台子。这祭坛废弃后同样也做了贵族墓地，只是墓中的随葬品稍逊于瑶山罢了。莫角山周围的其他遗址大多数也是出土过玉器的，有的还有大型建筑（如庙前遗址），它们同莫角山都应存在着这样那样的联系，是一个统一规划的整体。现在看来，它很可能就是整个良渚文化的统治中心。

良渚文化不止一个中心。例如在浙江嘉兴雀幕桥遗址周围不大的范围内就分布着 20 多个遗址，其中有的规模较大，很像是一个稍逊于良渚遗址群的另一中心。又如上海福泉山、江苏的武进寺墩、吴县草鞋山等都发现过随葬玉器的墓葬，而且遗址本身也是人工筑成的贵族坟山，每处坟山附近又都集中有若干遗址，很像是一些较小的中心。近来已有人注意到这些遗址中可能有一些是环壕城址，这种情况同石家河大中小城的格局可说是具有同等的意义。

良渚文化的人工坟山主要安置规模较大、随葬品较多又较贵重的那些墓葬，换言之是专为贵族而修建的。一般平民的墓则多在居址附近，虽也是集群埋葬，但墓坑小，无葬具，随葬品质次量少，往往只有几件烧得很差的陶器。这说明良渚文化的社会至少已经形成贵族和平民两个阶级，而且界线是很分明的。正同前面已经谈过的那样，以莫角山遗址为中心的整个良渚遗址群是被贵族所把持的。几个祭坛废弃后都被当作了贵族的墓地，说明祭坛本身和在那里所举行的一切宗教活动都是由贵族所垄断的；当时最重要的宗教法器玉琮差不多全部出在贵族墓中也充分地说明了这一点。贵族墓中还往往随葬玉钺，它不同于专作实用武器的石钺，而是制作精良，有的玉钺上用近乎微雕的手法刻着一位戴大冠的尊贵人物，虽然眼下对他的身份还难以做出确切的判断，但不论他是神、祭司或王者，总之都不是一般的人物，他有时刻在琮上，当是表明墓主人有沟通神明天地的法力与特权。而刻在钺上则是表明他具有指挥军队的至高无上的权力。墓中随葬大量的玉器和漆器之类的器物，不但是表示他不同于一般平民的贵族身份，而且表示他拥有巨大的财富。他既能组织大量人力物力构筑诸如莫角山等那样巨大的台基和殿宇，还为他们死后建造那样大的坟山，显然是握有调动千万民众的强有力的机构和权威。这样的机构总不是原始的氏族—部落所能容纳的。正如我们在对石家河城址分析时所说的那样，良渚文化的社会至少也是达到了中国古书上所讲的五帝时代的那种国或邦，或者用个新鲜名字叫酋邦。不过，我们在分析石家河城址时还不敢断定它就是整个屈家岭—石家河文化的唯一中心，不敢保证今后是否还会发现第二个乃至第三个同石家河城同样规格的遗址。但对良渚文化来说，我们就有相当大的把握确定以莫角山遗址为中心的良渚遗址群也就是良渚文化的第一中心或最大中心，而且可以认为这个中心在整个良渚文化大约 5 万平方千米的范围内都具有相当的影响力，对有些地方甚至可以说是控制力量。

通过前面对两地巨大城址和殿宇式建筑的介绍和分析，可知早在公元前 3000 ~ 前 2000 年，即大约在中国夏代以前的将近 1000 年的时期内，长江中下游已经放射出了文明的曙光。这里同黄河中下游一样，对于中国古代文明的形成也起过巨大的作用。从这个意义上来说，中国古代的文明，实际上是东方的大两河文明。

［原载日本《日中文化研究》第 7 号，勉诚社，1995 年。后收录在《长江文明的曙光》（增订版），文物出版社，2020 年］

长江文明的曙光

——与梅原猛对谈录

前　言

　　这套《探索长江文明》系列丛书是为把一个尚不为人们广泛了解的大文明——长江文明——介绍给日本人、中国人乃至全世界的人们而筹划出版的。迄今为止，这个大文明被埋藏在长江流域，直到最近，通过以北京大学严文明教授为首的中国考古学者的努力，才逐渐被揭露出来。1993 年，我首次接触到这个文明的冰山之一角，就完全被震慑住了。

　　世界四大文明多是在小麦农业和畜牧业生产的财富之上繁荣起来的，这是已有的世界文明史的一个通说。同样，世界四大文明之一的中国黄河流域文明，也被认为是在小麦农业（严按：应为以种粟为主的旱地农业）和畜牧业经济基础上发展起来的，因此，中国文明也曾被看成建立在小麦农业和畜牧业经济基础上的文明。

　　但是，如今这种成见似乎一触即溃了。中国发现了较黄河文明年代更久远的长江文明，而且，长江文明不是建立在小麦农业和畜牧经济基础上的文明，而是以稻作和养蚕业为其经济基础。如此，在从根本上否定了中国文明史传统观点的同时，也提出了修改世界文明史通说的要求。在从事小麦农业和畜牧经济的民族之外，还有以稻作农业和养蚕业为基础的民族，而他们也创造过巨大的文明。

　　针对修改文明史通说目的的这套丛书之第一卷能够收录严文明先生和我的对谈录，真乃幸事。之所以这样讲，是因为严文明先生是中国考古学界首屈一指的学者，为探讨稻作和在此基础上的文明起源问题进行过众多田野考古工作，也是具有将稻作文明置于世界文明之中进行比较研究的广阔视野的考古学家。严文明先生既是彻底的实证主义考古学家，同时也是具有丰富想象力的学者。而无论史学家还是考古学家，若只重视资料，却不能对过去人们生活加以鲜活想象的学者，我是不以为然的。

和梅原猛先生交谈

　　我和严先生的对谈只有两次，共 10 个小时，愉快之极。我曾经出版过几本对谈录，但学问之丰富和给人以如此震撼的对谈尚没有过。对谈时，虽然要经过中间翻译沟通，然严先生从考古学家的立场产生的观点，深深地打动了我的心扉，不禁感到全然没有记录的远古历史被严先生所唤醒，鲜活地展现在了面前。我想，读了本书的人，无论对严文明先生有关稻作起源于 14000 年前的学说，还是 5000 年前诞生古代城市文明的学说，肯定会完全接受的。

　　……

梅原猛

1999 年 12 月

一　稻作和陶器起源的探索

（梅原猛和严文明对谈，1998 年 6 月 7 日）

稻作起源和河姆渡遗址

　　梅原：严文明先生，首先感谢您的光临。

　　我年轻的时候，与其说是作家，不如说是作为对谈名人而在新闻界登场的。以后的 30 年里，和各种各样的人进行过对谈。这次感到和过去的对谈趣味或许有所不同吧。首先一点是我和外国人经常对谈，但始终没有出版过一本对谈录。和先生的对谈将是我第一本和外国人的对谈录。或许我今后的对谈对象将逐渐国际化起来。

但是，我和先生的学问有着根本的区别。我原本是个哲学家。哲学，是思辨的学问。我到底还是喜欢作为哲学家，以思辨的体系观察世界。相反，先生是以对事实进行严密考证为己任的考古学家。但是，今天立场如此不同的日中学者却关注着一个共同的问题。

先生一直从事着考古学研究，我研究的则是日本文化。为了研究日本文化，就必须了解中国的文化。而要了解中国文化，就不能仅限于思想方面，还必须知道中国文明是建立在怎样的物质基础之上的。正因为如此，我对中国历史怀有强烈的好奇心。

中国的文化是建立在怎样的物质基础之上的，即便在世界文化史上也是一个大问题。在这一点上，此次对谈也许会成为改写世界文化史的重要对谈。

作为问题，首先是农耕、稻作农业的起源问题。这对于了解日本文化也是不容忽视的问题。放在世界史的范围，从世界文明史的角度看，也是一个极其重要的问题。今天围绕这个问题，我想就稻作农业是何时和怎样产生的，陶器是怎样发明的进行讨论。进而再涉及稻作农业又是怎样产生出城市文明的问题。而今天，我们是否先就稻作文明的形成和陶器的产生进行讨论为好？

作为一个哲学家，我之所以关心这个问题，是因为我年轻的时候是研究西方哲学的，但逐渐感到，东方人了解西方哲学、西方文化固然重要，同时还必须了解东方人自己创造的哲学和文化。因此从 40 岁前后，我开始了对日本思想、日本文化的研究。日本文化的根基是狩猎采集文化，绳文文化的影响非常浓厚。我非常欣赏绳文文化的人与自然一体的观念。因此约在 20 年前，便对至今保留着绳文文化观念的阿伊努文化和冲绳文化寄予极大的兴趣。我是一种绳文浪漫主义。即大约在 10 年前，我提出人类社会进入稻作农业后，开始支配自然、征服自然，然后再度回复到人与自然和谐统一的绳文文化的主张。因此，我在当时对稻作文化和弥生文化并不十分关心。

当时，日本学术界的一般看法是稻作在距今 5000 年起源于中国长江上游的云南或印度阿萨姆地区，距今 3000 年到达长江下游地区，距今 2000 年才到达日本[1]。

---

〔1〕　云南—阿萨姆稻作起源说，云南—阿萨姆稻作起源说认为在公元前 3000 年左右，从云南省境内的长江流域至印度阿萨姆地区开始栽培水稻的稻作农业，在公元前 1000 年前后，稻作农业发展到长江下游地区，所谓弥生文化＝稻作文化则是公元前后在日本开花结果的。是说由农学家渡部忠世提出，是在河姆渡遗址发掘以及长江流域陆续发现稻作文化遗存之前的相当长时间里的定说。

　　但是，十多年前，恰逢日本船会社组织"遣唐使之旅"的活动，我跟着去了宁波，趁机多走了几步路，参观了河姆渡遗址[1]。当时受到的震动始终不能忘记。

　　河姆渡是距今7000年的遗址。遗址上发掘出了看起来好像是遭洪水破坏的房子，房子地面上摆放着稻束。在房子地面堆放着黄灿灿的稻束的情形，就和我的故乡爱知县知多半岛农村的情形一模一样。眼前的景象突然勾起我儿时的回忆。故乡还有许多织机（说起来先生也许不相信），故乡的陶器上还描绘着蚕的形象。我儿时的农村也是养蚕和种植水稻呀。至于河姆渡时期是否养蚕，先生也许会有自己的见解。如果也是养蚕，就和我儿时的情况完全相同了，甚至陶器之类竟是河姆渡的更好一些。7000年前的河姆渡，和养育我的农村故乡相同乃至水平更高，实在令人惊诧不已。

　　在遗址中还看到大量出土的动物骨骼，其中有鳄鱼、老虎、豹等，看到这些动物骨骼，就立刻想象到遗址周围是大象等动物出没的森林环境。稻作农业或许便是发生在森林中的，凭着哲学家或文学家的想象力，这种森林的画面逐渐在脑海里清晰起来了。实际上，正是这种认识，使我一举改变了有关稻作的认识，从此，引起我对稻作文明起源和在此基础上产生的城市文明以强烈的关心。

　　因此，我有很多问题想求教在中国发掘过许多稻作农业遗址的严文明先生。听说严先生的故乡也是长江流域的农村，很想听听作为如此接近稻作文明的考古学家满腔热情地从事考古工作所取得的成果。我对于考古学全然是个外行，若在先生引导下入门，将是非常感谢的。

　　严：非常感谢梅原先生和角川书店给我今天这样一个对谈的机会。

　　梅原先生是世界著名哲学家，却对中国考古学和东方文明史有如此高的热情和兴趣，对我是一个很大的激励。过去我一直苦恼着如何使我所从事的考古学事业得到社会的理解。因此，在社会上有很大影响力的梅原先生对我从事的事业这么关心，使我深受感动。

　　诚如梅原先生所知，我出生在长江中游洞庭湖畔的湖南省华容县，自幼便接触了稻作农业，至少对现代的稻作生产有比较多的了解。不知是否为巧合，刚才我和梅原先生一样，也正想从河姆渡遗址开始我们对稻作农业起源问题的讨论。

---

　　[1]　河姆渡遗址，浙江省余姚县的遗址，位于绍兴以东约80千米，杭州湾南岸。1973～1978年共发掘2810平方米，发现大量稻谷、稻壳、茎叶遗存，以及装木柄使用的稻作农具骨耜170余件。放射性碳-14测定遗址年代约为公元前5000～前4500年。该遗址的发现，大大促进了稻作农业起源学说的根本改变。

梅原： 是吗？

严： 河姆渡遗址的发现，对我们干考古的人最大的冲击就是中原中心或以黄河流域为中心的文明史观的崩溃。之所以这样说，是因为我们过去一直相信黄河流域是古代中国文明的唯一中心，但是，远离黄河流域的河姆渡遗址所达到的水平竟毫不逊色，这给我们考古工作者非常强烈的冲击。

看到河姆渡文化遗存，我的脑子里浮现起两个问题。一个是距今 7000 年果真有如此发达的稻作文化的话，那么，我首先关心的是它是在什么地方起源和发展起来的？按照学术界的一般认识，无论是中国学界主张的华南起源说，还是像梅原先生刚刚说到的，主张云南或印度的阿萨姆地区是稻作文化的最初发祥地。虽然都有很大的影响，却没有实际的考古学证据。河姆渡遗址的发现本身表明，过去学术界流行的说法是非常成问题的，因此，我决心把这个问题搞明白。

另一个重要问题，就是需要重新审视中原文明或黄河文明中心说了。我强烈感到，中国的古代文明不是只有黄河流域一个中心，把长江流域纳入视野，则是否应当考虑中国文明的起源是二元乃至多元呢？

我年轻的时候，稍微学习过一些埃及考古学，对西亚的古代文明有些许了解。因此，在前述两个问题的基础上，我进一步扩大视野，把中国古代文明的问题放在世界文明的格局中进行考察，问题就逐渐明朗起来。我意识到今后我们必须把研究目标放得更高一些，考虑是否只有黄河文明才是东方文明的唯一代表，研究东方文明的本质究竟是什么等深层次的问题，从而使得东方文明可以和西方文明进行对等的比较研究。

关于稻作农业的起源问题，我在 1982 年提出，长江流域如果不是稻作农业唯一的起源中心的话，也是极其重要的中心之一。这个学说的根据是，当时除了河姆渡遗址之外，在浙江北部和江苏南部还广泛分布着马家浜文化〔1〕，其年代为公元前 5000～前 4000 年，即是距今 7000～6000 年的遗存。同时，分布在长江中游地区四川东部、湖北西部以及湖南北部广大地区的大溪文化的年代也可以上溯到大致相同的时代。这两个文化都有丰富的稻作农业遗存。横贯长江流域广大地区的古代文化，即便从整个世界的角度看，也是最早的稻作文化。正是根据这个认识，加上古代有许多关于在长江流域发现野生稻的记载，我提出了新的学说。

---

〔1〕 马家浜文化指公元前 5000～前 3800 年，主要分布在江苏省太湖周围地区的新石器时代文化，典型遗址如罗家角、马家浜和位于长江下游的圩墩等，是继河姆渡文化新的发展阶段，发现有稻谷、炭化米以及与河姆渡文化谱系不同的骨耜等。通常认为，长江下游地区的稻作文化发展过程为：河姆渡文化→马家浜文化→崧泽文化→良渚文化。

接二连三的新发现

梅原： 河姆渡是距今 7000 年的遗址，后来是否发现了许多比它更早的遗址？

严： 是的。

梅原： 那么，能否按照年代顺序就这些遗址进行一些说明？

严： 1983 年，北京大学考古系的师生正在湖北进行田野考古调查和发掘，在宜都县的城背溪和枝城北两处遗址发现了较大溪文化更早的稻作文化遗存[1]。有人怀疑它们的年代是否有那么早，我看过陶片等出土遗物后认为，它们肯定是比大溪文化更早的遗存。

梅原： 它们的年代如何？

严： 年代已经得到确认，约在公元前 6500 ~ 前 5000 年，即距今约 8500 ~ 7000 年。

梅原： 看来稻作文化的年代是越来越早了。

严： 是这样的。

后来，这个参加城背溪调查的学生毕业后到湖南省文物考古研究所工作，并在湖南省澧县彭头山[2]进行考古发掘，说是发现了比城背溪或枝城北更早的稻作遗存。由于必须对这些资料进行测定，便委托北京大学考古学实验室做年代测定，又委托英国牛津大学进行加速器年代测定。测定结果表明在公元前 7000 ~ 前 6000 年，即距今 9000 ~ 8000 年，稻作农业就已经出现，稻作农业产生的时间是越来越早了。

1989 年 5 月，中国考古学会在湖南长沙举行年会。会后，我和几位同行一起参观了彭头山遗址。在那里，我感到非常兴奋，因为彭头山遗址并不是一个孤立的现象，它的周围有很多和彭头山一样的稻作文化遗址，这让我非常激动。

梅原： 我一定要找机会和先生一同去彭头山看看，以便也体会一下先生的兴奋心情。此外，也说不定能获得哲学家式的感觉。

严： 到了 1989 年下半年，在印度尼西亚的雅加达召开印度—太平洋史前学会第十四届年会，我也接到邀请，但由于各种原因，没能出席，只能向会议提交了

---

〔1〕 城背溪文化/大溪文化，城背溪文化指在长江中游湖北省枝城市一带发现的公元前 6500 年左右发达的稻作文化，公元前 6000 ~ 前 5000 年是其繁荣时期。继之而来的是以精美彩陶为特征的大溪文化（公元前 5000 ~ 前 3500 年）。

〔2〕 彭头山遗址位于长江中游洞庭湖西侧澧阳平原湖南省澧县境内，1988 年发现，为公元前 7000 ~ 前 6000 年的稻作文化遗址。发现有房子、垃圾场、墓葬等遗迹，出土了圜底陶器、炭化稻米和谷糠。以彭头山遗址为代表的彭头山文化遗址在澧阳平原共发现了数十处。其后，在长江中游，彭头山文化被大溪等稻作文化所继承。

介绍彭头山文化的论文。事后听说，这篇论文在会上得到宣读，引起极大的反响，被赞誉为世界性的发现。

梅原：这确实是世界性的发现，我也要为此进行宣传。

严：所以，自从20世纪70年代以河姆渡的发现为开端，经过80年代，对稻作农业起源的探索已经将其上限上溯了2000年。可以说，研究是以10年为单位，取得切实的进展。

14000年前的稻作遗址

梅原：想请教先生的是，仙人洞遗址在稻作农业起源问题的研究上占有极其重要的地位。这个遗址距长江还有一段距离，它是怎么被发现的，又是一个怎样的遗址？

严：我们就来谈谈先生提到的仙人洞遗址吧。

当时，我发表的论文和我的研究工作确实受到世界的关注。美国考古学家理查德·马尼士教授寄给我一份关于稻作农业起源的研究课题，希望和我合作。我注意到他已经和江西省文物考古研究所进行过联系，因此我答应其邀请，就选择在长江流域的江西省，和省文物考古研究所的彭适凡所长及刘诗中副所长等一起，开始了共同研究。

和理查德·马尼士教授接触不久，我了解到，他在墨西哥进行过40年农业起源问题的研究，是世界上研究玉米栽培农业起源问题的第一人。由于他的研究，玉米农业起源问题得以解决，因此他是世界级的权威。他还在西亚、中南美、美国等进行过考古工作，这次来中国，是想解决中国的农业起源问题。

中国的农业分为两大系统，即北方干旱地带的粟作农业和南方的稻作农业。马尼士不想搞北方，而打算搞南方的稻作农业。这正好和我正在进行的工作吻合，因此达成了合作研究的共识。于是，由我、马尼士和彭适凡分别担任队长和副队长，组成中美联合考古队，主持考古调查发掘工作，并于1993年和1995年在江西万年仙人洞和吊桶环这两个地方进行了考古发掘。

仙人洞和吊桶环两处遗址[1]的发掘，获得了三个方面的重大收获。首先是

---

　　[1]　仙人洞遗址和吊桶环遗址，1993年和1995年，中国和美国的联合考古队在长江中下游之交的江西省万年县发掘了仙人洞和吊桶环两处旧石器时代晚期至新石器时代早期的遗址。出土遗物中有石器、大型动物骨骼制作的骨器，同时发现了圜底陶器残片和稻属植硅石遗存等。根据碳-14年代测定，两个遗址的年代均不晚于公元前12000年，和湖南道县玉蟾岩同属最古老的稻作文化遗址。

确认了旧石器时代向新石器时代的文化过渡过程。其次，出土了最古老的陶器，虽然都是一些很松软的陶片，但毕竟发现了它们。第三，检测出稻属植物硅酸体，尽管没有找到稻谷等实物遗存，只有靠植硅石检测技术[1]。通过植硅石和花粉检测，得知当地旧石器时代晚期存在大量野生稻，旧石器时代晚期到新石器时代初期的过渡阶段里，既有野生稻，也有栽培稻，进而进入新石器时代初期的较晚阶段，栽培稻已经达到半数以上了。这样，我们便搞清楚了从旧石器时代晚期到新石器时代初期，人类是如何从开始接触和采集稻子，使其作为自己的食物，进而逐渐对其栽培驯化的过程。

这些遗址的年代是首先要关注的问题。我们决定中美双方分头进行年代测定，然后将各自测定的数据进行对比。其结果，部分数据确实出现了不一致的情况，但根据从出土陶器的地层和最早发现栽培稻植硅石的地层中采样测试的情况看，我们一致认为其年代不晚于距今 14000 年。

很遗憾，我们在发掘过程中没有找到水稻遗存。然而幸运的是，1993 年和 1995 年，中国考古学家在湖南道县玉蟾岩洞穴[2]的发掘中，第一次成功地发现了水稻实物。1993 年，该遗址上发现了两粒稻谷壳。遗址的年代非常早，但究竟早到什么时候，发掘时没法肯定。因此，将采样送北京大学进行年代测试。另一方面，也有人怀疑这两粒稻谷是后人活动带进洞穴中去的。因为事关重要，有关人士皆呼吁无论如何要验证明白，因此有了 1995 年的再度发掘。为了这次发掘，我要求发掘者事先进行周密的计划准备。从遗址地层采样中，测定出两个碳 – 14 年代数据，一个为公元前 12540 年，即距今 1.4 万多年；另一个为公元前 12860 年。都很早，可以说和仙人洞的测年接近，或者一致。

梅原：年代非常久远啊。

---

〔1〕 放射性碳 – 14 年代测定/植硅石分析/花粉分析：放射性碳 – 14 年代测定技术，测定半衰期约为 5730 年的放射性碳 – 14 同位素在生物体中衰变减少的数量，以断定年代的方法。其有效测年范围可达 4 万年。

植硅石分析技术，禾本科植物的一部分细胞可沉淀很厚的硅酸，植物死后，也会保留在土壤中，称为植硅石。植硅石因植物种属不同，形状也不同，可因此了解堆积时代的植被和有无水稻栽培等情况。

花粉分析技术，根据地层中保存的花粉、孢子的种类及构成比例，判断地层堆积时的植被、气候的方法。根据栽培植物的花粉，可以检测农业的存在。

〔2〕 玉蟾岩遗址系 1993 年和 1995 年，在湖南道县两次发掘的洞穴遗址。洞穴内出土了稻谷，年代测定为公元前 12000 年左右。证明至少在当时就已经开始栽培水稻，从而明确将稻作农业的起源上推到公元前 1 万年以前。

严：是的，非常古老。

玉蟾岩遗址发掘的时候，为了防止把现代水稻混进古代遗存中，规定脱掉鞋才能进入现场。发掘过程中，还邀请了研究水稻的专家——北京农业大学张文绪先生参加工作。由于遗址是一座石灰岩洞穴，地层堆积中胶结着大量从钟乳洞顶崩落下来的物质。1995 年第二次发掘时，发现了一枚骨簪状的骨器，但和周围地层胶结在一起，很硬。必须把胶结物剥离开来，才能取出它来。在剔剥过程中，在胶结物中发现了稻谷。因此可以肯定，稻谷不是后来人们活动带进洞穴的。与此同时还采用各种办法，进行植硅石和花粉分析。很有意思的是，其分析结果和仙人洞与吊桶环的分析结果非常接近。这更增加了我们的自信，我们正逐渐接近了问题的核心。

尽管有了以上两个地方的考古发现，也许仍然有些学者会质疑：它们是否为偶然现象；仅凭两处发现还是不能证明什么等等。所谓科学，是严谨的学问。我们清楚地知道，还必须为此找到更多的证明，要从更大范围和事物的过程中寻求更多的支持证据。

寻找证据的唯一办法是进行考古发掘。1996 年冬，在湖南澧县彭头山遗址北面，距彭头山遗址不远的八十垱遗址进行了小规模试掘，为的是检验地层。随着发掘深度增加，地下水涌了出来，再向下发掘，古代的水稻、稻谷壳随着地下水一起涌了出来。令人吃惊的是，数量有几万粒，重量可达到数千克。

八十垱的年代为公元前 7000 年，即距今 9000 年左右。涌出的稻谷颜色金黄，竟像新鲜的稻谷一样。但是，一接触到空气，立即变成了黑色。它们无疑是栽培稻。从这里大量出土栽培稻的情况看，稻作农业似乎可以一直上溯至玉蟾岩的时代。两个遗址的年代隔了几千年。玉蟾岩的稻子既具有野生稻的部分特征，又有栽培稻的部分特征，其中性状偏向粳稻即所谓的日本稻（*Japonica*），有些性状偏向籼稻即所谓印度稻（*Indica*）[1]，可以说是尚未充分分化演变的古稻品种。到了八十垱，可以肯定都是栽培稻了。从 9000 年前的八十垱，上溯至距今 1 万年乃至 1.4 万年的玉蟾岩，不难想象它们之间存在一个演变发展的过程。

八十垱遗址提供了重要的证据，但仍嫌不够充分。最近，在长江和黄河两大流

---

〔1〕　日本稻（*Japonica*）和印度稻（*Indica*），与日本的水稻品种杂交后产量高，形态上接近短粒黏性型稻的品种，总称为粳稻或日本稻。和日本的水稻杂交后，大部分不能结实，形态上接近长粒低黏性的水稻品种，统称为籼稻或印度稻。但产自印度的水稻并非全部都是印度稻。其何时发生的分化，现在尚未明确。

域的交界处，发现了河南舞阳贾湖遗址。贾湖遗址属中国北方的裴李岗文化[1]，尽管裴李岗是种植粟、黍的文化，但在遗址上发现了许多储藏窖穴，里面出土了大量稻谷。

梅原：这一带本不适合稻子生长呀？

严：过去一般认为黄河文明中是没有稻子的，但稻作确实到达了这一带。

梅原：贾湖是什么时代的遗址？

严：约公元前 7000～前 6000 年，也即距今约 9000～8000 年。

梅原：先生看到 9000 年前黄河流域也出现了稻作，也很兴奋吧。

严：是的，同时也感到十分惊奇。

梅原：那一带地区现在已经不再种植稻子了吧？

严：当地今天也还少量种植。稍微补充一点，这一带正好处在河南省南部边缘，淮河上游，从哪方面看，都是长江和黄河流域的中间地带。过去，这里的农业以种植粟、黍为主。但直到现代，当地还残留着大量沼泽，有栽培稻子的环境条件。

稻作农业发生的条件

梅原：中国大致上北方种植粟、黍和小麦，南方从事稻作。淮河流域地区的稻作农业是逐渐形成的，还是在已经从事了稻作后又种植小麦？具体情况如何？

严：我稍微解释一下。所谓裴李岗文化基本上是在干旱地区，以种植粟、黍的旱地农业为主的文化，分布范围几乎为河南全境，故当然属黄河流域的文化。而贾湖遗址出土了全套的裴李岗文化农业工具，却种植水稻，确实是很有意思的现象。

梅原：那究竟是为什么呢？

严：我想有两个原因。首先，当地有沼泽。正好既有栽培水稻的条件，也有从事旱地农业的条件。这是首要原因。第二，那一带离长江流域虽然还有一段距离，却并不太远，向南走，就是刚才说到的距今 8000～7000 年间发达的城背溪或枝城北稻作文化。地域接近，也容易受它们的影响。例如，汉水是汇入长江的，但沿汉水上溯，上游则有从事粟、黍农业的老官台文化的李家村等遗址，在这些遗址上也发现了稻谷遗存。可见稻作的分布范围非常大。为了将贾湖遗址发现的

---

[1]　裴李岗文化，黄河中游地区的新石器时代文化，以河南新郑裴李岗为典型遗址，年代为公元前 7000～前 5000 年，是以粟作农业为主的文化。也有人把河北武安同时期的磁山遗址一同称为磁山·裴李岗文化。

水稻遗存介绍给学界，特地在北京大学召开过一次鉴定会。有很多农学家出席，特别是来了很多水稻专家。请他们看了材料，大家都感觉受到极大触动，甚至有人瞠目结舌，对在那么久远的时代，竟然出现了如此好的稻子而感到半信半疑。

尽管是确凿的事实，也会有不同意见。其中一种意见是，这些水稻不是在当地种植的，由于离长江流域不远，也许是跟对方交换来的。因此，河南省的考古负责人特意把遗址窖穴里出土的混杂在土里的稻子给大家看。

梅原：这也是不得已而为之。

严：是的。为此，我们把这些土块放在化学溶液中分解。这些土块一放进溶液里，便眼看着分散开来，随着土质沉淀，一些东西漂浮上来，看得很清楚，里面有谷壳、稻谷以及稻叶，因此可以肯定当地的稻子不是交换来的。这项工作本来是由从徐州师范学院来北京大学进修的年轻学者陈报章进行的。他首先检测了水稻植硅石，包括扇形体、哑铃形体和双峰乳突等方面。在中国，鉴定水稻属日本稻还是印度稻，以及是否为栽培稻等的一个重要标准是植硅石的双峰乳突的形态。由于陈报章还是一个年轻学者，工作进行到一定程度，遇到了困难。于是，前面说到的北京农业大学的张文绪先生接手这项工作，很快取得很大进展，并在新方法的应用上获得成功。过去，分析植硅石，根据扇形植硅石得出鉴定结果的准确率只有70%，运用植硅石双峰乳突的分析方法后，鉴定印度稻还是日本稻，以及是否为栽培品种的准确率大为提高，是重要进步。

研究进行到这个程度，在大量证据面前，我切实感觉到需要某种哲学层次的思考了。首先应当在人们行为的层次上分析稻作的问题。其一，对稻作的需求，即当时社会是否迫切需要增加食物生产；其二，人们进行稻作的诱因是什么？是否已经认识到稻米的可食性和可以长期储藏的优点；第三，如果有进行稻作的必要性，也有实行稻作的诱因，那么当时人们有无进行稻作的能力，即有无实现这个想法的能力？经过哲学式的思考，我总结出这样三个方面的问题。

进而考察这三个方面，就会发现，无论阿萨姆还是云南，在公元前3000年以前，都不具备产生这三个要素的环境。于是，我认识到，必须放弃稻作农业的云南或阿萨姆地区起源说，而需要把长江流域作为稻作农业起源的重点地区加以认真考虑。

例如，稻作需要日照和水两个基本条件。有大面积沼泽的地区，有若干野生稻生长，才有可能是最初种植水稻的地区。但是，无论云南还是阿萨姆地区，都几乎没有沼泽。因此，也就没有了稻作的第一个条件。然而在长江流域，无论吊桶环、仙人洞，还是玉蟾岩，附近都遍布沼泽。可以想见，当时的人们见到沼泽里稠密丛生的野生稻，逐渐将其驯化栽培的过程，自然会发生在这样的地区。更重要的是长江中游文化发达，人口增长很快，迫切需要增加食物生产，而云南—阿萨姆不具备这个条件。正因为如此，稻作的云南—阿萨姆起源说就全然不能考虑了。

日本的农学家持稻作云南—阿萨姆起源说。一个主要论据是当地的稻子品种非常多。他们设想，稻作在那里发生后，自然沿长江向下游传播，又沿珠江传播到华南，沿湄公河传到东南亚，以及沿雅鲁藏布江到印度次大陆，进而进入恒河流域。但是，他们的观点是建立在品种的多样化和遗传基因的植物演化过程角度上的，没有考虑人的作用。水稻栽培首先是文化行为、人的行为，在人的参与下才有了稻作。日本的农学家没有把这一点区别清楚，我想，这是他们的问题所在。

稻作农业起源的新理论：边缘起源论

严：对于稻作长江流域起源说，一个重要的争议在于，反对者认为，即便中国的长江流域自古就是野生稻分布区，但是，野生稻的分布范围很广，不只是长江流域，在中国的华南地区，即广东和广西一些沼泽地甚至半山区及其附近不是更多吗？为什么稻作不是起源在这些地方，而偏偏是野生稻比较少的长江流域呢？对此，必须给予说明。

我提出一个理论，叫作稻作农业起源的边缘理论，简称为边缘起源论。这个理论的大意是，首先，华南地区日照充分，热带雨林环境中有各种各样的植物。其中不仅有野生稻，还有大量一年四季可以采食的多种植物，人们没有储存食物的迫切需要，没有特意对野生稻进行驯化栽培的必要性。相反，在野生稻分布的北部边缘，也就是长江流域，文化发达，人口增长很快，对食物的需求量远大于华南地区。加上那里有比较长的冬季，天然食物相对短缺，野生稻虽然可以储藏到冬季，但是数量远不如华南那么多，因此就需要进行野生稻的驯化栽培。这是我提出的理论的核心。由于长江流域处于野生稻生长的边缘，所以我把它叫作边缘起源论。

我们把目光转向西亚，就会发现，西亚小麦栽培农业起源研究的权威哈兰（Jack R. Harlan）所提出的也是边缘理论或周边理论。他认为，西亚的小麦栽培不是开始于野生小麦众多的地区，而是发生在其分布的边缘地带。东西亚的一致现象不是偶然的。

改变了传统文明观点的新发现

梅原：听了先生的介绍，非常激动。特别是听到有关仙人洞、玉蟾岩的发现时，不由得想起谢里曼在特洛伊等地的发掘故事，心潮起伏。我少年时代，读过他的自传，并幻想能像谢里曼那样，在对自己的目标不断追求中度过人生。后来，我成为哲学家，走上了和谢里曼不同的人生之路。但今天听了先生的介绍，也深切体会到作为考古学家的喜悦之处。先生的学问就如同先生的名字，是运用严密的方法，探求文明的轨迹。先生说的，全然没有谢里曼式的拜金赚钱的内容，却妙趣横生。我想，刚才先生谈到的那些发现，从世界文明史的角度看，是极为重要的。它们不仅仅关系到对中国文明的看法，同时也是引起不得不从根本上重新认识世界文明之需要的重要发现。

说到人类文明是如何产生的问题时，农业的出现对文明产生有决定性影响，这一点不容否认。在狩猎采集时代的文明里，虽说人们的心智水平较高，有着和现代人同样纤细缜密的心理智慧，但是，那些巨大的古代文明的产生，还是必须以发达的农业经济为基础的。根据西方人的观点，过去的农业，都是单一的小麦农业，而如美索不达米亚和埃及的小麦农业又必定伴有畜牧业，所以，小麦农业加畜牧业的经济形式是创造人类文明的基础，在这种经济形态的基础上，最终发展起城市文明。世界四大古代文明都是建立在小麦农业以及畜牧业基础之上的。相反，稻作农业就微不足道了。如果按照过去了解的，稻作产生于距今 5000 年，而从小麦农业产生在 12000 年前的情况看，稻作只是发展得还十分浅显弱小的农业。但是，若像先生所说，早在 14000 年前稻作农业就已经开始了的话，其起源就比欧洲学者主张的麦作农业起源在 12000 年前更古老。即便苛求一点的话，它们也是同一时间起源的。同时乃至更早，这也许是认识世界文明史时的一个重要观察角度。

过去把黄河流域视为中国文明的发祥地，也即世界四大古代文明——美索不达米亚文明、埃及文明、印度河文明和中国北方黄河文明，都是干旱地区的文明。这种认识也导致了人类最早的文明产生自西亚麦作农业及畜牧业经济基础上以来，向世界各地传播的观点。然而，听了先生的介绍，我感到这种传统认识破产了。文明的产生，不仅只建立在麦作加畜牧业这样一种经济形态之上，同样也可以产生于稻作农业或者稻作农业加养蚕业的经济基础上。覆盖东亚的古文明就是这样产生的。

先生是看了河姆渡遗址后开始提出您的假说。我参观河姆渡后也感到，这是一个相当发展了的稻作文明，在它之前也肯定有其发展的基础。先生通过仙人洞和玉蟾岩遗址的发掘找到了这个基础。我想，这些考古发现将要改变世界文明史的看法，同时也不得不从根本上改变过去有关中国文明史的看法了。

有关世界文明史和中国文明史的传统认识都将发生重大变化。我在就中国文明史进行各种思考的时候，也感到中国文明是一种稻作农业和麦作农业共存的，因而在世界范围看罕见的文明。在一国之中，截然分成南北两种农业经济形态的国家恐怕还不曾有过。印度东西部的情况多少有些近似，日本则几乎全部经营稻作，不具备这种二元性。像中国这样南北两种农业并存的现象，也许是我们首先要注意的问题。

过去有关中国文明发生在黄河流域的黄河流域一元说，几乎是中国史上的定论，甚至也是亚洲史的定论。这个说法首先出自司马迁的《史记》[1]。《史记》把吴越称为野蛮人的国度，说吴太伯穿的是野蛮人的服装。这样说来，先生的故乡楚国也是野蛮人了。按《史记》的说法，凡是种稻子的地方都是野蛮人，从事麦作的才是文明人。这和我们的认识稍有不同。《史记》是二十四史之首，于是，《史记》提出的历史观没有受到过任何怀疑，被继承到现在。照这样看，日本人毫无疑问是野蛮人，先生也是野蛮人了（笑）。

再看孔子的《春秋》[2]。《春秋》也是一部历史著作，但孔子在《春秋》中对楚国也好、鲁国也好、齐国也好，都一视同仁，全然看不出他有根据农业经济形态不同来划分文明、野蛮的想法。相反，孔子却怀着将国家统一起来的期待，而拜会过楚王，反映出他的思想里毫无差别意识。我想，较之司马迁，也许我们更应当赞同孔子的立场。我私下揣度，也许是因为司马迁在写《史记》的时候，正值楚汉相争，最终，占据了中原的刘邦[3]战胜了以楚国为根据地的项羽[4]。对于这场战争，司马迁对汉的意识过于强烈，而对楚国持有偏见，终于导致了他的"差别史观"。

---

〔1〕 司马迁和《史记》。司马迁，西汉历史学家，夏阳县人（今陕西韩城）。父司马谈。司马迁承父志，修史《本纪》十二卷、《表》十卷、《书》八卷、《世家》三十卷、《列传》七十卷，合为《史记》百三十卷（正式名称为《太史公书》）。其中，《本纪》以黄帝为首，为五帝至西汉各帝王的编年体记录；《表》为历史事件的简表；《书》为政治经济政策的记事汇编；《世家》为封建诸侯兴衰史；《列传》为历史人物的个人传记。

〔2〕 《春秋》和《春秋三传》。公元前 8 ~ 前 3 世纪，史官著鲁国史《鲁春秋》，经孔子加工编纂，名为《春秋》，是记载周王室和诸侯国的政治、经济、军事、天文、自然灾害等的重要历史文献。该书所涉及的时代，也被称为春秋时期。后世多有人为《春秋》做注释，著名的有《左传》《公羊传》《穀梁传》，合称"春秋三传"。

〔3〕 刘邦，西汉第一位皇帝·高祖（公元前 202 ~ 前 195 年在位）。今江苏省沛县人，农民出身。秦末，追随陈胜起义，于公元前 206 年攻克秦都咸阳。公元前 202 年战胜项羽，统一天下，即皇帝位，建立汉王朝。

〔4〕 项羽，楚国人，公元前 209 年，秦末陈胜起义，项羽乘机与叔父项梁起兵反秦。入咸阳，杀秦始皇孙子婴，烧阿房宫，自号西楚霸王，号令诸侯。五年后，败于刘邦而自杀。

因此，先生的学说不仅仅是对中国文明看法的重大改变，而正如先生所说，中国文明从来就不是一元的，必须采用多元的观察角度。

这样一来，先生不仅推翻了曾经几乎被视为真理的中国文明史之传统观点，有关稻作农业较之麦作农业更古老的发现，对于世界文明史传统观点也是一个极为重要的事情。在中国，对富庶的乡村有"鱼米之乡"的称呼。从事稻作农业的地方比麦作地区更富庶吧。正如通常所说，"种麦子的人羡慕种稻子的人"，大米比小麦的营养更高，产量也更高，如是，则我们有充分把握推测，富庶的农业肯定会产生出富庶的文明来。姑且不论以大米为食的人的素质如何，对于素质相同的人而言，从事富庶农业者必定会创造出富庶的文明。所以我们不得不认为，正是在这种富庶农业中，产生了中国或亚洲文明。

如此说来，这种认识就和过去有关文明只能产生于麦作农业的观点有根本的不同了。对于人类而言，有很多种农业，在这些农业基础上，会产生各种各样的文明。如先生所说，有三种农业：麦作农业、稻作农业和粟黍农业。在这些农业积蓄的财富基础上，将产生出各自的文明，对于世界文明史，应如是观。但是，从时间角度看，稻作和麦作农业起源非常古老，而且分别位于欧亚大陆的东西部，所以对这些农业进行研究，它们的具体形态、从中产生的是何种文明、什么样的思想等，就是世界文明史上极其重大的问题了。在这个意义上，我以为，对世界文明的认识已经发生了全面的变化。

若从日本的哲学家角度而言，我从学生时代就一直在考虑东方文明究竟是一种怎样的文明的问题。我的老师西田几多郎[1]是非常著名的哲学家。日本的哲学大体上是模仿西方哲学的。但西田几多郎可谓是最早创建了独特日本哲学体系的人。他在对东西方哲学做比较的时候，把西方哲学称为"有"的哲学，东方哲学是"无"的哲学，并将后者和前者对立起来。这是站在佛教，尤其是禅宗的立场上，对东方哲学本质的揭示。我对西田先生十分尊敬，先生的哲学是通过自己思考，并且是在东方思想传统基础上建立起来的。但是，我从学生时代起，就对为何把西方称为"有"，而东方称为"无"的处理方式感到不满。

---

[1]　西田几多郎，1870（明治三年）~1945年（昭和二十年），日本石川县人，哲学家。在京都大学任教期间，发表《善の研究》等论文，和西方哲学进行激烈交锋，创建出被称为西田哲学的独特思想体系，对年轻知识阶层产生过重大影响。

　　还有一位做东西方哲学比较研究的日本哲学家，叫和辻哲郎[1]。他就是原来住在我现在住的房子里的。和辻写过一本书，书名《风土》。他把气候、地理等条件称为风土。认为由于风土不同，会造就不同的思想。因此，他不同意恩格斯和马克思的人类文明的一元论观点，主张不同的风土条件下人类文化也有所不同。和辻比西田更重视现实世界的人类社会和事物。他分别把东亚、欧亚大陆中部和欧洲划分为季风气候区、沙漠地区和牧区，通过比较这些地区的气候和地理条件，来解释文化的差异。和辻哲郎是一位优秀的哲学家。但对于他只是把文化和气候联系起来进行解释，我认为是不充分的。在文化和气候之间，还间隔着人的生产活动，然后才有人的生活。不引入"生产"的概念，和辻的理论就是不完整的。季风区气候潮湿，就像是先生所说的沼泽地带。在这种沼泽地带上产生的稻作农业，以及在稻作农业基础上形成各种人类思想。这样，有气候、地理的条件，然后是人的生产，再后是人的文化。我们应当从这三个层次考虑问题。

　　因此，先生所说的沼泽，例如黄河流域的河南省虽然以旱作农业为主，但也有沼泽地，那里的沼泽地带也可以种植稻子，这一点，与和辻哲郎的风土论联系起来，显得非常有意思。我想，和辻的风土理论里若能补充进生产的观点，就可以得到进一步的展开，并且可以用来论证先生的观点。

　　严：诚如先生指出的，风土论确实忽视了人的作用和人们的生产活动。人是在一定风土条件下开展起生产活动的，同时在一定经济基础上创造文化。从这个意义上，我们不能不说，和辻哲郎的风土论正如梅原先生注意到的，存在重大缺陷。

　　梅原：和辻对马克思主义心存反感，他或许是故意从自己的理论中抽取出了生产方面的内容。我对马克思主义也有各种批评意见，但我想，以生产为中心来考察人类生活这一马克思的发现，也许是不灭的真理。马克思的时代，人们尚不知道有两种农业，也不知道狩猎采集民族是什么样的世界观，在强调从生产的角

---

[1]　和辻哲郎和《风土——人间学的考察》，所谓风土，按和辻的解释，即"某个地区的气候、气象、地质、地况、地形、景观等的总和"。《风土》（1935 年出版）一书从各地风土条件开始，考察东亚、南亚、印度、中近东（和辻作阿拉伯）、非洲、欧洲各地的文化史和历史特征。和辻认为，上述各地，可以归纳成三个类型：东亚、南亚和印度是具有湿润特征文化的季风类型；中近东和非洲为干旱文化占支配地位的沙漠类型；欧洲的风土特征是（绿色的）牧场类型。包括中国和日本在内的湿润、自然资源和食物资源丰富的季风地区，形成的是宽容和柔顺的人类文化类型；面对沙漠地区贫瘠严酷的自然环境，人类社会形成的是强调绝对服从的一神宗教文化；在牧场式的自然条件温和的欧洲，形成的是理性主义精神。该书因其和马克思主义观点的对立，曾被指责为主观的、反动的，受到许多批判。

度进行东西方文明理论研究时，未能首先注意到农业经济形态方面存在着差异的问题，所以，得到的只能是一种没有根基的文明理论。

因此，先生提出的问题，确实为稻作农业起源研究提供了一个全新的观察角度。麦作农业固然给人类生活带来巨大变化，而猛然间，我们又发现稻作文明的年代更加久远。人类最早的农业是怎样起源的，当时的社会又究竟是怎样的，都是非常复杂、然而意味深长的问题。

听了先生的介绍，我得以了解到，那个时代或许可以看作是旧石器时代向新石器时代的过渡，陶器的产生也在这个时期。先生结合石器和陶器，介绍了农业文明起源的研究，使我充分了解到先生从事的工作。然而大多数日本人尚不知道稻作文明的年代如此古老，也不理解为什么说稻作的起源相对世界文明是革命性的事件。我亦无知，现在也无非只是刚刚知道了一些情况，因此，能否请先生再稍微详细和通俗地就此做些进一步的说明？

稻作为何开始于长江中游地区

梅原：先生刚才所说的内容中，还有一点我特别感兴趣，即稻作农业起源于边缘地区，而在食物资源丰富的场所很难产生出文明，不如说，文明是发生在资源匮乏地区的。先生以此论证稻作农业的起源，我想，即便是用于论证文明的起源问题，也是成立的。

这里，有一个稍许不同的例子。《日本书纪》和《古事记》中记载的"日向之国"条中说到，天皇祖先从日本宫崎县边境地带迁徙到大和地区，在那里成了日本的统治者。战后，为美化日本国家的成立，《古事记》和《日本书纪》的叙述被法律化了，成为历史学家的定论。但是，最近的考古发现表明，古坟时代初期，日向之国建造了规模巨大的古坟，与此同时，边境地区的居民也出于某种原因向中央集中，从而形成了一个崭新的国家。我想，在边疆地带产生出新的文化是十分可能的。因此，对先生所谓麦作农业也好、稻作农业也好，它们的出现毋宁说是边缘地区对传统落后的生产方式、低生产力水平加以变革的结果的观点，我非常赞同。

那么，我想再请教先生的是，您是否认为稻作农业起源于长江中游地区？这是为什么？对于旧石器向新石器时代的过渡期的问题，您又是怎样考虑的？还有陶器的产生和过渡期的关系问题。如果陶器产生于这期间，有关日本的绳文陶器和弥生陶器的看法就必须加以改变了。以上三个问题，即首先稻作农业为何产生于长江中游；第二，有关石器文明，旧石器时代和新石器时代的关系；第三，陶器的产生，是想请教先生的。

严：对于先生提出的三个问题，我的能力有限，也许答不完整，就自己平日研究心得，试做回答。

首先，关于稻作农业起源问题。在已有的发现中，长江中游地区是稻作农业最早起源地的可能性，可以说最大。这是根据目前考古发现提供的证据得到的认识。但是，至于中游地区是否为长江流域唯一的稻作起源地问题，目前下结论还为时尚早。因为从位于长江下游的河姆渡、马家浜遗址的稻作情况看，我们注意到，从中看不出它们是从中游传播而来的证据，反而让人强烈感觉到它们是在当地发展起来的。因此，随着将来有关下游地区研究的进展，说不定会发现河姆渡或马家浜文化前一阶段的稻作资料。假如到那个时候真的有所发现，它与长江中游地区孰早孰晚的问题，也未必能一概而论。所以，说中游地区最早，只是就眼下的资料而言。

旧石器时代和新石器时代的差别

严：再谈第二个问题。旧石器时代向新石器时代的过渡，确实是一个非常有意思的问题。我一直怀着极大兴趣，追寻这个变化的过程。有趣的是，这一革命性转变的开始，正巧是地质学所说的更新世向全新世[1]变化期间，简单地说，在距今 2 万 ~ 1.2 万年。正如法国拉斯考克斯和西班牙阿尔塔米拉等洞穴壁画表现的，旧石器时代晚期的人类文化已经达到相当的高度。但是，当时的气候没有大的变化，依然十分寒冷，人类仍旧不得不居住在洞穴里，他们的活动范围也极其有限。

然而，随着越来越接近全新世，气候逐渐温暖起来。在这个过程中，人类也稍稍离开了洞穴，到比较平坦的旷野生活，他们的活动范围扩大了，和植物接触的机会也多了起来，进而其狩猎为主的取食生计方式开始朝植物采集方面倾斜，生活内容发生变化。但在北回归线以南地区气候温暖，总的气候变化不大，人类文化几乎没有什么变化。因此，在这些地区寻找旧石器时代向新石器时代过渡的痕迹极其困难。然而，在北回归线以北，特别是埃及、美索不达米亚、印度河流域直至长江流域的广大地区，气候的变化十分明显。我想，气候条件的变化对人类文化的发展产生了重大影响。

---

〔1〕 更新世和全新世，今天，一般把距今180万至1万年期间称为更新世（过去曾叫作洪积世，现在停用）。更新世期间，冰期和间冰期交替出现。相当于考古学上的旧石器时代。1万年前，最后冰期结束以来至今，为全新世（曾叫作冲积世，现已不再使用这个名称），相当于日本绳文时代及其以后的时代。

梅原：我对石器所知不多，旧石器和新石器的主要差别是什么？

严：您问得非常好。旧石器和新石器的区别，在过去也被看作是旧石器时代和新石器时代两个时代的区别。划分这两个时代，有三个主要标准，即打制石器和磨制石器[1]、有无陶器以及有无农业。但是，用这些标准衡量全世界的情况则非常困难。例如，西亚地区进入新石器时代后，很长时间里并没有陶器，是所谓的无陶器时代或者前陶新石器时代。再以日本的情况为例，绳文文化的陶器有1万多年的历史，但没有农业。因此，我曾经提出，从旧石器时代到新石器时代的过渡至少有三条不同的道路：西亚一带是首先出现农业和养畜业，有少量磨制石器，最后出现陶器，那里的新石器时代早期被称为前陶新石器；北亚和东北亚先有陶器，长期以打制石器为主，只有很少的磨制石器，农业出现很晚，甚至根本没有农业；东亚农业和陶器都出现得很早，磨制石器也比较发达。其他如非洲、美洲和澳大利亚等情况又各不相同，应当根据世界各地的不同情况分别来设定相应的分期标准，以适应不同地区的环境、风土、生产样式的情况。而不宜像过去那样，一概用是否使用磨制石器来作为划分旧石器时代和新石器时代的唯一标准，或者用是否有农业、陶器和磨制石器来作为划分旧石器时代和新石器时代的统一标准。

旧石器时代和新石器时代的概念，是1865年英国学者鲁伯克（John Lubbock）首次提出来的。从那以后，已经过去了130多年，史前历史的研究水平也大大提高了。考古学产生以来，随着对历史上各种现象的了解越来越清楚，也许已经到了需要重新考虑我们观点的时候了。

梅原：看来在划分旧石器和新石器时代的打制石器和磨制石器、陶器、农业这几个条件中，陶器和农业大致是同时出现的。请您就陶器的情况作些说明。这对认识日本文化意义重大。因为日本的陶器出现于绳文时代初期，绳文时代的定义也就是根据陶器的出现制订的。最早的陶器年代为1.3万年前，但是，稻子传到日本的时间最早不过是3000年前左右，大体上是2000多年前的事情，我们的绳文陶器无法和稻作的传统联系起来。绳文时代没有稻作农业，因此，陶器何时起源，其与农业的关系究竟如何，就是一个重要问题了。

陶器的产生与稻作农业的关系

严：我们首先就陶器的起源、早期陶器的样子、它的发展过程等问题做些

---

　　[1]　打制石器和磨制石器，旧石器时代的石器几乎全部为打制石器，也有一些仅对刃部进行研磨加工的石斧，算是例外。新石器时代的石器制作以研磨和穿孔技术为特征，也有不少是打制的，石器的种类和用途的分化极其发达。

考察。

刚才梅原先生也指出，绳文陶器的年代非常古老，这些绳文草创期的陶器形态古拙，年代达到距今 1 万多年。但是，当时没有农业，后来很长时间也没有农业。这样，就给考古学家提出一个非常困难的问题。简单地说，按照过去的理解，陶器是农业产生后，人们出于烹调或储存食物的需要而发明的。这种解释可以适用于世界上很大一片地区的情况。但至少就日本以及西亚的情况而言，未必就是如此。

陶器为什么出现，人们为什么发明陶器？对这个问题，过去有许多种说法。我的看法是，它的出现应当和烹饪小粒性食物的需要有关。进入新石器时代，食物来源多样化，靠采集也好，靠农业也好，大体上小粒的食物为多，需要有容器盛放，烹饪这类食物就需要有炊器。这种必要性，恐怕就是最初导致陶器产生的原因。

因此，总的说来，陶器的出现是和人类经济发展到采集经济较高阶段，如和集约性采集经济以及农业的发生有关的说法，也许比较接近事实。从世界范围看，俄罗斯的西伯利亚、日本、蒙古以及中国的长江流域和印度的恒河流域，在相当早的时候就出现了陶器。但是，粗粗划分的话（不能说绝对如此），黄河、长江以及恒河流域陶器的产生可能和农业有关，至于西伯利亚、蒙古和日本的陶器起源，恐怕就是与集约采集经济有关。有些小贝也需要用炊器煮熟，所以有些早期的贝丘遗址中也发现有陶器。早些年在日本、西伯利亚和蒙古不断有早期陶器的发现，然而在农业发生比较早的西亚和中国却一直没有发现时代相当的陶器。是不是陶器的起源和农业一点关系都没有呢？当时我想恐怕不能那么绝对化，我推测中国并非不存在早期陶器，而是考古学上还没有找到它。以后的情况正如所料。

梅原：中国的早期陶器是什么时候发现的，形制如何？

严：刚才我们已经说到，20 世纪 90 年代以来，在江西仙人洞、吊桶环和湖南道县玉蟾岩遗址相继发现了 1 万数千年前的陶器。玉蟾岩的陶器还能复原起来，可以明确知道这些早期陶器的形制为圜底或尖圜底器[1]，年代皆在公元前 12000 年左右。另外，在广西桂林庙岩遗址发现了公元前 14000 年的陶器，广西柳州大龙潭公园内的鲤鱼嘴遗址也出土过 1 万几千年前的陶器。但广西的这两个遗址都没有农业的迹象，相反出土了大量贝壳和植物种子，恐怕这里的陶器是与采集经济有关的。

最近，在河北徐水南庄头遗址发现了 1 万年前的陶器，从其伴出遗物中有可

---

〔1〕　尖底陶器，陶器底部呈尖形，多见于中石器时代至新石器时代早期。

用作脱谷的石磨盘、石磨棒以及猪骨等也许表明已经有了初步的农业和养畜业。从这个意义上讲，中国北方的农业和陶器很早就同时出现了。

再举一个例子，也是在河北省的阳原泥河湾虎头梁地点，从过去认为属旧石器时代的地层中出土了陶器，令人非常惊讶。和陶器共存的是细石器[1]一类遗存，明显没有农业。其年代最近做了测定，尚未公布结果。据我所知，为公元前1万年左右。把这些发现在地图上标示出来，可以划分成两个大区。在中国的华北地区，例如河北，陶器伴随农业同时出现，而更北方的蒙古、西伯利亚以及日本等地区，陶器则是伴随集约型采集经济的出现而出现的。

梅原：这是否可以认为陶器不是从单一的起源地向其他地区传播，而是在两个地区被分别发明的呢？

严：大体上看，早期陶器不是从一个中心逐渐向周围传播的。从陶器的形态和纹饰上都反映出这一点。南北方陶器的器形不同，南方底是尖圜形的，以尖圜底陶器为主；北方相反，是平底器。

梅原：日本最早的陶器确实是尖底的。

严：日本最早的陶器和中国南方的相似，器底非常尖。也许这只是个巧合。因为它们的纹饰和制作技术不大相同。从这个意义上看，我倾向于日本的陶器是本土产生的。

梅原：我想有两种可能性。一种为完全是在两个地区的分别发明，一种为其中一方受到过他方的影响。考古工作没有进展到这个程度，故有些不清楚。

关于日本的陶器，绳文草创期陶器的碳-14年代测定为距今12000、13000年。这个结果引起日本考古学界或历史学界极大轰动。过去，按山内清男先生对绳文陶器仔细分期编年的观点，最早的陶器大约距今5000年。这个编年观没有多大依据，是推测如果西亚的陶器起源以距今8000年计算的话，传播到日本大约需要3000年的时间，如是，则日本最早的陶器当为距今5000年。这个观点为大多数日本学者采纳，而对于刚刚出来的碳-14测定结果，大家都不相信。对这个数据，山内清男先生的心情很不好。结果，还是山内先生的影响大，直到他逝世，碳-14测定的年代数据也没有得到普遍认同。这是日本考古学乃至整个日本学术界都需要认真反省的。按照碳-14测定。距今13000~12000年的年代毕竟出乎意料地早，因此，不得不认为陶器是在东亚起源的。但是，日本是否为陶器的起源

---

　　[1]　细石器指从石料上打剥下来的长几厘米，宽1厘米以内的小型石叶。用法是将小石叶并排镶嵌在骨、角及木质棒状柄侧开挖的槽中，制成矛枪、箭矢、刀一类工具。流行于旧石器时代晚期至中石器时代，北方的新石器时代文化中也有广泛的分布。

地，还是别有他所，还是一个问题。俄罗斯沿海州地区发现了同样的陶器，所以，陶器是日本的发明，还是起源于沿海州地区，这一点尚未落实。

长江流域地区发现了年代大体相同，或者更早的陶器。确如先生所言，尽管存在南北差异，但有关两者的关系或许以后会逐渐明了起来。又如先生所言，陶器这种东西还是和炊煮食物有关、作为食物的烹饪工具而被发明的。如是，日本最早的绳纹尖底陶器的用法就是直接在火上炖，里面放上野菜、鱼、肉之类，可称为火锅了。今天，火锅料理在日本从东北地区直到九州都非常流行，或许是绳文文化的强烈传统吧。因此，陶器的出现可以称为某种生产革命和消费革命了。过去，鱼、肉之类或者生食，或者烤着吃，再没有其他做法了，现在能够煮食了，我想，这是一次非常重要的消费革命。

严：完全同意梅原先生的看法，这是一场烹饪革命。然而了解到这一点，就必须依赖自然科学的作用。例如通过对陶片中残留的氨基酸分析食物成分。靠这种方法，可以判断其是否为炊器，还可以进一步判断它究竟烹调的是什么食物。这已经超出了考古学家的研究能力，而成为不得不借助自然科学分析手段才能解决的问题。

那么，刚才我们谈到了东亚的陶器。再看印度的情况，据我所知，现在印度的恒河流域发现了距今 9000 年的陶器。但恒河流域的稻作从现有的材料看，开始于距今 7000 年。

梅原：也是陶器的产生在前。

严：是的。我们再把目光转向巴基斯坦的印度河流域。这个地区是今天担任我们对谈翻译的徐朝龙先生多次去过的。已知这个地区陶器的出现年代非常晚，在陶器出现之前就有了农业，即有过一段所谓前陶新石器时代。因此，我们恰好可以在恒河流域和印度河流域之间清楚地划分出一条分界线，其东西两侧的农业和陶器有着完全不同的起源和发展道路。

梅原：世界文化史的研究中，一直存在着西方中心主义。把世界史划分为石器时代、金属器时代，进而把金属器时代又划分成铜器时代和铁器时代，但还没有将陶器作为分期标准的。然而从人的生活角度考虑的话，陶器的出现具有重大意义。上述分期方案几乎没有涉及这方面的内容。我认为，陶器肯定是东亚的发明，由此引发了一场生活革命或消费革命。陶器文化究竟是农业之前的文化还是农业出现之后的文化，这个问题尚需要拜托严先生解决。但陶器代表的生活革命或消费革命这一点，必须写进人类的文化史中去。目前，我们也许可以明确地说，陶器的发明是人类历史上一次重大生活革命，而且这场革命开始于东亚。

严：正如梅原先生注意到的，若划一条分界线的话，东方陶器的发明断然古老得多。相反，西方出现陶器的年代相当晚。这是一个非常有意思的现象。在考察东西方文明的特点和发展道路时，陶器应当是个关键。

梅原：如此一来，我似乎觉得，陶器的起源恐怕和稻作农业与麦作农业的不同有关了。

严：这并不意味着西方全然没有对烹饪器具进行开发。典型的例子是，在埃及和美索不达米亚都发现过石制的容器。但是，制作石头容器用作烹饪器具的成本是很高的，制作起来也十分困难，其结果，这种方式就不能维持很久，必然被陶器所替代。无论埃及文明还是美索不达米亚文明，或者印度河文明，都是在栽培小麦、大麦的农业基础上产生的文明。与此相反，东亚文明则是在种植粟或水稻的农业基础上发展起来的。而且应当注意到的是，粟黍类作物没有能够长期延续下来成为主要作物，反之，稻米不但延续下来，其种植范围还不断扩大。因此，我认为东亚农业的主体不单是粟作农业，至少还应该包括稻作农业。

粟、黍和小麦的传播

梅原：那么，粟、黍农业在中国是什么时候开始的，延续到什么时候？

严：这首先是一个生产能力的问题，粟和黍的生产能力的极限的问题。干旱地带的农业，受到气候条件的制约，要提高作物的产量比较困难。作物本身的特点也限制了产量的提高。但是，稻作的限制则比较小，增加稻作农业产量的潜力相对来说要大得多。我想，这是问题的关键所在。因此可以说，粟黍必然要走向衰退之路，这主要是它们受到气候条件的制约，只能在干旱或半干旱地区进行栽培，养成了适宜于粗放耕种的特性。如果要通过精耕细作来提高产量，势必要寻求其他的途径。因此，是否引进小麦替换它们的问题也就自然提到日程上来了。

梅原：粟、黍农业的全盛大体在什么时期？

严：这和小麦何时传进中国有关。最近，可靠的证据表明，最早的小麦发现于二里头文化[1]，即小麦是在距今 4000 年传到黄河流域的。

梅原：另外，日本有关粟、黍农业的研究始终进展不大。在稻作农业传到日本之前，日本的粟、黍、稗农业多半也是从中国传来的。我想肯定是传入的。吉备国（今冈山县一带）和阿波国（今德岛县）发现了很多也许从事过粟、黍、稗栽培的遗址。稻作传入日本是很晚的事情了，在此之前，也许粟、黍农业曾经传到过日本。

---

〔1〕　二里头文化，以首次发现于洛阳以东约 30 千米的偃师县境内二里头遗址为典型遗址的文化，1959 年发掘，出土夏王朝时期的文化遗存。遗址东西长 2.5、南北宽 1.5 千米，遗迹有大型宫殿基址、房子、墓葬，出土有早期青铜器、玉器、漆器、骨器等大量精美遗物。已经明确二里头文化分布在土地肥沃地带，以粟黍农业为主，并开始有了小麦的栽培。

严：兹举一个数据帮助说明问题。根据最近十几年的统计，在世界范围内，绝大多数人以小麦和大米为主食。据统计，全世界小麦的播种面积比水稻的播种面积至少多50%，而产量几乎相等，大约是51∶49。在中国，小麦和水稻的种植面积各约一半，但水稻的产量则几乎是小麦的一倍，大约是18∶10，水稻的单位面积产量明显高于小麦。

梅原：这便是所谓的鱼米之乡吧。

严：正是如此。水稻的产量甚高，但是，种植水稻要花费大量时间。即使说人们为此要成倍地付出自己的体力和心血，也不过分。在这些心智和体力的创意劳动中，便包含着大量产生文明的因素。而且在稻米的生产过程中，必须完成一系列复杂的工序。所以我想，从事这一复杂精密的生产体系，也必定极大地影响着人们的思维模式、行为模式和生活方式。

我们再回到刚才分界线的话题。分界线的东方与西方不仅陶器和农业大不相同，而且人种也有明显的区别。东方是蒙古人种，西方是欧罗巴人种。在南亚，巴基斯坦和北印度主要是欧罗巴人种，中南印度则主要是尼格罗人种或尼格罗—澳大利亚人种，北印度还有少量蒙古人种，分界线也还是清楚的。

梅原：西亚、欧洲是不是没有粟、黍农业？

严：有倒是有，粟、黍对中亚和地中海地区有些传播，但没成为当地农作物的主要成分。

梅原：此情属实？

严：当然。

梅原：果然是非常有亚洲特色的农业呀。

严：正是。

梅原：那么，先生也是认为小麦是从西亚传来的了？

严：很多学者主张小麦是外来的，汉字的写法也反映出这一点。今天的麦字是"麥"字的简写，但更早的麦字不是这样，而是写作"來"。意思是外来的。

梅原：这样看来，对中国人来说，所谓农业，其本意多半是指稻作农业了。那么，"田"字也就是为种植水稻整备得齐整的田块了吧。我就是这样认为的。中国人在创造汉字的时候，一涉及农业，恐怕首先想到的就是稻作农业的印象吧。

严：是的。

梅原：汉字体现了古人的思想方法。

严：也许是这样。

梅原：先生有关"來"字的解释，我还是第一次听到，我赞同先生的说法。

严：中国文字的一个十分有意思的现象是，凡是由两个以上汉字组成的食物名词，基本是外来语。如萝卜、葡萄、蔓菁、茉莉等都是外来的。这些名词和中国汉字的特征不相吻合。汉字的特点是尽可能简练，都是一个音节一个单字，同时又基本上是一个单字为一个独立的词。由此看来，两个字组成的词一般就是外来语。有些东西的名字前面加一个表示外来的字如胡，有胡桃、胡瓜、胡豆、胡椒等，种类很多。有用番字打头的，如番瓜、番茄、番薯等。近来又有用洋或西字打头的，如洋白菜、洋葱、西红柿、西兰花等，更加明显表示是外来的。这反映出中国人对待外来事物的一种态度，只要是有用的就欢迎而不会排斥。

梅原：我的根本观点是，小麦农业也许会给环境造成巨大破坏。正像先生说的，小麦农业种植面积大，收获小。这便破坏了土地。畜牧业这类将大规模土地作为牧场，也破坏了环境。麦作是对大自然带来巨大破坏的农业。因此，我感到，西方文明可称为面包和奶油的文明，而过去日本的大米和豆酱文明则或许是一种对自然较少破坏的文明。

文化传播的路线——海路和朝鲜半岛的陆路

梅原：还有许多问题想请教先生的。其中一个问题是有关陶器的，即最早的陶器是什么样子的，或者说中国长江流域的陶器和日本绳文陶器等比较起来有无相似的地方？绳文中期，陶器已经非常发达，或许和长江流域的陶器没有多少相似性。但绳文草创期的陶器是从中国传播而来的，还是日本独自产生的？我想，要回答这个问题，需要将中国的陶器与日本陶器或者西伯利亚陶器进行比较才行。

严：关于陶器的产生，例如日本旧石器时代晚期，即地质学上的更新世晚期，日本和大陆是连接在一起的。也许当时大陆的人类和文化曾经来到过日本，但是到了全新世，也就是新石器时代开始的时候，日本和大陆的陆路联系切断后，渡海到日本在当时则是非常困难的。当然，这个问题还需要通过进一步的考古发掘和比较研究来落实。因此，大陆对日本的文化传播，自新石器时代开始，有一段时期中断了，以后再度恢复。此后，大陆文化或者经由朝鲜半岛的陆路或者通过海路再度来到日本。从语言上看，日语有唐音和吴音，明确表明日本文化两个方向的来源。但是，这是很晚的事情了，和陶器起源问题没有关系。

梅原先生一开始谈到了参加遣唐使之旅从日本到达宁波，想问一下，你们是从哪条路线走的呢？

梅原：从神户出发向九州，经博多（今福冈）的路线。如果天气好，一路风平浪静。

严：这是差不多所有遣唐使的旅行路线吗？

梅原：是的。因此，若到中国北方，几乎感受不到日本的气氛，但在中国南方，就像到了日本。用木材建造的房屋、稻米、细竹工以及茶等，几乎涉及所有方面，只有蚕在今天的日本没有了，但是，蚕也就意味着是丝绸，日本有丝绸。20 年前，我乘坐火车从西安到上海，就像回到了日本。中国南北方的风景完全不同。

严：所以，在这里我想说的是，把从北方经朝鲜传播到日本的中国文化叫作北方文化，但是，正如先生所知，北方文化的一部分因素，例如稻作农业、丝绸和漆器等，是从南方传到北方才在北方发展起来的，本质上是南方文化。真正的北方文化因素也传到过日本，例如半地穴式房屋和窖穴等，因为与日本的气候和生态环境不相适应，后来有相当一部分被淘汰了。另一方面，南方文化也大量来到过日本。我想，面对这些文化，当时的日本人是经过选择取舍的。由于日本人的生活环境接近中国南方，故他们主要吸取了南方文化的因素，以后，这些文化因素融进了今天以稻作农业为中心的日本文化。

梅原：我在中国参观过禅寺。佛教里有曹洞宗和临济宗。两者在日本是有区别的，在中国也有些区别。曹洞宗重视努力坐禅，道元居住过的天童山〔1〕今天也还讲究坐禅。因此我切身感到，日本的佛教来源于中国南方的佛教。

仔细分析先生的观点，即陶器肯定是在东亚大陆起源的，也许因为中国和日本曾经地域相连，陶器也就传入了日本。其后，和大陆的联系中断了，陶器便在日本独自发展起来了。日本绳文陶器上有世界上绝无仅有的奇妙纹饰，大致以龙蛇为主，却又不同于中国殷周时期的纹饰，这类陶器也应当是在日本独自发展起来的结果。我非常爱好绳文文化。这个文化很早就具备了明显脱离大陆文化的形态，独自发展起来。绳文文化中，陶器的输入很早，但农业的传入相当晚近。对于狩猎采集的社会来说，日本也许是资源非常丰富的地方。人们靠狩猎就可以满足生活，由于没有从事农业的需求，从而绳文文化拒绝了农业。

人们的生活一定要采取某种方式。仅靠狩猎采集会遇到灾荒。饥馑发生时，就如同阿伊努人的。原本……或者采集橡子，或者猎取鱼和野兽，或者采集野菜等等。如果饥馑五十年一遇，人们为了长期生存下去，就一定要选择诸如稻作农业那样的可以储存粮食以备荒年的生产方式。我虽然不是先生的农业起源边缘说，但日本列岛四面环海，对于狩猎采集的社会而言，是物产丰富的地方，因此，稻作在中国大陆产生了一万几千年，而传到日本才不过是两千多年前的事。这是因为没有进行稻作的需要。如果把边缘理论反其道而论之，日本或许是一个对采集狩猎社会而言的丰裕国度。

---

〔1〕　天童山位于浙江宁波以东 30 千米的太白山脉。732 年（唐玄宗在位时）创建的禅宗名刹。

严：日本人非常喜欢陶瓷器。世界各国的文化中也都不乏陶器。但意外的是，我们一直强调青铜器、石器等生产工具的发明，而没有对陶器的发明给予充分的重视。陶器是黏土制作的。黏土可以制成任意的形状，经过 600℃以上高温焙烧后成器，既耐火，也耐水，是一项卓越的发明。人们制作器物时首先要考虑制品的形状，因此这项发明促进了人类智力的提高。进而，陶器大大改变了人们的饮食生活方式。关于这一点，梅原先生刚才有出色的议论。陶器在人类文明史上发挥过重大作用，但到目前为止，我们对它的了解远没有我们想象得那么多。

进入青铜时代，中国的青铜器形态之复杂多样，在世界古代文明中无出其右。我想，这和东亚的陶器传统历史久远有很大关系。

梅原：我也这么认为。

严：因此，我们强调陶器，认为它是东西方文化差别的一个重要方面。应当站在这个高度上来认识问题。仅仅比较石器、青铜器、铁器等这些东西，是不够的。

玉器文化——作为仪礼之核心的玉器、青铜器组合

梅原：古代中国的瓷器输出欧洲。欧洲人对中国瓷器有高度评价，中国也因为丝绸和瓷器而闻名。欧洲人渴望得到丝绸和瓷器，它们成为中国的主要贸易商品。这在研究东方文明时是一个重大事件。陶器技术发展为釉陶和瓷器生产技术，这也是人类的重大发明，而且是与战争无关的发明。因而陶瓷文明在人类生活史、消费史上具有重要意义。而迄今为止，人们书写的文明史都是生产中心主义和战争中心主义的文明史。

殷周[1]青铜器好像和西方的青铜文化全然不一样。殷周青铜器的形态大体上是模仿陶器的，我去良渚时看到，良渚文化的陶器和青铜器很相似，只是质地不同。青铜器的造型似乎是整个仿照陶器的。

另外还有玉器文化，也许是中国乃至东亚文化的一个重要特征。例如，西方

---

〔1〕　夏、商、周：夏，在黄河中游，也即所谓中原地区建立的中国历史上第一个王朝（约公元前 2000～前 1600 年），由传说人物禹所建，最后一代王夏桀政治上暴虐无道，夏朝遂为殷王成汤所灭。

商（殷），约在公元前 1600 年，成汤灭夏，建立商朝。公元前 1027 年左右，商纣王为周武王所灭。20 世纪初，于河南省安阳县殷墟遗址发现甲骨文，其后，在河南、河北和山东等省陆续发现了商代遗址。

周，系夏商之后中国的第三个王朝。公元前 1027 年，周武王灭商，于黄河上游西安附近建都；至公元前 770 年周平王迁都今河南省洛阳之前为西周，其后为东周。通常将东周的前期称为春秋时代，把公元前 403 年至秦始皇统一称为战国时代。

是金属文化，特别推崇金银，连人也被描绘成像金银那样闪闪发光才好。但是，在东亚，无论中国还是日本，却格外珍重玉器，玉器的地位比金银器还高。中国的史书中，有关为了求购玉器而倾家荡产的记载不胜枚举。玉并非熠熠生辉，但有其清澈透明之美。不知玉何时和为何为人们所珍重的。日语中，玉的读音和灵魂的魂字相同，被认为和灵魂有某种关联。玉在日本的绳文文化中就已经被人们钟爱了，我想，这也一定是和中国的玉文化传统有密切关系。在此，我想就中国的玉器出现年代以及原因，请教严先生。

严：诚如梅原先生所说，中国古代文献中，用各种美好辞藻来形容玉，几乎用尽了所有最高的赞美之辞。先生提出的问题意味深长。我过去也曾经考虑过这个问题，但一直没有明确的结论。为什么中国人如此痴迷玉器，这实质上是一个非常值得研究的中国文化的问题。

就我的知识而言，在距今数千年中国就已经非常流行玉器了。最早的玉器出自河北、辽宁和内蒙古交界地带的兴隆洼文化，年代大约为公元前6000～前5000年，以后经过赵宝沟文化，到红山文化而发展到很高的程度，这是中国史前玉器的东北系统；第二个中心在江苏、浙江一带，那里的玉器最早出自河姆渡文化，年代大约为公元前5000～前4500年。其后经过马家浜文化和崧泽文化，到良渚文化达到高峰，而且对周邻地区造成很大影响。其他如长江中游、山东地区和西北地区也可能有别的系统，但都没有良渚文化玉器的影响那么大。继良渚文化之后的中心似乎转移到了长江中游的石家河文化[1]，情况还不大清楚。主要位于黄河流域的夏商周三代所继承的玉器几乎全部来自长江流域的玉器传统。例如三代所见之玉琮、玉璧、玉璜、玉钺之类的器物，就像是直接取自长江流域的新石器文化。玉器在夏商周三代的礼仪制度中占核心地位。这是一个非常有意思的现象，是研究古代文明形成时一个十分值得注意的问题。

在此还想再度回到陶器的话题上。从夏商时期，直到战国时代的将近两千年时间里，作为国家最高的重型礼器是青铜鼎，贵族死后要按照等级随葬不同数目的鼎。在史前时代，中原地区很少有鼎，用鼎最多的地区在山东和长江流域。鼎和其他器物配伍形成一定的组合，战国时代盛行鼎、豆、壶的组合，而这种组合形式的最早原型，是在江浙地区的崧泽文化，到良渚文化为之大备。从考古发现

---

〔1〕　石家河遗址位于长江中游的湖北省天门市。于此发现了公元前3000～前2000年的长江中游地区规模最大的城址。城址边长南北长1.3、东西宽1.2千米，以堆筑城垣环绕，城垣以外有宽大的壕沟。城址的中心部位发现了状似宫殿的大型建筑，遗址出土过大量红陶杯、小型动物陶塑、陶纺轮、精美玉器和铜片、铜矿石等遗物。

来看，良渚文化之后很不清楚，然而良渚文化同夏商周文化的联系反倒比较清楚，这是非常耐人寻味的。刚才还谈到了玉器，梅原先生的着眼点很有意思。我感到，我们已经开始接近中国古代文明形成问题的真相了。

历史上，中国的南方和北方一直是有密切关系又有所不同的。北方的政治、军事力量比较强，发生战争，往往以南方的失败而告结束。然而在经济和文化方面，南方往往有许多优势。两者明显地存在着互补的关系。

梅原：我实际上也是这么考虑的。因此，听到先生有关三种器物组合的说法，大有同感。我还想下一次接着良渚的话题，就稻作文明之后的都市文明问题，请先生做详细说明。不过，说到玉器崇拜，究竟是起源于何时呢？这个问题落实了，日本的玉器崇拜是否从中国传来的问题也就迎刃而解了。

严：玉器究竟是什么时候起源的，现在还不十分清楚。有人说起源于旧石器时代晚期，那恐怕靠不住。根据目前所知的情况，在内蒙古东南敖汉旗的兴隆洼遗址和辽宁西部的阜新查海遗址都发现了早期的玉器，年代大约距今七八千年。长江流域的玉器似乎出现得稍晚。河姆渡文化的"玉器"实际上是萤石做的，真正的玉器要到马家浜文化和大溪文化时期，距今大约五六千年，个别的可能达到六七千年。年代虽然稍晚，但玉器的普及率比内蒙古和辽宁同时期要高。

中国史前玉器比较发达的期间在铜石并用时代，距今约 5500～4000 年。不过在所有出玉器的文化中，没有一个达到良渚文化那样发达的程度。然而具有讽刺意味的是，良渚文化往后的发展不大清楚，以后的继承者是谁当然也不清楚。夏商周三代似乎继承了良渚文化的玉器传统，但中间有很大的缺环，具体过程很不清楚。其中隐藏着中国文明如何形成的一个重大谜底。

梅原：河姆渡的稻作文化曾给了我极大冲击。另一次冲击就是良渚文化。初次看到良渚文化的玉器时，我不禁为之屏住气息，深深为良渚玉器的精美绝伦所感动。这是玉器文化的顶峰。能够制作如此精美玉器的，肯定也是创造了极高文化的国家。

日本的玉器文化和中国文化的关系如何？例如日本新潟县一带出产翡翠[1]。

---

〔1〕 翡翠，日本新潟县系鱼川市的姬川支流小泷川以及和其平行注入日本海的青海川出产翡翠（硬玉）。姬川古称沼明河、淳名川，为《古事记》所载大国主命向奴奈川姬问妻的地方。该记事反映了过去在小泷川开采翡翠的事实。《万叶集》中也有在淳名川寻玉的歌词。系鱼川市的西邻、新潟县最西端的青海町绳文时代遗址和其西部富山县朝日町古坟时代遗址，都出土过用翡翠加工勾玉等玉器的遗迹。

小泷川溪谷出产翡翠是在昭和 20 年代中期前后确认的，1955 年，被指定为国家的重要文化财（天然纪念物），翌年，青海川流域翡翠产地也被同样指定为国家重要文化财。根据这个背景，著名小说家松本清张以《淳名川》之歌为题材，写下了名为《万叶翡翠》的推理小说。

过去认为日本没有翡翠，后来在系鱼川市的姬川支流小泷川、青海川发现了翡翠。今天，那一带一下雨，翡翠就会被河水从上游带到海岸附近。"下雨了，捡翡翠去"是当地小学生们的活动。我也索要了一块。

严：是矿石料吗？

梅原：是翡翠石料，颜色为青色。这种尊重翡翠的文化和中国大陆文化有什么关系，是我非常关心的问题。

此外，刚才还说到了瓷器。白瓷也好，青瓷也好，这种在陶瓷器中特殊的瓷器无论在日本还是中国，都被视为瓷器制品的顶峰。观察这些瓷器，总是感到它们是在某些方面以瓷器的形式来表现玉的。我想，或许应当把玉文化看作是东亚文化中的另一个基本方面。

丝绸、蚕和稻作——丝绸之路的起点

梅原：最后一个问题，即稻作农业文化复合体的问题。我以为，稻作农业文化加上陶器文化、玉器文化，构成一个文化复合体。一方面，这个复合体是什么时候产生的，尚不明了。但稻作文化中包括了养蚕和丝绸制作，它们和稻作农业有密切关系。关于河姆渡遗址发现的蚕，有各种各样的说法，然而至少表明蚕丝的纺织品在当时已经产生了。到了良渚文化时期，发现了明确的蚕丝证据，故不得不说当时肯定有了丝绸。丝绸是代表中国的高级物品，西亚及欧洲人非常看重中国的丝绸。日本也十分珍重丝绸。四川出产的"蜀锦"〔1〕这一名称曾见于《万叶集》，奈良时代的人们将蜀锦视为最高级的纺织品。去了四川就会明白，四川既是稻作的国度，也是蜀锦的国度。因此，稻作农业和养蚕及丝织业有密切的关系。两者的关系从何时开始，是个非常有意思的问题。也就是说，麦作农业是和畜牧业为组合的，而稻作农业不从事畜牧业。有人认为稻作农业是和养猪结合的，但我认为稻作农业的特征是与养蚕业有密切关系。所以我觉得，东亚文化是稻作农业和养蚕业以及陶器、玉器文化构成的文化复合体。但养蚕业究竟是从什么时候开始的呢？

严：看来梅原先生曾经看过河姆渡陶器上描绘的蚕的图案了。良渚文化中的丝织品质量高，密度已接近现代丝绸的水平。由此而论，养蚕业和稻作农业相结

---

〔1〕　蜀锦（蜀江锦），生丝产地之一的四川省生产的锦。以流经成都市郊的长江支流蜀江流域出产的生丝为原料，其织物的图案以在四角形或八角形内填配花叶纹为特点。蜀锦向日本的传播自奈良时代开始，持续到室町时代。从中国直接输入的一般叫唐锦，经朝鲜输入的叫作狛锦或高丽锦。《万叶集》中，有好几首赞美锦的歌。《平家物语》也有称赞丝绸制品的语言。

合的时代会非常早。湖州钱山漾良渚文化遗址曾经出土过许多丝绸残片和丝带等，可以看出当时的丝绸达到了相当高的水平。

但是，目前还不清楚良渚文化养蚕和丝织业的实际情况。良渚遗址群中的反山墓地发掘时，我到过现场。在现场令我十分吃惊的是，墓主的遗骸和随葬玉器上都有丝绸的痕迹，可惜全部腐朽，只剩下痕迹，无法提取起来。将来，如果中日合作研究出先进的方法，用在发掘中，把出土的丝绸全部回收，再进行分析研究，也不是不可能的事情。

良渚博物馆陈列着战国时代楚国的丝绸。这些丝绸水平之高，即便用现代技术也无法全部仿造出来。因此，理所当然的是，将来将稻作农业中养蚕和丝绸纺织技术的出现追溯到良渚文化之前，追溯到河姆渡，乃至比河姆渡更早，也绝不是奇怪的事。长沙马王堆汉墓埋葬的老太太身上穿了50件丝绸衣服，其中最里面的一件号称"禅衣"，非常轻薄，重量仅50克。即使是用现代技术，也很难仿造。

梅原： 玉器的制作技术也相当高。稻盛和夫（日本京瓷会社名誉会长）看到良渚文化的玉器后认为，玉器的平面研磨技术非常高超，特别令稻盛吃惊的是玉器的浮雕和浮雕上的花纹。所谓浮雕，是将周围的材质腐蚀下去之后才能得到的效果。良渚人已经掌握利用化学药品进行腐蚀的技术了吗？稻盛惊叹不已。一再说若是再有发掘，希望让他作为一名技术人员参加工作。

"南蛮"的蛮字写出来是条虫，蚩尤也是虫，蚕也是虫。虫字的形象本质上就是蚕。我觉得，在某一时刻，蚕和稻作农民结成了关系。蚕又被称为天之虫。总之，是一种十分神秘的虫子。

稻作文明的能量

严： 这是真正触及下次对谈内容的话题了。梅原先生先前说到稻作农业的生产率高。生产率高与剩余产品的自然积累相关。剩余的粮食被提前生产出来，也就由此产生了有赖于这些剩余粮食的各种制造业及其专职工匠。这些工匠全都靠剩余粮食的支持制作玉器、精制陶器、养蚕和生产丝绸。从较高的生产率产生出来的能量显然比同时期在黄河流域的粟作农业为高。良渚文化的发展水平在中国同时期诸考古学文化中可能是最高的。

梅原： 也是在这个基础上产生了长江文明以及城市文明。

严： 应该是这样。

梅原： 欧洲人过去不吃米，现在也开始吃米了。他们向往东方的丝绸，于是有了丝绸之路。我认为，东方文明是由丝绸、瓷器以及稻作组合而成的。搞清楚这个文明的发生及其本质，是东亚民族的义务，或许也是世界范围的义务。"我的文化先进，你们的文化虽然不是野蛮，也是低劣。"这种对高度发达的东方文明之价值视而不见的人是大错特错了。世界上存在着多种文明。研究这些文明，也就是研究世界的存在方式。东方文明的存在绝非东亚民族的自我吹嘘，而是客观事实，因此，我们有责任让世界了解它。

严： 我完全同意先生的看法。世界许多地区，都有自己的文明。人们世世代代积累创造，产生出许多优秀的文明。东方文明自然也是优秀的文明之一。

梅原： 稻作农业起源非常早，产量也高。而且从某种意义上说，稻作农业是一种非常花费工时的生产体系。据前面说到过的和辻哲郎的著作《风土》的描述，欧洲没有杂草。那里的杂草全都成了家畜的饲料。但是，日本的稻作农业最让农民辛苦的就是农田锄草了。锄草，在今天使用机械，轻松许多，但仍然是日本农民最重的工作。从这一点看，稻作农民远比麦作农民辛苦。他们必须调动起全部身心能力，进行细致缜密的劳作，才能创造剩余财富，建设文明。

我初次见到良渚文明，立即被这一优秀的文明深深吸引。我还设想，为什么我们不能组织一支日中联合考古队，对其进行发掘调查和研究呢？经过一些周折，这次拜严文明先生之力，我们得以在长江中游的湖南省进行调查研究。我们已经达成共识，如果这项工作获得成功，再到长江下游的浙江省良渚文化遗址，或者上游地区的四川省开展工作。尽管还有许多困难，但是，我深深感到，探明长江文明是我们东亚人的义务和责任。通过四五年的工作，我们建立起一个研究起点。我们已经大体商定，请严先生出任这项工作的领导，田野考古发掘由中国方面进行，环境考古所需要的技术和经费由日本方面支持。

蒙在长江流域稻作文明上的面纱还仅只被揭开一角，即便如此，其内涵之丰富和发展程度之高，也令人惊叹。今后若能将其全貌揭露出来，定会引起全世界的震惊。

今天，一直在向严先生请教发掘的情况，下一次，我希望就今天涉及的长江流域的范围里，围绕产生于稻作农业基础上的城市文明问题，再向严先生请教。

严： 我在有生之年，也要像梅原先生一样，以旺盛的好奇心和挑战精神，致力于长江流域文明起源和发展的研究。为了达到这个目的，希望我们通力合作。

梅原： 我们来为此事摇旗呐喊。

严： 目前，还不能肯定在我们的有生之年，这个问题的研究能够达到何种程度，然而，经过我们的努力，会给后人建造一个继续前进的基础。在这个共同认识的前提下，我们携手努力吧。

梅原： 梅原猛死后的三十年里，这个问题的研究状况或许会有全面改观。那将是多么好啊。

今天从先生这里学到了很多东西。谢谢！

二　城市文明的曙光

（梅原猛和严文明对谈，1998 年 6 月 20 日）

稻作的普及——城市产生的基础

梅原：上次对谈的话题是稻作农业、陶器的起源。今天我们想谈谈在稻作农业的基础上城市文明的形成，最早的城市在什么地方出现的，以及是怎样发展的问题。

上次，严先生谈到，农业不是在狩猎采集经济时期最富庶的地区产生的，而是首先出现在野生稻数量不多的长江流域，即在当时主要经济区的边缘地区产生的。这是非常有意思的看法，而且也多半是正确的学说。新的文明为此前生活在边缘地带的人们所创造。我想，这种情况无论在日本历史上，还是中国历史上都是如此。

试以日本历史为例，弥生时代结束，进入古坟时代，这是在政治上将日本统一起来的时代。根据《古事记》和《日本书纪》，完成统一日本的人是居住在九州南部的边境地区的民族，他们入主中央，统一了日本。再者，推翻江户幕府，实行近代化，成为明治维新中坚力量的萨摩和长州，从中央的角度看，也都是边民。

中国历史上，蒙古民族和满族先后开创了一代王朝。近代中国，孙文起自广东，毛泽东起自湖南，也都是边民。对照这些历史看，严先生的学说有充分的根据。按照先生的观点，也可以解释为什么绳文时代的日本没有农业。日本四面环海，林木茂盛，对狩猎采集经济来说，是非常丰饶的地方。这种地方，没有采用农业这种新的生产方式的必要。

严：讲到这儿，我插一句话。在绳文时代初期那种适合采集经济的富饶环境里，自然没有从事稻作农业的必要。当时，稻作农业也还没有成熟起来。但是，我想，到了弥生时代，当稻作农业以十分成熟形态传入日本时，其优越性远远超出旧有的采集经济，以致很快被大规模地接纳。

梅原：正是如此。因此，日本大致与稻作农业出现的同时，也出现了弥生陶器。最近考古学揭示的情况十分有意思。绳文时代，日本输入过陶器，也输入过玉器，但没有接受稻作农业。这对于研究日本文化是一个非常重要的角度。福井县鸟浜贝丘[1]的出土品很像 5000 年前的稻作文化的东西，唯独没有稻作。安田喜宪等一直对此有疑问，我注意到，严先生的学说正好可以对其进行说明。

今天，我想在先生学说的基础上提几个问题。稻作农业起源于长江流域的话，它大致上是以怎样的形式向外扩散的？是何时抵达长江下游地区的，以及何时传播到长江上游的四川、云南省的？这些地区的情况是否已经明了了？

严：请允许我稍微解释一下。我提出的稻作农业边缘起源的理论，是指野生稻分布的北部边缘，不是文化发展的边缘。因为文化发达、人口众多，天然食物资源有所不足。到了冬季这种矛盾会更加突出，促使人们开辟新的食物资源。稻谷是一种容易繁殖又可以长时间储藏的颗粒性食物。在野生稻分布的北部边缘，人们会知道它的使用价值和耐储藏的特性。如果文化不发达，人口压力不大，自然没有必要去进行栽培。反之，在文化发展到一定阶段，人口相应地增长到一定程度，就会出现普遍的社会需求。而社会需求是发明之母。我想，稻作农业就是这样首先在边缘地区发生的。

说到稻作农业的扩散问题，我是考古学者，必须根据考古资料的事实说话。从现有的资料看，稻作农业在中国的扩大，大体上可以分为几个阶段。稻作农业从产生到距今 1 万年前后，主要是以长江中游地区为中心扩大的。之后，公元前 7000 ~ 前 5000 年，即中国考古学上的新石器时代中期，主要是朝北、东扩展。

梅原：东方也就是长江下游地区吧。

严：是的。稻作是向长江下游和北面的黄河流域扩展。为什么还会向北方扩展呢？因为北方早已经是旱作农业地区了，似乎没有种稻的必要性。其实不然。我看关键是文化的发展和人口的增长，人们需要不断增加粮食生产，改善食物结构。因此，对于旱作农业区的人民来说，只要有水，就不能拒绝新的农业方式。因此，稻作农业得以部分地进入旱作农业的地区。

东方的长江下游地域广大，气候条件和中游相同，稻作农业也可能和中游地区同时发生；即使是中游发生得稍微早一点，那么首先扩展到这里也并不意外。

我先前谈到边缘理论时，几乎没有涉及南面的华南地区。当时的华南恐怕还是热带雨林地带，食物资源丰富，适合采集经济，没有发展农业的迫切需要，这可能是那里要到很晚时期才出现稻作农业的根本原因。

梅原：稻作向北分布的边界在哪里？

---

〔1〕 鸟浜贝丘位于福井县三方町鸟浜，为绳文时代草创期——前期的遗址，1961 年被发现。遗址上除绳文时代陶器之外，还出土了独木舟、筐、绳子等遗物，以及可供复原绳文人饮食生活的葫芦等栽培植物。遗址有多层文化堆积，是西日本最重要的绳文遗址之一。

严：中国淮河以北主要是旱地农业区，稻作农业的出现应该比粟作农业晚，而且数量有限。稻作农业向北部的扩展是像波浪一样推进的。早在新石器时代中期，即大约公元前7000～前5000年的时期就到达了淮河流域，河南舞阳贾湖遗址中水稻遗存的发现就是有力的证明。到新石器时代晚期，即相当于约公元前5000～前3000年，稻作进一步渗透到黄河流域。山东、河南、陕西这些黄河流域的主要省份，在水源比较充足的地方种植了少量稻谷。当时稻作的比例虽然不大，但确实渗透进来了。

公元前3000～前2000年，是中国历史上的铜石并用时代。概言之，这是一个开始发现零星铜器，石器工具仍被继续使用的时代。进入这个时代，稻作渐渐开始向南方扩展，广东省一带出现了稻作；黄河流域的情况如旧，稻作农业暂时停滞在这个地区。

进入青铜时代，稻作农业扩大到了今天的云南、东南沿海以及台湾等地，并且或者经由辽东半岛，或者经由海路到达朝鲜半岛，最后在绳文时代晚期到弥生时代初期抵达日本。

梅原：刚才先生所说稻作农业在很早阶段就已经深入到旱作农业地区，对我而言，这一点非常重要。最近日本发现了一些迹象，表明在稻作农业之前，旱作农业或已到日本。就在两三天前，报纸报道发现了弥生时代初期年代很早的米，看上去像是旱稻。因此有人推测，是否先是旱作农业到了日本，然后在这个基础上水田稻作才传进日本的。日本有种植稗、粟的农业，然后在某个时期，才一变改为种稻子的。许多日本神话传说的内容，也许描写的正是这段历史。因此，旱作农业地带中较早期间便出现稻作这个情况十分重要。

还有一个极有意思的问题，就是稻作很早就进入了山东。在讨论稻作东渡日本的时候，山东是不可忽视的地区。徐福[1]也是从山东乘船渡海到日本的。山东很早就在旱作农业的基础上发展起了稻作农业，这在考古学上已经比较清楚。

---

〔1〕　徐福，司马迁《史记·秦始皇本纪》记载，秦始皇迷信神仙方术，徐福（又作徐市）上书，言"海中有三神山，名曰蓬莱、方丈、瀛州。仙人居之。请得斋戒，与童男女求之"。于是派童男女千人，随徐福出海求神药。徐福求药耗费巨资，数岁不得，激怒秦始皇。故诈言海中有大鲛鱼作怪，请善射者与俱，再入海求药。

1982年，江苏连云港市发现一村名徐福村。当地政府将徐福视为实在人物，彰显其人，以推动中日文化交流。此外，日本伊纪半岛的熊野、佐贺，丹后半岛、男鹿半岛等二十多个地方也广泛流传着徐福的传说。佐贺市还有祭奉徐福的金立神社，熊野县在江户时代建造了"徐福之墓"。

有人认为，徐福一行是携有金、银、铜、水银等物资和稻作、养蚕、纺织工匠的集团。

先生是严谨的考古学家，我则是哲学家，想法自由。因此，我觉得在研究孔子这个人的思想的时候，需要注意其出生地是在山东这一点是非常紧要的。我曾经认为，孔子的思想不只是种植粟、黍的农业，或者麦作农业的思想，而是综合了粟、黍农业文明和稻作农业文明之后形成的思想体系。若如先生刚才所说，稻作很早就进入了山东，这也为给孔子这位思想家的定位提供了一个注脚。

南方的情况也很有意思。1996 年我到过长江上游的四川省，发现当地保留着许多稻作神话的孑遗。那么，稻作从四川传播到云南是在什么时候呢？

严：孔子的时代，中国很多地方都已经种稻，山东也早已种稻。例如《诗经》中的《鲁颂·閟宫》中就说"有稷有黍，有稻有秬"，说的就是山东的情况。孔子周游列国时到过楚国，所以他对长江流域的情况是清楚的。

至于四川省的新石器文化发现较晚，考古研究还不充分，有关当地的稻作农业起源和发展过程尚不清楚。但是，当地城址的出现年代甚早，不容忽视，当地文化受到过来自长江中游地区的稻作文化——强大的屈家岭文化和石家河文化的影响。通过三峡，当地文化和长江中游地区文化连接起来，稻作传入四川的年代当不会很晚。即便从现有考古资料推测，三星堆无疑是一座规模宏大的城市，三星堆之前的新津宝墩古城、郫县古城和芒城等则是更早一些的相当于龙山时代的城址，它们构成一个城址群。我想，这一现象产生的基础，当是在很早时候稻作就已经传入四川的结果。

5000 年前：长江流域城市文明的前夜

梅原：下面，我们就要进入有关城市文明的话题了。我想首先就在世界文明史上，长江文明占有一个什么样的地位的问题做些讨论。

稻作农业产生于东亚，按严先生的说法，大约起源于 14000 年前。西亚是小麦农业的产地，开始于 12000 年前，比稻作晚了 2000 年左右。这两个地区都有高度发达的古代文明，在距今 5000 年前后，在各自不同的气候条件下，都产生了城市文明。西亚最早的城市文明是美索不达米亚，年代为距今 5000 年。约 150 年后，出现了古埃及文明和古印度文明。再以后，约距今 3500 年，诞生了黄河文明。距今 3500 年，恰好相当于西亚文明和希腊文明鼎盛期间。如此说来，和此前的美索不达米亚、埃及文明相当的则是长江文明了。然而问题在于，和美索不达米亚或埃及文明相当的长江文明，至今还不被人十分了解。

严：确实，大多数中外学者都把商王朝作为中国文明的开始。根据历史记载，商代之前还存在过一个叫作夏的王朝。商有发达的青铜器，规模巨大的都城，持有大量豪华绚丽的随葬品的王墓，并且有甲骨文，无疑是个古代文明。但是，从考古学的角度看，在商代以前曾经有过一个夏代这一点上，还没有达成一致意见。然而，并不能由此而得出结论，说商代以前的中国或许还没有达到文明的阶段。在黄河流域，以及最近在长江流域陆续发现的一些形态上明显达到文明阶段的古代遗迹就是证明。

刚才梅原先生谈到距今5000年前的情况，这在探讨东西方文明时是一个非常重要的时期。从中国的现状看，公元前3500～前3000年，即距今5000年或稍微提前一点的时间，和美索不达米亚以及埃及等情况一样，在一些文化最发达的地区，刚刚有一点社会分化并出现贫富差距。然而一旦过了这个时期，这些情况在各地都出现并且有所发展，社会以大型聚落或城址为中心，相反，周边地带逐渐衰落；墓葬的情况也反映出，一小部分人似乎非常富有，形成一个垄断社会财富的阶层；社会的手工业、贸易有显著的发展；整个社会发生很大变化。也就是说，无论在东方还是西方，距今5000年前后都是人类文化、社会文明发生重大变化的一个时期，这是一个非常有意思的现象。

梅原：这里面有没有气候变化方面的原因？考古学上有无证据？

严：当然会有来自气候、环境方面的原因。不过，我们考古学者需要从各方面的证据来分析问题。中国和美索不达米亚都是一万几千年前产生了农业；到距今5000年，农业已经发展到相当高的程度，过去一直是量的积累，至此造成了质的飞跃。具体而言，由于农业的发展，生产出许多剩余产品。这些剩余，改变了过去所有社会成员都必须同样地从事农业生产的条件。部分人进入了专门的手工业领域，如玉器、铜器、丝绸、漆器和高档陶器等的制作。这些人依赖农业所提供的剩余粮食生活，从事专业生产以及产品交换。这些剩余物最终变成了社会财富，而且围绕这些财富的分配，社会变得复杂起来了。把持着社会权力、军事力量和宗教权力的人希望独自占有这些财富。如此一来，一部分人逐渐富裕起来，一部分人贫困下去，有的人甚至被降为任人剥削压迫的奴隶。我想，这个过程，大约就是文明产生的背景。这在考古学上是可以看出来的。

围绕财富的分配，当然会有冲突，甚至是流血的冲突。各地发现的墓葬提供了这方面的证据。这个时期的墓葬中出土了大量制作精良、锋刃锐利的石钺，同时也发现了大量改造得看上去杀伤力很大的石箭头，有的地方还有石矛。除正常埋葬的墓葬以外，各地还发现了不少乱葬坑，坑中的人骨横七竖八，有的甚至身首异处。估计其中有相当一部分是战争的牺牲者。这些情况都表明当时武装冲突不断，战争成了人们日常生活的一部分了。

梅原：这些现象是从什么时候开始的？

严：在距今5500～5000年之间，这正好是一个过渡期，正处在文明的前夜。当战争经常化起来，世界也就自然而然地变成了凭借武力弱肉强食的世界。在频繁的战争中，要战胜敌人，首先要保护好自己。因此人们开始营造城垣这类大型防御工事。代表社会中枢的军事集团靠这种城垣保护自己，抵抗敌人，最终战胜敌人。我想这便是城垣聚落、城市文明形成的背景。

梅原：刚才聆听了先生有关阶级产生过程的描述。谈到这个问题时，一般认为，日本的绳文时代大致已经有了家庭这样的组织，但还没有出现阶级。在大量有关阿伊努人的记载中，也看不出出现了阶级。因此，狩猎采集时代是没有阶级的。伴随进入弥生时代的同时，阶级也出现了。弥生时代在日本历史上绝不是一个平和宁静的农业时代。弥生时代中，矛枪、被弓矢射杀的遗体这类反映社会动荡的遗存数量甚多。日本的弥生时代虽然比先生所说大陆的那个时代晚了 3000 年，但发生的事情内容是一样的。

严：确实如此。

瓮棺的分布和阶级的产生

梅原：下面想向先生请教的是有关瓮棺葬的问题。吉野里遗址[1]出土过大量瓮棺[2]。我对瓮棺很感兴趣。这种葬俗是何时何地开始的，以及是怎么出现的？它与城市文明有无关联？

严：这是一个很有意思的问题。瓮棺这种葬俗在黄河流域和长江流域都普遍存在。从年代上看，早期瓮棺大体上埋葬的都是婴儿或幼儿。埋葬婴儿的瓮棺大量被发现，说明当时的人口死亡率非常高。

另外，当时的婴儿瓮棺并非埋葬在成年人的墓地里，而是习惯上埋葬在自己住家的旁边，这反映了当时对婴儿的特殊关怀。埋在近便的地方，寄托父母的思念之情。在漫长的史前时期，婴儿的死亡率居高不下，这种埋葬习俗也就持续下来。

梅原：成人也实行瓮棺葬吗？

严：成人最初不用瓮棺埋葬，几乎全部是土坑埋葬。

梅原：后来……

严：后来，成年人死后仍然以土坑埋葬为主，只有少数地区实行瓮棺葬。

---

〔1〕 吉野里遗址位于佐贺县神崎郡三田川町境内的丘陵上，是 1986 年以来发掘的日本最大的弥生时代环壕聚落遗址。遗址上发现了宫室、楼观、城栅等遗迹，以及推测达一万数千座瓮棺墓。瓮棺中有的人骨头盖骨被切断，有的人骨上射入箭头。遗址的发现印证了《魏书·倭人传》的记载。

〔2〕 瓮棺，日本自绳文时代开始，出现利用日常生活用瓮、壶等容器埋葬幼儿的习俗。这种习俗普遍见于世界各地。但日本从弥生时代开始，北九州地区制作专用瓮棺，埋葬成人的情况并不多见。

梅原：哪些地区呢？

严：主要在黄河中游的支流洛水、伊水流域。这里的瓮棺形制统一，大致高50～70厘米，有盖。因为首先在伊川县发现，所以起名叫"伊川缸"。瓮棺埋葬成人，埋葬方式是二次葬，或者称为洗骨葬。因为人死了，体量大，没法子装进瓮棺里，故待软组织腐烂后，把骨骼回收，再放进瓮棺里。这是一个非常有意思的现象。像日本弥生时代那种把死人整个屈肢安放进瓮棺的情况，当时的中国还没有见到过。刚才说到的瓮棺葬风俗，在中国许多地方都可以见到，而流行最广的是黄河流域的仰韶文化[1]。

梅原：是成人瓮棺吗？

严：成人瓮棺比较少，主要是婴儿瓮棺。具体地说，成人死者用的是特地制作的陶瓮或陶缸形状的葬具。婴儿死者多半利用日常生活用陶器转作葬具，通常是原来用作炊器的罐和用作盛储器的瓮等，有的是两个相互套接，多数是用盆、钵或豆等做盖。最极端的例子是仰韶文化代表性器物之一的小口尖底瓶。这种器物原本是水器，炮弹形的尖底，器口直径只有5厘米上下。后来也被用作了瓮棺葬具。那么，这种器物是怎么使用的呢。它的口太小，显然不能装进哪怕是最小的婴儿，所以把器物从当中锯开，放入人骨后再合起来埋葬。这和弥生文化用两个瓮棺合成一个葬具的情况相似。总之，瓮棺的情况千差万别、各种各样，但成人死者所用的瓮棺都是专门制造的葬具。

梅原：刚才讲得非常有趣。日本绳文时代中，儿童死后要装进瓮里，埋葬在房子的入口处。我不太明白其中的道理，考古学家们也解释不清楚。但我为此问过几位阿伊努老奶奶。她们说，阿伊努人小孩死后，也是装在瓮棺里，埋葬在人最常走动的房子入口处。至于为什么埋在这样的地方，阿伊努人认为，人都是祖先的灵魂转世。男女交合，形成生命的同时，祖先的灵魂也就寄宿在女人的胎儿里边了，然后生下小孩。所有的人都是祖先灵魂转世。但是，幼年夭折，寄宿在内的祖先灵魂是很可怜的。它特地不远万里地赶了回来，却无法得到妥善安置。

---

　　[1]　仰韶文化以1921年发掘的黄河中游河南省渑池县仰韶村遗址为典型遗址，为公元前5000～前3000年的新石器时代文化。仰韶文化的石器以磨制石器为主，从事以粟类作物为主的农业，渔猎经济发达，同时经营猪、山羊、牛等的家畜饲养业。仰韶文化的遗址多见于自陕西省中部到河南省西部、山西省南部的广大地区。1954～1957年发掘的陕西省西安市半坡是其中最著名的一处遗址。遗址上出土了大量各种彩陶、窖穴、房子、公共墓地等。现建有半坡博物馆，展示发掘成果。一般将仰韶文化划分为以半坡遗址为代表的半坡类型和以河南省三门峡市庙底沟遗址为代表的庙底沟类型。二者彩陶花纹、房子等都各有特色。但也有些遗址上，两个类型遗存都有发现。

若死的是成人，灵魂还可以被送还给那一辈分的世界。但若死的是小孩子，灵魂刚刚来到，却不知道应该被送还给哪个地方，因此，只好快点再次投胎，作为那位母亲的次子降生出来。我认为，之所以要埋在房子入口这种经常被人踩踏的地方，也许有性交的意味，希望通过频繁的性交，尽快产下次子来。

严：民俗学的资料非常重要。在一些场合下，民俗学资料以及古代传说对考古资料的解释有重要作用。考古资料说到底是一些实物，实物本身什么都不会说。我们要想让这些实物说话，说明其意义，就必须借助民族学和民俗学等方面的资料。

梅原：有一次，我曾经对一个朋友谈到过阿伊努人灵魂转世的问题。这个朋友出生在东京新桥。谁知他竟回答说："梅原，我也是转世的。"令我大吃一惊。"怎么说是转世的？"他解释说，自己的前面有个哥哥早死，母亲非常悲伤，埋葬时，在他的眉间涂上红色，祈祷尽快转世投胎。待以后这位朋友生下来，眉间果然发红，一直到今天也是如此。可见即便在东京这样的现代化大城市，仍然保留着绳文人或阿伊努人的信仰。

吉野里遗址发现的瓮棺埋葬的不是儿童，全部是成人。瓮棺个体甚大，制造得十分结实，密封也好，似乎是希望墓主人不要腐烂。墓地的安排有点像基督教的地下坟窟，瓮棺排成整齐的两列。我认为，这些情况皆反映出弥生人有关死的认识和绳文人不同，与日本土著思想不同。这种思想若是来自仰韶文化，就很有意思了。

严：中国大陆方面使用瓮棺的葬俗延续时间很长，一直到汉代都有发现。北京地区经常发现战国时代燕文化的瓮棺，俗称"鱼骨盆"，是一种红褐色的夹砂陶器，样子有点像日本弥生时代的瓮棺，年代也大致相当。只是燕文化的瓮棺小得多，是埋葬婴儿的，不知道和日本弥生时代的瓮棺葬有没有一点关系。

梅原：我认为，绳文时代中，人的转世投胎，由祖先转变为子孙的认识，并非意味着绳文人认为个人肉体不死。但是，从瓮棺反映的思想看，首先要妥善保存肉体，期待某个时刻灵魂返回肉体，死者从而复苏。看上去这也不是一种个人肉体不死的观念，总是感觉这和道教思想有某种关系。

严：考虑得非常深远。不过道教思想强调修炼今世，修炼成功便得道成仙。不知道这和瓮棺葬的风俗有没有关系。

梅原：在进入城市文明的话题之前，只剩下一个向先生请教的问题了，即今天人们有关死的观念、丧葬方式在南北方有无不同？或者是南方在稻作产生的前后有无不同？又，城市文明发展起来后有无变化？

严：目前，有关农业产生之前的情况还不十分清楚。但是，当稻作出现，特别是稻作文明产生后，埋葬风俗确实发生了很大变化。以前的社会没有那么富裕，社会成员地位平等，墓葬中只随葬一些工具和一点点陶器，墓葬大小也仅容死者而已。大家一视同仁，A 和 B 以及他人都是并肩排葬在墓地里。但是，稻作文明产生之后，情况就大不一样了，发生了很大变化。

作为平等表现的一个典型例子是合葬墓。当然，很多地方，流行的是每人一个墓坑的单人葬，但有些地方，特别是黄河流域和长江流域的一些地方，流行将许多人共同埋葬在一个墓坑里面的多人合葬。极端的场合下，一个墓里竟埋了 103 人。当然，这 103 人不可能是同时死亡的，所以合葬墓中的死者往往是实行二次葬的。刚才谈到过，所谓二次葬是在人死后，安置在某个地方，待尸体的软组织腐烂后，把骨骼回收，再一起下葬的。然后在墓里放上几套陶器、少量工具和装饰品等，就完成了。总之，当时同一个部落的成员之间是平等的，看不出谁的地位高，谁的地位低。这种情况一直持续到稻作文明的形成。但是，文明一出现，从墓地可以清楚地看出社会的变化。墓地中出现了随葬很多物品的墓葬，并且这些墓葬占据了墓地中心位置。良渚的情况最为典型，贵族埋葬在反山那样专门建造的规模巨大的坟山上，一般聚落附近则是一些地位较低和较为贫穷的墓葬。这种情况清楚地表明社会出现了两极分化。

再以良渚文化为例，不仅是反山，还有福泉山、草鞋山、张陵山、赵陵山等，这些墓地中，规模最小的也是用了 2 万立方米的土堆筑起来的大型墓坛，上面埋葬墓葬。我认为，这明确反映出社会的两极分化。在反山之后发现的瑶山和汇观山，起初是修建为神圣的祭坛，是祭祀神祇的场所，然后再改作贵族墓地。这又是一个社会为贵族统治的例证。

在葬具方面，贵族墓使用漆棺，有的棺外面有椁，不用说，还随葬大量精美贵重的随葬品。相反，一般民众墓，有的甚至连棺也没有，只是简单包裹一下就埋葬了。这些现象皆说明社会发生了剧烈变化。

天下大乱和城市的出现

梅原：由良渚的话题，我们逐渐进入了有关城市文明的讨论。已经知道，稻作文明最早开始于长江中游，那么，城市文明最早出现在什么地方呢？或者问，各地的城市文明是否是同时出现的呢？譬如长江中游的城头山[1]和下游的良渚

---

〔1〕 城头山遗址系位于长江中游湖南省澧县境内的史前城址。根据 1991 年考古调查，为大溪文化（公元前 4500~前 3500 年）至屈家岭文化（公元前 3500 年以后）的环壕聚落，聚落略作圆形，直径 325 米。聚落中发现有河卵石铺筑的道路、人工河道以及停泊船舶的遗迹。遗址上还发现瓮棺墓地。被认为是当时澧阳平原上占统治地位的政治中心。自 1998 年开始，中日有关单位组成联合考古队，共同继续遗址的考古发掘。

是什么关系?

严：在聚落周围建造城墙，是为了防御敌人的侵犯。在新石器时代早期没有城墙，新石器时代中晚期个别地方出现城墙，到铜石并用时代才开始大规模修筑城墙。即使是到了这个时候，也不是所有聚落周围都修筑城墙，有城墙的只是少数中心聚落，是为了保护在那里居住的贵族人身和财产的安全。所以城址的出现是社会分化和矛盾激化的产物。但是有城墙的聚落不一定是城市，个别城市也不一定有城墙。例如一般认为属于夏代都城的二里头遗址和商代晚期的都城安阳殷墟都没有发现城墙。一个聚落究竟是不是城市，要在比较充分的考古工作的基础上，对它的结构和功能进行仔细的分析才能基本确定。目前在中国发现的大批史前城址，多数只做过初步的考古勘察，只知道有环绕的城墙，里面的情况不大清楚。我们打算对某些城址做解剖性的考古发掘。目前，我们正和日本的国立日本文化研究中心合作在湖南澧县城头山进行考古工作。湖南省文物考古研究所负责考古发掘，日本文化研究中心负责环境的研究，希望能够解决一些问题。城头山有四个时期的筑城活动，大溪文化时期有两次，屈家岭文化时期也有两次，一次比一次规模大，但基本是在原来的基础上加高加宽。那是一个中心聚落，但似乎还够不上称为城市。

梅原：可否认为长江中游是城址出现最早的地区?

严：就目前的材料看，是最早的地区。长江中游地区在若干方面都是第一。这里的稻作出现时间最早，陶器的产生最早，城址的出现也最早。城址普及，成为社会的一般现象也是以这个地区最早。有鉴于此，这次和国际日本文化研究中心合作时，我极力主张首先要在有一定基础的湖南开展工作，并且首先要进行区域的调查，以便进一步从整体上把握长江中游地区社会的变迁情况。

梅原：如此说来，长江中游的文明和美索不达米亚文明的年代大致相同了。

严：我前面说过，有城墙的聚落不一定是城市。据说离城头山不远的澧县八十垱就已经有围壕和城墙了。那是属于新石器时代中期的，距今大概有 8000 多年。正如约旦的耶利哥年代在 1 万年前，比八十垱还要早得多。

只是出现了城墙，还不能马上断定就是城市。然而到了距今 5000 年，黄河流域和长江流域各地普遍建造了城墙，可以认为这是城市的形成时期。我们何以有信心说公元前 3000 年，也即距今 5000 年是城市文明的发生期呢?简而言之，我们的根据是各地考古发掘得来的资料，这些资料表明，这是一个战争频繁发生的时期。战争越激烈频仍，人们就越需要设法保护自己，因此普遍建筑城墙。各地还发现了很多所谓乱葬坑，其中的尸骨被很潦草地扔进坑里掩埋。这些各地常见的现象，显然都是一些异常死亡，应该就是战争中的死者。这个时期还出现了猎取敌人头颅的风俗。我可以举河北省邯郸市附近的龙山文化[1]遗址的材料。这是我亲自参加发掘过的遗址。遗址上发现了大量潦草掩埋的墓葬，还发现了两座房子。每座房子里面分别出土了三个人头骨，都是从头盖的地方砍下来的，明显是在人还活着的时候砍下来，然后埋在房子里的。

梅原：距今 5500～5000 年间，是个天下大乱的时代呀。

严：是个激烈动荡的时代。刚才说到的头盖骨正中尚留有用利器剥头皮时的伤痕。让人感到这个时代充满了凄惨悲哀。中国古代文献有记载用人的头盖骨做酒器，以夸耀英武。这些事情尽管年代已经久远，但保留在以后时代文献记载里的这些习俗，大约都是起源于那个时代的。

梅原：这些事情真令人毛骨悚然。

严：古希腊希罗多德所著《历史》一书中也记载，南俄草原的斯基泰人[2]战斗胜利后，把敌人的头盖骨揭下来做酒杯，把头皮剥下来做手帕。美洲的易洛魁印第安人也有类似的做法。这在东西方是一样的。

梅原：我读中国的历史时，读到杀死敌人后生啖其肉等的时候，真是大吃一惊。桑原武夫先生的父亲桑原隲藏先生写过一本书，书名是《中国的食肉习惯》，其中有这方面的记载。看起来，杀人吃肉的习俗从那个时候就开始了。听了先生的话，我还立即联想到，日本历史上也有过这样一个时代[3]，即弥生时代。弥生时代发现过很多无头尸骨，同时，在不方便生活生产的山地出现了所谓高地性聚落，也许是遇到危险时避难的场所。

严：所以说，弥生时代若有揭头盖骨或剥头皮的风俗也不奇怪。这种共见于东西方的现象，已经不单单是民族风俗，而是战争这种残酷行为导致的结

---

〔1〕 龙山文化和大汶口文化：龙山文化以 1928 年发现的山东省历城县（今章丘县）龙山镇城子崖为典型遗址。属公元前 2500～前 2000 年的新石器时代晚期或铜石并用时代的文化。文化面貌以黑陶为特征。主要分布在黄河中下游地区。代表了仰韶文化以后的一个时代。

大汶口文化因 1959 年发掘山东省宁阳县和泰安县交界处的大汶口遗址而首次确认，目前已经判明，大汶口文化是介于龙山文化和仰韶文化之间的文化（译者按：原注如此，误。大汶口文化年代早于龙山文化，主要分布在黄河下游、以今天的山东省为主的地区范围内，是年代上和主要分布在黄河中游地区的仰韶文化同时代的考古学文化）。

〔2〕 斯基泰人，公元前 7～前 4 世纪，以北卡夫卡斯、黑海北岸为根据地的雅利安人骑马游牧民族。遗存有独特动物花纹的精美金属制品。斯基泰文化广泛分布在卡赞夫斯克、南西伯利亚、蒙古高原。

〔3〕 倭国大乱，《魏书·倭人传》载，东汉恒、灵帝间（2 世纪末），倭国大乱，无王，共立邪马台女王卑弥呼为倭国国王，平息暴乱。此相当于弥生时代后期。

果。大家都想当英雄，为此，就要采用最残忍的方式消灭敌人。

长江流域的详细情况还有待于将来进一步的考古发掘，但已经有了许多证据表明那里也存在战争。据说有的地方发现的头骨可能是猎头习俗的证据，详细情况还不太清楚。

梅原： 日本弥生时代之后，从 400 年到日本的战国时代，人们也十分追求获得敌人的首级。人生最重要的事情是死后如何转世再生。然而如果没有了首级，也就谈不上再生了。因此，砍头实际上是不让敌人转世再生的杀人方法。

阿伊努人的传说文学《游卡拉》中有把死人分为有眼珠的和没有眼珠的两种，说有眼睛的死人可以再生，没有眼睛的死人不能得到再生，将眼珠和再生信仰联系起来了。因此，日本也有很多所谓的"首冢"（埋葬头颅的地方）。

长江中游最早的城址——城头山和良渚

梅原： 刚才严先生谈到，城墙是伴随残酷的相互杀戮、战争出现的，在这种情况下，建造城墙，保护自己就显得十分重要了。这一点无论东西方都是一样的。

那么，城头山遗址的城墙规模很大，最早的城墙是否规模都很大？然而像良渚[1]遗址那样没有城墙的情况又如何解释呢？

严： 我并不认为良渚遗址上完全没有城墙。只能说过去的研究还没有认识到这一点。现在大家都知道莫角山是良渚遗址群的中心，上面有规模巨大的建筑基址，但不能肯定是不是城址。在我看来，根据现有的证据就可以大体上推测那是一座城址。1987 年，由于扩建 104 国道，在其东南角进行了发掘。当时我到过现场，看到大片用红烧土坯夯筑的地基，一直延伸了 100 多米。往西几百米又有约 30 米长的一段，筑法一样，两者连成一条直线。我推测这就是城墙的墙基。后来发现莫角山土台的四周都有类似的红烧土，那就更像是城墙基址了。

---

〔1〕　良渚文化以浙江省杭州市北余杭县良渚镇一带为中心。在南越钱塘江、北抵今江苏省北部地区、西至太湖湖畔的常州以西，面积约 5 万平方千米的范围内发现的文化遗存，总称为良渚文化。良渚文化的考古工作自 1936 年开始，至今已经发现了 400 多处遗址，主要有江苏省吴县草鞋山、张陵山和武进县寺墩，浙江省嘉兴市雀幕桥、杭州市水田畈及上海市马桥、青浦县福泉山等遗址以及浙江省余杭县反山、瑶山、莫角山等组成的大型遗址群。公元前 3300～前 2200 年，良渚文化在稻作农业基础上高度发达，形成中国最早的城市文明。尤其在良渚镇一带，规模东西长约 670、南北宽 450 米的莫角山上发现了规模巨大的建筑基址，推测其上的三个地点可能系宫殿、神庙之类建筑的台基。附近的反山、瑶山墓地出土的制作得精美绝伦的琮、璧、钺等玉器随葬品，集中体现出良渚文化的特点。此外，太湖南岸的湖州钱山漾遗址出土过丝、麻织品。但是，在公元前 3 千纪末期，黄河流域夏王朝出现的前夜，良渚文明突然崩溃了。

梅原：莫角山的规模很大吗，有多少米？

严：应该说相当大，东西长约 670、南北宽 450 米，面积约 30 万平方米，基本上呈正长方形。由于年代久远，城墙已经崩坏，地面上看不见了，但在当时应当是一周都围有城墙的。如果按照我们以前签订的协议，由中日双方进行良渚遗址的调查与发掘，这个问题肯定会弄清楚的。遗憾的是，合作进行良渚遗址考古工作的事情未能实现，这个问题也就成了悬案。

梅原：再回到城头山的话题上，我还没有机会参观这个遗址，其规模究竟有多大呢？

严：城头山遗址的规模不很大，面积约 7 万平方米，基本上呈圆形。

梅原：严先生认为该遗址是否是最早的城市文明？

严：城头山城址的年代确实很早。正如我前面说过的，有城墙的聚落不等于城市，城头山恐怕也够不上城市的水平，只能算是个设防的中心聚落。

梅原：遗址的考古工作进行到何种程度了？

严：对该遗址的考古工作很早就开始了，连续进行了多次发掘。已经发现遗址上的城墙经过四次修筑，从大溪文化早期的城基只有 10 米宽，墙体 2 米高，到屈家岭文化时期城基加大到 30 米宽，墙体现存有 5 米高，一次比一次坚固。

梅原：四川省龙马古城[1]里有一处方形的高岗，上面似乎有一座墓葬，但方形高岗却像座祭坛。城头山遗址里面也有类似的岗地，抑或全都是平地，究竟情况如何？

严：据我所知，龙马古城里面的高土岗是一座汉墓，与古城没有关系。城头山没有汉墓，是不是有祭坛要经过考古发掘研究才能确定。迄今为止，城头山遗址内发掘了许多探方，有相当的面积。已经探明，在大溪文化时期就已经有较大的房子，墓葬有初步的分化。大墓随葬 30 多件陶器和少量玉器，小墓一无所有。屈家岭文化时期房子集中在遗址中部，建筑形式复杂多样，房子内居住面积宽大，也有状似生产用的工房、厨房之类的设施，结构和功能都比较复杂。城内西北部为墓地，在 400 平方米范围内就发现有 500 多座墓葬。其中有土坑墓，也有瓮棺葬。墓葬的分化更加明显，最大的墓随葬 100 多件器物，小墓同样也是一无所有。

─────────────

〔1〕　龙马古城（宝墩遗址）位于四川省成都市西南约 30 千米的长江支流岷江流域，地在新津市龙马镇境内，系一城址。1995 年秋，中国学者曾对其进行考古发掘。翌年，中日联合考古队共同在遗址进行考古研究。经碳－14 年代测定，城墙建造于公元前 2500 年左右，城址呈长方形，规模 1000 米 ×600 米，面积约 60 公顷。城址中部发现似为人工堆筑建筑基址的堆积以及各种建筑遗迹。目前，该遗址的考古工作正在进行。此外，日本方面习惯将该遗址称为龙马古城，中国学者一般叫作宝墩古城。

城墙东西南北四面各设一城门。对东城门进行了解剖，发现一条用河卵石铺垫得很好的道路。南方多雨，用小石子铺路，加固路面，是南方的一贯做法。遗址的城墙外面有环壕，人们出入一定要越过壕沟。考古工作者在早期即大溪文化的壕沟内发现了残留的木桩，推测是木桥的基础。另外，壕沟中还出土了大量植物遗存，植物种子标本超过 200 种，其中有稻米、多种瓜类和豆类种子等，可以清楚地了解当时人们的食物资源，同时提供了丰富的环境考古研究资料。壕沟中还出土了木质船桨，表明当时人们是利用船出行的。总之，遗址的规模虽然不大，内容却丰富，或许可以说是较一般聚落规格稍高的中心聚落遗址。

梅原：有无王一类的墓葬的发现？

严：还没有，希望今后能够发现较大的贵族墓葬，但不大可能是王墓。

梅原：继续工作，也许会有收获吧。

严：我们都期待会有新的发现和研究成果。

惨烈的战争遗迹和良渚城市文明的结构

梅原：实际上，国际日本文化研究中心在四川省进行联合考古调查时，照了很多龙马古城的照片。从照片上看，发掘区以外地方的许多情况也都反映出来了，有的像是宫殿基址、有的类似墓葬等等，都有所反映。如果对城头山遗址也进行航空摄影，尽量反映出地下的情况，说不定可以判断出哪里是平民墓，哪里是王墓。三星堆遗址做航空摄影的话，也许还可以发现和过去出土青铜器的一样的地点。业已判明，龙马古城过去是阔叶林地带，为建造城市，曾经进行过一次性的统一规划。因此，我们这次合作发掘城头山，如果也进行同样的工作分析，也许可以了解到城头山遗址是否也发生过类似的情况呢。

严：那么，我们就有关事项尽快整理一份工作协议吧。

刚才我们谈到战争，我还想介绍一个有关那个时代战争情况的非常有意思的遗址。这个遗址位于山东南部和江苏北部交界处的新沂县境内，名为花厅遗址。花厅遗址位置相当于大汶口文化的南界。遗址发掘时，发现了墓地，一开始判断墓地是单纯的大汶口文化墓地，但是随着工作的深入，又逐渐发现，尽管同为一个墓地，时间稍晚一些墓葬出土的却是典型良渚文化的东西。令人费解的是，这个遗址距离良渚文化主要分布圈数百千米，究竟出于什么原因，良渚人越过这么大的中间地带出现在那里的，实在不可思议。或者墓地的墓主还是大汶口人，他们获取了良渚文化的物品并将其埋葬在自己的墓里；或者他们就是良渚人，一度来到这里，成为墓地的主人。总之，是非常令人感兴趣的，建造墓地，为的是埋葬同伴。但花厅墓地出土了地位甚高象征的玉琮，其形制是典型良渚文化的产品，看到这些东西，只能认为是墓地中埋葬了良渚人。还有一个有意思的现象是，花厅墓地中发现了殉葬。所谓殉葬，是将活人和墓主人一起埋葬的风俗。花厅墓地被殉葬的人是妇女和儿童，还有动物，墓主人多为男性，殉葬妇女、儿童、动物和其他物品。看到这些情况，即可想象到良渚的军事集团曾经来到过这里，并且于当地发生了战争，他们杀光了对方的男性，俘虏妇女和儿童，或者把她们作为奴隶，或者用作殉人。

梅原：有意思！

严：若考虑到，前面说到的那些无头尸骨等，也是战争结果的表现，则在当时，如果连城墙都不能有效保护自己的话，其结果是何等惨烈，几乎不能想象。战争不单是以敌对双方彼此杀戮而结束，战争目的之一是俘获俘虏，用于牺牲。比如在建造城墙时，把俘虏斩首殉葬在墙基里，或者在建造宫殿时，将俘虏杀死埋在基础内等等。就这些考古资料所见，人类的战争是不断升级的。到了殷代，这种杀殉，竟成为社会的一般现象了。建造城墙或宫殿等大型建筑前，一定要举行杀殉奠基仪式。

目前，有人说，有首无身或有身无头的考古资料多集中发现在黄河流域，长江流域地区尚不多见，但实际情况不一定如此，今后在长江流域也一定会有大量发现的。只是长江流域是不利于保存有机质的酸性土，就是有这种情况，在考古学上也很难识别出来。所以绝不能说长江流域没有战争。那里有规模巨大的城墙建筑，墓葬里随葬为数众多的锋利武器，都说明战争的存在。

因此，在战争频仍之际，为了保护自己，社会成员必须团结一致，应付敌人。而有能力将大家动员和组织起来的人，就是那些军事首领或宗教领袖。形势需要这样的领袖。以良渚文化莫角山遗址的情况为例，设想一下建造莫角山大型台基需要多少劳动力，又如修建石家河那种规模巨大的城垣工程需要多少人工？恐怕要动员上千人，工作数年才能办到。这还仅仅是城垣的建造，尚不包括城里面规模巨大、结构复杂的宫殿建筑等工程。动员数千人劳作，势必要给他们吃饭和解决其他生活方面的后勤保障，就需要动员起更多的人员。这一动员工作的复杂程度是不难想象的。结果，城市就成为劳动力管理、指挥以及为他们提供生活保障的严密组织的象征。这必须有一个相当强有力的政权才能办到。因此，说到城内居住的是什么人的问题时，虽然尚属推测，但估计首先会是贵族阶层，以及军队、手工业者、从事宗教活动的祭司等人。这样一来，原来农村那种靠血缘关系为纽带联结起来的社会关系便发生了变化，一下子变成了靠权力、财富占有来决定的人际关系以及社会关系了。我认为，这就是城市文明。

再以良渚文化为例，以莫角山为中心，周围环山的 34 平方千米范围内，聚集着一系列不同类型的遗址，表明这一带人口十分集中。这是伴随城市出现而必然发生的现象。因此，良渚文化的社会就像是金字塔式的结构，以莫角山城为中心，十几个次中心分布在横跨今天上海、浙江、江苏的广大地区，它们下面统辖着若干小型聚落。这个社会的最高统治者，就是君临莫角山城的王者。

在这里，我们试就良渚最高统治者的样子做一番推测。反山墓地出土了数量惊人的玉器。这些玉器的制作加工极尽精美之能事，其中，首推玉琮。玉琮这种器物简单说是宗教用道具，是宗教的重器。反山墓地多有出土，个体也大，是持有者身份等级的象征。玉琮代表宗教的最高权威。另一样东西就是玉钺。反山出土的玉钺是迄今为止发现的玉钺中制作最好的。玉钺不仅为良渚文化独有，在以后的夏商周时代，作为权力的象征，王一定要持钺，这一点，在古代文献中有大量记载。夏代的王是如此，商代最初的王成汤也是如此。周武王[1]灭商，和殷纣王[2]战争之际，也手持黄钺。因此，玉钺是军事统治权的象征。此外，还有玉璧，象征了财富。宗教权力和军事权力合一为政治权力，再加上经济实力，一手把持这样三种权力君临良渚社会的人物称之为王，怎么看都是合适的。

良渚王墓中的随葬器物不止有玉器，还有丝绸。发掘时发现了大量的丝织品痕迹。墓葬的漆棺极其华美，同时还随葬着大量漆器。由此不得不承认当时的手工业非常发达，甚至这些支持良渚经济繁荣的手工业所达到之水准，远高出我们的想象以上。良渚文化有着如此发达的手工业，建造规模如此巨大的城墙、台基式建筑，并且将军队派遣到数百千米之外的淮河以北（以前述花厅遗址的情况为例）远征等等。我以为，其得以保障这些人的生活，支持其军事行动和政治作为的巨额财富、剩余产品，都是由稻作农业提供的。

体现着良渚文化农业发达程度的考古资料证据之一是一种三角形的石犁。这种石犁诚如梅原先生在浙江所见到的，个体甚大，以至先生对其是否为使用器物而有所怀疑。但是，这种石犁在浙江很多地方都有发现，上面有明显的使用痕迹，这本身便表明它们确实为一般实用的工具。用犁耕作田亩，在中国尚没有发现比良渚文化更早的例子。良渚文明经济强大的原因也许就隐藏在这种石犁之中了。说到底，是为了提高产量的农具。除此之外，还有能一下子开出沟渠来的破土器、除草或松土以便使作物更好吸收肥料的工具等。这种稻作农业各生产环节所需的且高效的工具似乎已经配齐成套了。类似这种尚未被人们充分体会到的，却是同

---

〔1〕　周武王系公元前 11 世纪周王朝第一任王。武王继承其父文王遗志，在太公望的辅佐下，征讨殷纣王，灭商建立周王朝。

〔2〕　殷纣王系公元前 11 世纪左右殷商王朝最后一任王，是历史上和夏桀齐名的典型暴君，《史记》载其建造酒池肉林等劣行。武王伐商的朝歌之役之中，杀死爱妾妲己后引火自焚。

样体现了良渚社会之发达的资料，其实还有很多。

在这里，我想再把目光转向长江中游地区，看看石家河文化的情况。

长江中游城市文明的先锋——石家河

梅原： 石家河文化是什么年代的？

严： 大约在公元前3000～前2000多年，比良渚文化稍微晚一点。

梅原： 据说石家河文化发现了规模非常大的城市？

严： 就其规模来说，石家河城址是目前发现的同时期中国早期城址中最大的一座。城址南北长1200、东西宽约1000米，面积约120万平方米。城外环绕着很宽的护城河，城里发现了大量与宗教祭祀有关的遗迹。例如在位于城内西北角的邓家湾就发现了数以千计人物和动物造型的陶塑。动物有大象、牛、羊、猪、狗、猴、鸟、龟鳖和鱼等，形态活灵活现；人物陶塑形态则比较统一，多数是头戴圆帽，身穿没膝长袍，腰身紧而细，双膝跪坐，双手抱持一条大鱼，像是正在进行祈祷的样子，也可能是参加某种祭祀活动的姿势。

动物造型的陶塑如此大量集中出土，它们也许是为了用来进行祭祀活动而制作的道具，以此奉献给神灵或祖先的在天之灵。

石家河宗教设施的具体情况还不清楚，但发现了一些由许多大型陶缸在地面上套着摆放成一条线的现象，这究竟是做什么用的，目前还不能确定，但我想还是可以断定是和宗教有关的某种设施。这些陶缸表面大多有刻划符号。说到这些刻划符号，大体上有三种，一种一看就明白是收割作物的镰刀，一种有些像石钺，一种像是里面插着小棍的杯子。另外还有一些意义不明的符号。我推测前三种形态分别和农业、军事以及祭祀活动有关。中国古代文献《左传》中说："国之大事，在祀与戎。"就是说，国家最大的事情是祭祀和军事活动，再一件就是它们的基础——农业。陶缸上的刻划符号也许正是表现的这三个最重要的因素。

梅原： 这些记号是在陶缸表面刻上去的吗？

严： 是在陶缸烧制之前刻上去的，一般刻在上半部显眼的地方。刻划的杯子，样子有点像今天的酒杯。为什么说它与祭祀有关呢？因为石家河城内西南角一处叫三房湾的地点，堆弃着十万件以上和刻划符号形状相同的陶杯。这些陶杯质地非常粗糙，胎壁很厚而容量极小，明显不是实用器，应该是与祭祀有关的器物。例如祈求丰收，或者军队饮出师酒的杯子，大约是使用一次就丢掉了。随着时间不断积累，达到十万件以上。

我们还了解到，城外东南部的肖家屋脊有墓地。其中出土的一件陶器上刻划了一个人物形象。头上戴着帽子，帽子上插着羽毛，下身围短裙，足着靴子，只是不能肯定是不是皮靴。人物手执一把大钺，俨然一副王者形象，至少也是当时的军事首领之类的人物。墓地中墓葬众多，这些墓葬显然有等级分化，身份等级高的人和等级低的人分别埋葬在不同位置，富人墓有漂亮的棺具，随葬包括玉器在内 100 多件随葬品。应当承认，这些高等级墓葬的随葬品还远远赶不上良渚文化大墓的豪华。但我想，在石家河发现王这一级别的墓葬，无非是时间早晚的问题。

还有一个值得注意的现象，就是墓地中发现了大量瓮棺。有的瓮棺里竟随葬了 50 多件精美的玉器。我们见到后，着实感到吃惊，因为迄今为止中国考古学资料中完全没有类似的发现。这表明，和良渚遗址群一样，石家河遗址是长江中游农业社会的顶点，是最大的城市文明的开端。支撑这个顶点的是遍布江汉平原和洞庭湖平原的长江中游史前文化。目前，在这么大的范围里，已经发现包括城头山在内的共 7 座城址。我想，或许这些城是以石家河城为最大的中心，分别发挥着一个地区内次一级中心的作用，它们各自统辖着一定地域，同时又都共同支撑着石家河这个大中心，再以下则是众多的普通聚落，因而也明显地呈现出一种金字塔式的结构。因此我认为，石家河文化和良渚文化一样，也属于早期国家。

梅原：先生的话令我兴奋得手心冒汗。如果做一下航空摄影的话，说不定像王墓之类的重要迹象就全都反映出来了。如果凭先生之力发掘出王墓，搞清楚王权至尊至上的古代国家的全貌，其重要性，当和谢里曼的工作相媲美。

良渚的玉器文化

梅原：和先生的谈话使我了解到许多事情，不过还想提些问题，一个是关于良渚的，另一个是关于石家河的，还有一个是关于南方文化对北方的征服问题。三个问题对我来说都意味深长，请容许我一个个提出。

我曾经提到过，我过去对稻作文化的问题不太感兴趣。后来去中国，到了河姆渡遗址，心灵第一次受到震撼。接着去了良渚，受到更大震撼。从此就迷上了稻作文化。到良渚遗址，感受到了它的规模宏大。良渚那如山丘般的人工堆土台子，就如同秦始皇建造的阿房宫。据说日语中的"阿房"一词，就是从那里来的（"阿房"一词在日语中有蛮、笨之意，如这座建筑造得傻大傻大的、蛮劲儿等等）。良渚工程之规模如此宏大，实在令人吃惊。阿房宫建造于距今 2500～2300 年间。但和阿房宫规模相当的良渚夯筑基址的建设更早了 3000 年，这岂不是更值得人感叹吗！

使我感动的还有江南风景之秀美。我去江南旅行的时候，正是菜花如锦、桃花如云、梨花似雪的春天。桃花盛开的景色，我是见过的。但是，梨花竟有如此之美丽，我生平还是第一次见到。过去，人们把梨花比喻为冰洁清新的处子。只有亲临其境，方可品味出这个比喻的绝妙之处。而良渚文化的玉色之美，就如同梨花一般。再就是良渚玉器加工制作之精美，以及在那么坚硬的质地上做出如此精致的加工，也给人艺术上的极大震撼。上次说过，和我同去江南的还有稻盛和夫。他则从技术的角度对良渚玉器的工艺水平惊叹不已。稻盛的京瓷公司最重要的技术是研磨，要把普通的石头研磨得完全平展，是非常不容易的，更何况再加工出浮雕以及在凸起部位加刻花纹了。稻盛和夫认为，若不将浮雕部位周围腐蚀减低下去，是做不出浮雕的。他对于良渚人就已经掌握了腐蚀技术而大感意外。另外，良渚玉器的花纹是如何雕刻的，有人说是用鲨鱼牙齿刻划的，但听说也有人不同意，真实情况究竟如何？而且，良渚人是怎么加工平面的，又是怎么做出浮雕来的？都是问题。

严：必须承认，这些问题还都有待进一步的研究。面对这些现象，我们只能说，当时的人们掌握了远超出我们现代人想象的技术。对此，不同的学者有不同的说法。但问题首先在于还没有人进行过试验研究。譬如用黑曜石做一下雕刻试验，如果主张是用鲨鱼牙做雕刻工具的，那么就用鲨鱼牙做些试验，但也没有人做过。要想把这些事情说清楚，首先要进行技术方面的研究，但至今这方面进展不大。不过，尽管如此，我们还是必须承认，我们面前的良渚玉器确实是个奇迹。

最近的一些发现为解决这个问题带来一些希望。这就是最近在莫角山西北方向，发现了玉器加工制作场，出土了一些有加工痕迹的玉料，但还没有发现工具。不过，那里的发掘还在进行之中，这是在解决上述问题上的一个重要进展。梅原先生也知道了，最近在那一带有很多模仿制作良渚和红山玉器的作坊。我曾经去参观过。在苏州市靠太湖的一个村子里，竟有100多间仿制良渚玉器的作坊。考古学家们不如和他们合作试验，看看采用最原始的办法，不用任何金属工具，能否加工制作出良渚那样的玉器来。

良渚文化另一项令人惊叹的技术是反山墓地出土的漆柄玉钺，表面用很多米粒般大小的玉粒镶嵌出精美的图案。漆柄腐烂了，玉粒却都留了下来。这些玉粒大小均一，而且打磨得十分平整光滑。它们是怎么加工的？要知道，人的手指是捏不住的。这也只能说是良渚文化的另一个奇迹了。

梅原：有的良渚玉器上的雕刻花纹用肉眼看不出来，只能用放大镜才观察得到，而且线条排列非常整齐。一般为半透明的玉器，用电筒一照，就变得透明了，简直像看魔术，真让人惊讶。

严：我第一次观摩良渚玉器的时候，也吃惊不小。当时，浙江省文物考古研究所的同行拿了一个叫作琮王的大玉琮给我看，问我："严先生，你看上面刻的是什么纹饰？""是兽面纹吧。"我脱口便答。因为它那么大，清清楚楚是兽面纹，或者叫作原始饕餮纹[1]。"不是那里，你看看中间是什么？"我看中间大部分地方打磨得很光亮，有的地方比较粗糙，就说："我的眼神不大好，看不清楚。有些地方好像没有打磨好，不怎么光亮，是不是有什么纤细的纹饰？""你再仔细看看嘛，要不拿放大镜看看。"我拿放大镜仔细一看，一个头戴大冠的伟人形象立刻呈现在眼前。我简直抑制不住的高兴。这上面雕刻的细致程度实在出乎我的意料。一块不到 3 厘米见方的范围内，刻划的整体人像神气活现。不用说五官和四肢，连十个手指的指甲盖都表现得清清楚楚。我数了一数，每边有两个，四边一共是 8 个，样子几乎一模一样。因为这人像给人以深奥莫测的神秘感，胸部又有一个大兽面纹，所以当地学者称之为神人兽面纹或良渚神徽。这可是中国 5000 年前的雕刻呀！

从玉器出土的情况，可以使人感到当时的玉器生产已经为贵族阶层所垄断。良渚外围普通聚落的墓葬出土器物粗糙，制作马虎，次中心聚落墓葬的出土器物制作得比较精致，良渚中心的反山、瑶山一带，其墓葬出土的都是一些无与伦比的高级品。特别是那些有神徽的玉器，如果不是专门的匠师，是无论如何制作不出来的。我想，这些有特殊技能的工匠是被良渚最高权贵阶层集中在一起，专门为其制作玉器的。

梅原：神徽这个东西，我看像是饕餮纹的祖型，是典型的宗教象征。对它如何解释才好呢？神徽上有人的面孔，腹部还有人脸的形象。能够和其比较的是河姆渡的刻划五环图案，五环的两侧各有一只鸟的造型。良渚的刻划图案上也经常发现鸟的造型。我想，这也许是这个谜底的关键。河姆渡的纹饰也好，良渚的纹饰也好，都是某种宗教的象征，它们之间有什么关系？严先生是怎样看这个问题的？

严：我也说不大清楚，只能有一些没有把握的推测。有人认为良渚文化崇拜鸟，神人的脚显然不像人脚而像鸟爪，正是这种风俗的体现。有人说神人胸部的兽面纹连同下肢应该是表现老虎的正面形象，整个图形应该是神人骑乘老虎，这

---

〔1〕　饕餮纹，装饰在商周时期青铜器上的主体纹饰之一。所谓饕餮，是神话中一种贪食无厌的动物，其形为双目突出，巨口，有首无身，面颊生腿，形态夸张威猛，有魔力，常作辟邪护身之用。

是在看到四川三星堆[1]和江西大洋洲出土的青铜遗物后得到的启示。因此图案下方的脚不是鸟爪，而是老虎的利爪。

梅原：这么说来，不是鸟的爪子了？

严：我认为两种说法都有一定道理，又都不能确定。人身上的纹饰一片一片的，很像是皮做的铠甲，胸前的兽面纹好像是起护身符作用的皮甲或木牌，上面刻着虎头可以起威慑或辟邪的作用。整体形象似乎是一个军事领袖，甚至是一个掌握军权的国王。他有非常显赫的地位，又带有神格化的成分，也许就是良渚的立国之君的形象。所以，这种造型的东西，只能在反山和瑶山找到，其他地方全然没有，因为它是不可以被随意使用和制作的。

梅原：也就是说，王就像老虎一样威武有力。把虎和人的力量合二为一，这也许和美索不达米亚等地的半人半兽像的寓意相同。

严：这种情况在道教中也有所表现。道教思想是一种非常原始的宗教思想。在道教中，仙人出行的时候，伴随有三跷。所谓三跷，一跷为龙，一跷为虎，一跷为鹿。现在美国哈佛大学的张光直教授曾经对河南濮阳的蚌塑龙、虎、鹿的形象做过精辟的分析。有人揣测，或许良渚文化的兽面纹就是三跷之一的虎，是仙人升空时的坐骑。

梅原：神徽的头上似乎插满了蓬松的毛发，是否是鸟的羽翎呢？良渚文化里有对鸟的崇拜。鸟在日本文化里也被视为联系现实世界和冥界的生灵。所以我想，神徽造型表现地上的王时，刻画得犹如老虎一样强大有力，而在追忆冥界的先王时，又融入了某种鸟的形象。您怎么看？

严：梅原先生的想法非常周到。

梅原：中国京剧的装束中，有在颈后插翎毛的，说不定就是良渚君王形象的遗风吧。再说反山墓地的发掘，一共清理出几座墓葬？

严：11 座。

梅原：没有来得及发掘的部分有多少？

严：还有大约三分之二。

---

[1]　三星堆遗址位于四川成都市北约 40 千米的广汉市郊南兴镇三星堆村。1984 年，考古工作者于当地发现了南北长约 2000、东西宽约 1600 米，总面积 2.6 平方千米的巨大城址。1986 年夏，在遗址上发现了两座土坑，出土了总重量超过 1 吨、总共 500 多件被损坏的青铜器，其中许多器物是迄今为止中国考古学史上的首次发现。据研究，这些青铜器是商末周初（公元前 11 世纪末~前 9 世纪前叶）由于某种原因被破坏和埋藏在这里的。四川古代为蜀国，根据东晋《华阳国志》记载，蜀王名蚕丛。三星堆出土的青铜面具上，瞳仁突出，与蜀王纵目的文献记载相合。这些发现，为探讨当地历史和社会思想的情况提供众多资料。

梅原：如果全部发掘了，将是多么壮观啊，在我有生之年，希望务必借助先生之力，把它们发掘出来。据说，反山各墓的随葬品，有的出玉琮，有的则多玉璧，情况各不相同，是这样吗？

玉琮、玉钺、玉璧之组合

严：确实如此，就像是有一定的制度。例如，有的墓葬中只有玉琮，没有玉璧和玉钺；有的墓葬出土的玉璧成堆，却没有玉琮或玉钺，这恐怕是与玉器的功能性质、墓主人的身份地位等有关。持有玉琮的墓主人可能是萨满，有玉钺的人可能是军事领袖，而随葬大量玉璧者也许是财富的管理者。反山墓地的墓葬中，既有这种随葬玉器种类分明的情况，也有各种随葬品混出的场合，也许意味着一人身兼数职。这种情况随时间的推移也有一些变化。

梅原：中国的古典文献中经常提到璧，此外钺也常见于记载，说到琮的地方甚少。琮的形状是分节的，最大的分为十三节。这种分节象征着什么？有无精神思想方面的含义？

严：有关玉琮的解释是最让人头痛的。有的学者认为，琮的造型外方内圆，象征天圆地方的古代天文思想。这是其一。第二，是关于玉琮的持有者的，即琮体现着持有者的身份地位。玉琮中心的圆孔是用来通天的，是供灵魂往来天地之间的孔道。萨满拿着它，它也就代表了萨满的身份以及更提高了他的神格地位。良渚文化发现了大量玉琮，根据已有的研究，琮的数量是随时代而增加的。已经发现，时代越早，琮的数量就越少。这一现象表明，随着时代发展，秩序开始崩坏了，谁都可以持有琮了。

梅原：先生的看法让人佩服！关于琮，在我看来，是某种天地合体，外方象征地，内圆象征天，天地合体、阴阳合体、男女合体，如同日本绳文时代的列石遗迹。列石遗迹在反映合体的思想方面更加直接露骨，但非常忠实地表达着人们关于生命的思想。因此，玉琮是否也是男女合体、阴阳合体、天地合体的象征物呢？

严：我认为先生的看法很有意思，值得好好研究。

梅原：钺这种器物也有意思。研究中国古史的白川静[1]认为，王这个字的字形是从钺演变来的。王在面对他人的时候，一定在前面放一把钺。王这个字就

---

〔1〕　白川静，1910年生，日本立命馆大学名誉教授，通过对甲骨文和金文的整体解释，推动了殷周社会的研究，同时在汉字的起源、汉字与国语的关系的研究方面建树卓著，其代表性著作有《字统》《字训》和《字通》。

是刃口朝下的钺的形态。钺在中国古代是非常重要的器物。

严：关于王字是从钺演变过来的说法差不多已经形成共识。刚才说到生殖崇拜的话题，中国古代文献上经常说到"左祖右社"，祖是祖庙，社是社稷坛，是设计都城时必须遵循的原则。甲骨文中祖和社都没有示字偏旁。且是男性生殖器的象形，土是女性生殖器的象形。今天中国人的习惯也是男左女右。这也许和刚才所说的玉琮有点关系，也体现阴阳合体的思想。阴阳合体后，子孙就会昌盛。

梅原：听起来十分自然。

严：是的，很自然。社在以后成为祭祀土地、祈求丰收的地方。简而言之，取女性丰产的意思；左祖的祖演变成祭祀祖先的宗庙。这种不同的功能也是通过男女的区别表达出来的。

梅原：所有场合都是用性来表示的吗？

严：至少祖和社是这样的。

梅原：那么，对璧的形状又作何解释呢？

严：关于玉璧，是个非常困难的问题。《周礼》[1]中有"以苍璧礼天"的记载。我们当然不能完全生搬硬套《周礼》的说法，但可以相信玉璧确实是与祭祀用途有关的器物。还有人认为璧的形状是货币的形态，可能就是货币，可备一说。但中国古代是否曾经有过把玉璧作为货币的时期，还缺乏必要的证据。

梅原：那么有没有可能是后来的钱币是模仿玉璧形态制作的？我还曾经考虑过，铜镜的形状或许也是和什么东西有关的。从中国历史上看，对玉璧的崇拜是非常重要的事情。

严：这种重要程度在玉器发展史上看得很清楚。良渚文化里，最初玉琮的地位最尊，玉钺稍逊，玉璧再次之。但是，到春秋战国时期，有了完璧归赵的典故：秦国谎称要用5座城交换赵国的和氏璧，赵国不愿意，秦赵两国围绕一块玉璧的争夺差一点发生战争，可见玉璧的地位多么崇高。相反，玉琮、玉钺的重要性则逐渐降低下来，这是一个非常有意思的现象。

梅原：的确很有意思。现代日语中还保留着"完璧"这个词，而且也还有玉文化。

严：中国也是如此。

良渚土筑台基的意义

梅原：下面再向严先生请教的一个问题是，我们曾说起良渚遗址中的台基，

---

〔1〕《周礼》，三礼（《周礼》《仪礼》《礼记》）之一，系古代记录周代官制的书。

就像是"社"一样的堆筑土台，其形状分两层，台面上分别有大莫角山、小莫角山和乌龟山三座土台，为什么用土堆筑起这样三座山来？

严：在没有对这些地方进行过考古发掘之前，不能妄言，但推测这三处台基上面曾经建造过与宗教、政治有关的大型建筑的可能性极大。这三座台基都明显是人工堆筑起来的，推测其和某种特别目的有关也属自然。

梅原：大陆的陆（陸）字的形状是两重堆土的样子，我想是体现着神圣的场所的意思，一重堆土代表城市，两重就更神圣。您看如何？

严：良渚的情况有点像梅原先生所说，根据现有的不大充分的证据推测，可能周围是城墙，城里有大型台基，台基上还有建筑，规模宏伟。

梅原：事先对遗址做次航空摄影，也许能了解个大概。

严：这非常有必要。

梅原：请一定在我还活着的时候做这件事儿。

严：请放心，一定会做。即使我不参加，也会有人来做这件事的。

梅原：位于莫角山旁边的反山是良渚遗址群的中心，其他如瑶山墓地遗址等还有很多。怎么看这些遗址之间的关系？

严：总的来说，良渚文化中心遗址之外，还有许多次一级的地方中心。福泉山、张陵山、赵陵山以及草鞋山、寺墩等，就相当于这类地方中心。我想，这些地方中心恐怕要受到良渚中心某种程度的支配乃至统辖，也即各地的权势人物一方面要受以莫角山为中心的势力的支配，同时又统治着他所在的地区。例如其中的福泉山遗址，在台基北侧发现了殉人墓；赵陵山墓地上富人集中埋在台基上面，而赤贫者则被埋葬在台基的边缘。再有去年发掘的普安桥遗址，则是较良渚文化地方中心更下一级别的中心。

梅原：普安桥遗址的地点？

严：在浙江省桐乡县，遗址上有人工筑成的土台，上面有房屋和墓葬，其中有的墓有棺有椁，随葬品中有少量玉器，是良渚文化地方小贵族的墓葬。

三苗民族和长江城市文明的衰退

梅原：我们刚刚谈论的长江下游地区，有良渚这样一个大的政治中心，还有若干次一级的地方权力中心，搞清楚这些情况，是非常有意思的。那么，按照严先生所说，长江下游大体以良渚为中心的话，中游地区则是以石家河为中心的，先生是否是这个意思？

严：是这个意思。

梅原：我还没有机会亲眼看看石家河遗址，听了严先生的介绍，有些按捺不住了。听严先生的意思，石家河和良渚是不同的文化，怎么看待这种区别呢？它们是不是代表不同的民族，例如良渚文化是不是属于蚩尤[1]民族的？

严：良渚文化和石家河文化都是考古学的名称，因为它们出土的器物和遗迹特征不同，所以被划分为不同的考古学文化。有些学者觉得考古学文化应该与古代民族有一定联系，良渚文化也许是古越人祖先的文化，至于石家河文化，不少学者主张是属于三苗民族[2]的。

梅原：可以肯定吗？

严：也许不会有太大的问题，不过考古学家一般不太愿意将考古学文化与古代某个民族画等号。其时，长江下游的良渚社会已经发展到了初期国家的阶段，显露出一些文明因素。长江中游的石家河文化也是如此。最近，沿长江上溯，在上游地区的四川又一连串地发现了以龙马古城为首，包括芒城、鱼凫城、郫县古城、双河古城等城址[3]。在距今5000～4000年间，整个长江流域一下子都出现了城。我想这意味着这个时候长江流域的社会已经进入了初级文明阶段。例如在四川郫县三道堰的古城遗址里，清理出面积达550平方米的大型建筑，其中一字排列着五个石块堆砌的方台，很可能是宫殿遗迹。

梅原：是什么时代的遗址？

严：也是和龙马古城同时代的遗址。遗址上的大型建筑里没有发现隔墙，但有粗大的柱子，是一座十分壮观的建筑。结合已经发现的资料看，长江下中游和上游地区在同一时刻都在向着文明阶段迈进。例如，龙马古城面积相对较大，它周围的几座城址陶器群面貌一致，年代相同，估计这是一个以龙马古城为中心的文明圈。今后沿着这条线索继续深入做工作，也说不定可以发现一个以四川省为中心的长江上游文明圈呢。

这样一来，整个长江流域就被下游的良渚、中游地区的石家河和上游龙马古城全部充填起来了。将这些情况综合起来考虑，可以看出这个时期整个长江流域的文化已经达到相当高的水平，进入文明的初期阶段。而且就所达到的文明程度来说，甚至比同时期的黄河流域文化还高一些。

---

〔1〕 蚩尤，传说中东方九黎族的首领，勇猛好战，在今河北省东南部的涿鹿一带，与炎帝、黄帝的联军发生战斗，战败被杀。从北方的立场看，蚩尤是凶猛的恶神，也许是依托长江文明势力，对抗黄河文明势力的传说人物，或许和良渚文化有某种密切的关系。

〔2〕 三苗系公元前3000年间活动在长江中游地区的民族共同体，和以尧、舜、禹为代表的黄河流域民族发生过长期激烈的战争。

〔3〕 都江堰市芒城、温江县鱼凫城、郫县古城和崇州市双河古城皆位于四川省成都平原的岷江及其支流附近，是依附于三星堆和龙马古城势力的遗址。

　　但是，到了距今 4000 年前后，长江流域的文化发展整体上进入了低谷。问题在于，这个停滞期是什么原因导致的，这是一个最大的历史之谜。有一种说法，认为长江流域这个时期遭遇了一场洪水，文化受到了毁灭性打击。但是，要从考古学的角度得出确实发生过一场席卷一切的洪水的结论，实在缺乏证据。还有一种说法，即根据司马迁《史记》的记载推测，尧、舜、禹时期，对三苗进行过一连串的军事征伐〔1〕，以后又被强制流放迁徙，其势力也因此逐渐衰落下来了。现在，我们手里已经有了一些有关征伐三苗说的考古证据。其中一个就是石家河文化晚期遗存中，来自黄河流域的文化因素明显地增加了，表明黄河流域的势力对石家河文化的渗透力大幅度增强了。

　　再有，关于良渚文化，有一种观点认为是自行衰落的，其理由是良渚文化把大量社会劳动、社会财富投入建造规模巨大的祭坛、城垣建筑和制作玉器等毫无经济效益的方向上，其结果导致社会凋敝、无法持续发展下去，终于走向了崩溃。

　　梅原：对于石家河文化，我非常感兴趣，有很多问题想请教先生。关于石家河文化以及良渚文化的灭亡，我想大致还是由于黄帝进行统一的原因。黄帝与炎帝联合，灭亡了蚩尤。因此，说良渚文化是自己灭亡的、自行衰退的，或者也有洪水的因素亦未可知，但我想根本的原因还是与黄河流域的战争失败造成的。

　　严：良渚是一个达到极高水平的文化，但社会的发展方向却被扭曲了。

　　梅原：战争的因素不强烈吗？

　　严：良渚社会异常发达的反面，原本隐含着向衰退方向发展的可能，再加上自然灾害、战争等因素的综合作用，其结果便导致了良渚文化无法与北方的文化对抗，而自己走上了衰退的道路。我想，这个过程的大致梗概就是这样的。这也和梅原先生的看法大同小异。良渚文化之后，江浙一带为马桥文化。但马桥文化〔2〕全然赶不上良渚文化，是一个很粗糙的文化。表明这场衰退是十分严重的。从这个意义上说，文明是如何从巅峰一下子跌落到谷底的，是今后必须认真研究的问题。但是，绝不能就因此认为良渚文明的衰退是彻底的灭亡，是文化的中断。良渚人也好，石家河人也好，他们创造出来的文明或文化，还是被继承保留到以后的历史

〔1〕《史记》中有关尧、舜、禹与三苗集团关系的记载，《史记·五帝本纪》载："三苗在江淮、荆州数为乱。于是舜归而言于帝（尧），……迁三苗于三危，以变西戎。"

〔2〕 马桥文化，良渚文化衰落之后，太湖流域地区新出现的一支考古学文化。以上海市马桥遗址为典型遗址，其陶器、玉器表面经常刻划一些符号，有人认为是较殷商甲骨文更早的早期文字。

中去了。例如玉器的情况是这样，饕餮纹的情况是这样，漆器也是这样。

梅原：还有琮、璧、钺组合。

严：这三种器物的组合被继承下来了，还有建造大型祭坛的技术也被以后黄河流域各朝代全盘继承下来，经殷周、战国，直到汉代，一脉相承。另外，长江流域文化低迷的时间也绝没有那么长，看一看后来出现的吴越青铜文化、江西大洋洲青铜器文化和楚文化等极其发达的情况即可明白，此前长江流域所积淀的文明成就始终保留着，在吴越文明和楚文明中重现，并对整个中国古代文明做出自己的贡献。

梅原：据认为，夏王朝开始于距今约 4000 年，良渚文化则结束于距今 4200 年左右，和夏代的开始有 200 年的空当，正是夏王朝的缔造者、黄帝曾孙禹的活动期间。由此而论，传说中的黄帝时代和良渚文化的年代相始终。我还是以为，是黄帝灭亡了传说中的蚩尤王朝，统一了中国这个大帝国的，是黄帝合并了旱作农业区和稻作农业区，开创了最早的帝国。

在对日本历史进行解释时，我总是从历史上的失败者的立场考虑问题，而与从胜利者角度观察历史的人有所不同。在今天这个场合我也有同感，即历史若从良渚人的角度看，也许是全然不同的。

青铜文化和楚、吴、越的复兴

严：我十分欣赏梅原先生从失败者角度观察历史的历史观。因此，我还想就此作一些补充，即楚和吴越时期，长江流域的社会文化令人惊异地出现了复苏，其典型事例之一就是青铜器。在很短的时间内，南方青铜器就超过中原地区而达到极高的水平，其原因之一是南方有丰富的铜矿资源，而且一直保留着开采铜矿的技术。最近的考古发现查明，不用说湖北省以上的长江上游地区，从湖北湖南起，向下游经江西、安徽、江苏，是一个巨大的铜矿脉。由于长江流域有这种得天独厚的资源，其文明的复兴也就是情理之中的事了。

说到青铜器的起源，和玉器的起源有所不同，是黄河流域的时间略早。但是，黄河流域的矿物资源十分匮乏，文化越发展，铜矿资源越短缺，从而导致殷周两代无论如何要设法向南方扩张。他们觊觎南方的什么呢？是南方的铜矿资源。商代前期，殷人在湖北建造了盘龙城[1]作为据点。之所以建造这种据点，目的在于确保控制当地的矿山资源。古代文献也有许多关于殷周两代不断向南方进行征服、派

---

〔1〕　盘龙城遗址位于长江中游武汉市北 50 千米、湖北省黄陂县境内，1954 年发现，1974 年进行考古发掘，确认为商代中期城址。遗址周围有城墙，内发现宫殿遗迹，出土有饕餮纹饰的青铜器等，是殷人在当地的军事据点。

遣军队的记载。明确显露出要确保对长江流域丰富的矿山资源进行控制的意图。

不用说，商周文化的南进给长江流域文化很大刺激，促进南方青铜器迅速发达起来。与此同时，商周的青铜文化在资源上也变得几乎全部依赖于长江流域供给了。因此，是长江流域以其丰富的铜矿资源，支撑着整个中国青铜时代的繁荣。从一定意义上来说，如果没有长江流域的资源，也就没有中国青铜文化的繁荣。中国目前已知最古老的矿山是江西瑞昌铜岭，其发掘报告不日可以出版。届时请先生看一看这座矿山上的商代初期铜矿开采技术的发达程度，一定会惊叹不已的。

梅原：我有一个简单的问题，最初，人们认为青铜器是从西亚传到中国的，现在我们应当如何看待青铜技术传入中国的时间呢？此外，商周时期长江流域的东西方以及长江流域和黄河流域的南北之间的战争中，是否使用了青铜武器？

严：关于中国青铜器的出现，最早是在马家窑文化，发现了青铜刀。

梅原：马家窑文化的年代是多少？

严：大约在公元前3500～前3000年。另一方面，黄河中游的仰韶文化早期就有了小铜片等金属器物，年代早到公元前5000～前4500年。青铜的出现稍晚，除马家窑文化外，黄河中下游的龙山文化中也出土了青铜制的锥和残铜片等。但是，我曾指出，这个时代的青铜，只是偶然由于铜矿中含有铅锡成分才得到的，不是人们有意识地冶炼的合金。青铜器的真正出现是在二里头文化时期，即所谓的夏王朝时代。因此，无论从哪个角度看，中国的青铜器是本土文化中发展起来的。

梅原：不是从西亚传入的吗？

严：对于存在着从遥远的外地传入的看法有其时代背景，后来的许多考古发现事实上否定了那种推测，我当然也是持否定态度的。黄河流域从红铜到青铜、从锻造到冶铸有一个完整的发展过程，看不出任何外来的迹象。长江流域铜器的出现较晚，但青铜文化在较短时间内就达到相当高的水平。三星堆是这样，江西省的新干大洋洲[1]是这样，长江中游地区湖南省的宁乡黄材[2]也是这样，都是一下子就达到相当高的程度。

梅原：这个现象非常有意思。

严：对于长江流域这些发达的青铜文化，过去多数观点认为它们是殷商文明

---

〔1〕 新干大洋洲遗址位于长江中游的江西省鄱阳湖南岸，1989年于此发现商代后期大型墓葬，出土青铜器、玉器等随葬品1900余件，青铜器多以丝绸包裹，造型精美，分礼器、乐器、工具、武器等，表现出极高的技术水平。

〔2〕 黄材遗址位于长江中游洞庭湖以南的湖南省宁乡县境内，遗址出土过大型铜铙（乐器），器物表面饰极富特点的兽面纹，造型精美，和黄河流域者相比，制作技术有其独特性。

的一个支派、支流。但是，大家认为三星堆文明主要是由当地土著的努力创造出来的，同样，湖南省的青铜文化也是由当地三苗后裔所创造的，显然不能把它们看作是中原青铜文化派生出来的。

梅原：我的考古学家的立场还不坚固，还不能割舍假说，即在发生战争的情况下，武器是否是战争胜利的关键？现代也同样存在这个问题。我突然想到，如果推测黄帝已经有了青铜器，而且作为胜利的纪念品，是黄帝创造了殷周青铜文化。这个假说不知能否成立。但是，殷周青铜器为什么和良渚文化的陶器那么相似呢？此外，人们为什么制造青铜器，又为什么崇拜青铜器呢？我偶然感到，青铜文化或许是一种夸耀武力的文化。

严：梅原先生的想法很有意思。黄帝时代是否已经有了青铜器，可暂当别论。我想即使有也只能是刀、锥一类的小件工具。关于二里头文化，已经发表的材料中，青铜器的数量很少。然而问题在于，二里头遗址却发现了青铜冶炼作坊，出土的陶范上有非常精美的花纹，尽管没有找到铸造好的青铜器，但根据陶范复原，其直径达30厘米以上，是很大的器物，说明夏代就已经有了制造这种器物的技术能力。由此上溯，先生印象中的黄帝时代当然也有可能已经使用青铜器了。只是青铜器这种东西可以重复冶铸、重复利用，导致遗留下来的数量很少罢了。对于二里头文化，我们至今了解的情况还很有限，对三星堆的了解也是如此。

目前对于三星堆的了解，还仅限于两座可能是祭祀坑的土坑出土了青铜器，以及遗址周围有城墙。随着今后工作的不断深入，预计会有更惊人的发现。

梅原：青铜器由黄河流域发明，后传到长江流域。长江流域以后的吴越文化也好，楚文化也好，说到底是在古代长江文明的基础上发展起来的。另外，在四川还有出土青铜器的三星堆文化。我在四川成都的博物馆看到过三星堆出土的青铜器，着实令人吃惊，时代虽然是商周时期，却完全不像殷周铜器的风格，那些青铜面具，瞳仁突出，眼眶几乎把整个脸孔裂开来，造型实在令人惊叹。

严：这充分说明古蜀文明的特点，因为三星堆文化是古代蜀国的文化。

梅原：瞳仁突出的青铜面具，有人说是当地开国之王"蚕丛"[1]，和刚才严先生的说法一致，应当是创造了蜀文化的开国之王的形象。

严：另一方面，对于湖南一带的文化也不可小看。那里发现的青铜乐器高

---

〔1〕　蚕丛，据《华阳国志》（东晋成书）载，自上古至秦，蜀国先后有蚕丛（始祖）、柏灌、鱼凫、杜宇、鳖灵（开明）诸王。其中，始祖蚕丛如名所示，与养蚕有关，其目如蟹目般的"纵目"。三星堆遗址出土的青铜"纵目面具"以及扶桑神树，很可能就是蚕丛及其精神世界的具象写照。

110 厘米，体量巨大，另有四羊尊、猪尊等。但到目前为止，湖南以及长江中游的其他地区尚没有发现这个时代的墓葬和城址。国际日本文化研究中心即将在当地开展的考古调查，也许会有震惊中外的大发现。殷墟等黄河流域遗址的考古早在 20 世纪 20 年代就开始了，已经经过了七十年的工作，而且是几乎倾注了中国考古学界的大部分精力，因此得到辉煌成就。但长江流域的工作，我们还没有来得及开展。今后若像在殷墟的工作一样，对其倾注力量，经过若干年努力，所得到的成果是难以想象的。

梅原：日本古称扶桑之国。有关扶桑的说法出自《山海经》，说东方有巨大的桑树，是管理太阳出没的所在，当时天有十日，顺序出没。我当然把它看成一个荒诞不经的神话，不足为训。但见到三星堆遗址出土遗物后，大吃一惊。日本的神话是稻作文化的神话，其重要内容是太阳信仰。而稻作文化对太阳的崇拜，竟在三星堆遗址得到了确认。

再举另一个有关七夕的神话。七夕神话讲的是天河两侧的牛郎与织女的爱情故事。牛郎牵的牛，恐怕是水牛，织女是从事纺织的女子。根据传说，黄帝喜好丝绸，强行带走了织女。留在南方的丈夫思念妻子，就一直向北方眺望，却见到一条银河挡住去路。我揣测这个神话悲剧就是产生于古代中国统一斗争的大背景下的。每年七月七日，日本人也过这个节日。

引人注目的新发现——长江文明

严：谈论长江文明，确切些说是长江流域的古代文明，关于它的历史地位的问题，由于我们目前还处在对这个文明刚刚发现的阶段，很难对其进行准确的评价。今后随着考古工作的进展，在长江流域进行和在黄河流域一样广泛而深入的调查发掘工作，一定能获得辉煌的成果。到那个时候，我们才可能客观地评价长江古代文明在世界史、文明史上的地位，以及正确判断它和周围地区的关系。现在的发现和研究虽然刚刚开始，就已经取得了明显的成果。仅仅根据这些初步的成果，我们就可以理直气壮地说，如果缺少长江古代的文明，中国古代文明就不是完整的，世界文明史也缺少了重要内容。

梅原：拜托严先生。从 1998 年起，国际日本文化研究中心与中国的合作调查团将要在长江流域进行考古工作了，预计五年后将取得第一批成果，如果届时真的有所收获，我还想把合作研究继续进行下去。这是令人振奋的前景。我们的工作如果像严先生的名字一样严谨，加上我这种奔放的创造力，是一定能够搞清楚一些问题的。此外，再加上安田喜宪他们的新科学方法，肯定会有新发现。我们三个人加起来，也许顶得上谢里曼。

在相当长的历史时间里，日本从中国接受了以稻作农业为首的各种文明。这次能够为重新发现一个消失了的大文明起到一些作用，委实不胜喜悦。这项工作也将是今后日中友好的证明。

严：我非常赞同梅原先生刚才最后的那句话。我只是一名中国的普通学者，但也愿意为推动长江流域古代文明的研究，竭尽绵薄，和先生联手努力。

梅原：我也许等不到问题全部弄明白的那一天了，如果我死后 50 年，问题能够全弄明白，我在坟墓中也会高兴的。

严：梅原先生再过 50 年也会身体健康的。不过，要等 50 年，也许太悲观了。的确，殷墟〔1〕的发现到现在经过了整整 70 年，虽然取得了令人瞩目的成绩，但是至今也还不能说什么都已经清楚没有问题了。当然，以后的工作进度也许会快一些。特别不可小看现代科学技术在考古学发展中的巨大作用，运用得好，不但可以拓宽研究的内容，提高研究的质量，还可能大大加快发展的速度。因此，在长江流域，每过十年而获得重大成果是非常可能的。我们没法子预料，十年以后，长江流域古代文明的研究会进展到什么程度，实在难以预期，但我们会努力工作，并且满怀热情地期待着那一天。

梅原：喜讯来得太快，说不定乐极生悲。也许稳当一点，不断有所发现就好了。

非常感谢严文明先生。

严：与梅原先生的谈话使我受到许多教益，衷心感谢梅原先生。

[赵辉译自《长江文明的曙光》，日本角川出版社，2000 年。对谈的注释是徐朝龙等加的，此处照译。原书的插图过小，难以制版，只好全部删去。原载《长江文明的曙光》（增订版），文物出版社，2020 年]

---

〔1〕 殷墟位于黄河流域的河南省安阳市郊，20 世纪初开始考古发掘。业已查明，殷墟是由青铜器、骨器的作坊及居住区、墓地和宫殿、宗庙等构成的商代后期遗址，最重要的出土遗物是 7000 余件甲骨片，上刻有甲骨文，由此证明商王朝的真实性，以及反映了这个历史时期的社会和文化。

成都平原文明的起源

　　成都平原地处长江流域的上游，土地富饶，古称天府之国。但在远古时期，可能因为常年洪水泛滥，难以安居，至今没有发现较早的聚落遗址，仅在平原北部的什邡桂圆桥发现了一个相当于仰韶文化晚期的小遗址，文化堆积很薄，面积不足 1000 平方米。从陶片看可能是北面与甘肃交界的山地发展过来的，年代距今还不到 5000 年。1995 年，成都市文物工作队在新津县发掘了宝墩遗址，发现有土筑的城垣。之后又在成都平原上发现了温江鱼凫城、郫县（今郫都区）三道堰古城、都江堰芒城、崇庆双河古城、紫竹城和大邑高山古城等，文化面貌基本一致，年代约为距今 4500 ~ 4000 年，大致相当于中原地区的龙山时代。其中以宝墩古城最大，又是最早发现的，遂统称为宝墩文化。1996 年 4 月，我曾应成都市文物工作队邀请，在队长王毅的陪同下，考察了宝墩等 6 座古城。发现那些古城的城垣都不高，除了有一定的防御作用，其功用还应该是防水的（图一）。因为成都平原河流众多，容易泛滥。这也是早前缺乏聚落遗址的原因。

　　宝墩古城发现时大约有 60 万平方米，为长方形，后来发现那只是内城。外城有 300 万平方米，近似圆形。其面积跟时代先后接近的山西陶寺古城、浙江良渚古城和陕西石峁古城相若，只是规格稍逊一些。内城现存较好的东城垣高 4、顶宽 8.5、底宽 30 多米。城内发现有大型建筑基址，应该是高等级的礼制性建筑。外城的城垣较窄较矮，但有不深的城壕。其他古城多在 10 万 ~ 30 多万平方米，且多为近方形或长方形，只有鱼凫城为不规则的五边形。各城之间的距离多在 20 ~ 40 千米的范围内。其中宝墩古城虽然在整个城址群的南边，但从其大小和规格看无疑还是一个最重要的中心。

　　郫县三道堰古城长 650、宽 500 米，面积约 32 万平方米。中部发现有一座长 50、宽 11 米，面积约 550 平方米的大型房屋基址。房子的墙壁挖基槽后填河卵石，再栽木柱，柱子之间用竹篾编笆并敷以厚厚的草拌泥，跟现代农村的某些房屋的建造方式别无二致。这座房屋的中间有五个方形柱础和一个圆形柱础，没有发现隔墙的痕迹，明显不是一般的居室，应该是一座宫殿式的礼制性建筑。其他

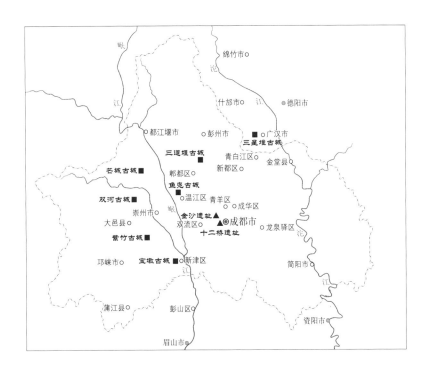

图一　成都平原史前城址群分布示意图

古城是否也有类似的建筑，因考古工作不足，难以定论。

　　宝墩古城所属的宝墩文化面貌独特。陶器多以手制加慢轮修整。陶质在早期以泥质陶为主，往后夹砂陶逐渐增多，最后则以夹砂陶为主。陶色多灰白或灰褐，还有部分黑皮陶。泥质陶多饰划纹、戳印纹、弦纹或附加堆纹。划纹中多水波纹和以平行线构成的几何纹。器形主要为平底和圈足两类，有壶、罐、尊、豆、钵和器盖等。罐口多为宽沿翻领（图二）。根据江章华等的意见，宝墩文化可分为四期七段。第一期与广汉三星堆遗址第一期基本相同，第四期则已接近于三星堆文化的早期。因此宝墩文化就是著名的三星堆文化的源头，是成都平原文明的起源。传说古蜀人的祖先有蚕丛和鱼凫等，宝墩古城群中就有鱼凫城，真是巧合！问题在于宝墩文化本身的起源至今还是个谜。在成都平原至今没有发现更早的文化遗存，附近也没有更早和面貌相近的文化遗存。有人认为可能与北边山区的绵阳边堆山遗址的文化遗存有关，甚至将宝墩等遗址的文化称之为边堆山文化。实际上只有个别因素相近，最多是有个别因素的影响。而且宝墩文化至今也没有发现多少墓葬，难以通过人体的 DNA 来追溯来源。看来这个谜团只有通过今后的考古工作来寻求解答了。

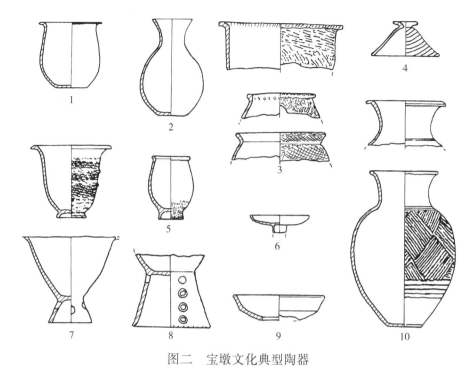

图二　宝墩文化典型陶器

1. 宽沿平底尊　2. 壶　3. 绳纹花边口罐　4. 器盖　5. 圈足罐　6. 浅盘豆
7. 敞口圈足尊　8. 圈足　9. 钵　10. 喇叭口高领罐

我写了一首诗，名为《古蜀文明之光》，兹录如次：

成都大平原，素有天府名，

沃野三千里，孕育蜀文明。

蜀祖蚕丛氏，立都宝墩城。

城址规模大，外城套内城。

面积三百万，比肩陶寺城。

次祖名柏灌，灌县建芒城。

三祖号鱼凫，乃建鱼凫城。

平原河流多，防水建土城。

城群何所似，众星罗苍旻。

继起三星堆，文明大昌盛。

金沙接踵至，古蜀惊世人！

［原载《长江文明的曙光》（增订版），文物出版社，2020 年］

在“纪念中国考古学百年暨江汉考古创刊四十周年学术研讨会”上的讲话

中国考古学，从河南渑池仰韶村遗址的发掘开始，到现在正好是一百周年。仰韶遗址的发掘是当时中国政府地质调查所聘请的一位世界著名的地质学家安特生开展的。安特生当时是世界地质学会的主席，他在中国进行地质勘探和矿产勘探，最后在中国考古学的创始等方面都做了很大的贡献。安特生发掘仰韶遗址之后，很快就出版了一本书，书名《中华远古之文化》，什么意思？说明那时候的人们就在探索中国远古文明的源头。从那以后，一系列的考古发现都说明中国的历史非常悠久，文明起源的时间也很早，而且始终不断。

一百年来，中国考古经历了好几个重要的阶段。第一个阶段是20世纪30年代，龙山文化的发现。当时就有一个“夷夏东西说”。但是接着就是安阳后冈的发掘，把仰韶、龙山和商代（小屯）这三个时期的相对年代厘清了。从那以后，我们的考古学基本上是沿着探索中国文明的起源和发展一路走来的。安阳殷墟的发掘，表明在商代晚期有那么高度发达的青铜文化，使世界都很关注。曾经在伦敦的国际博览会上，展出了安阳殷墟出土的一些青铜器，引起轰动，所以殷墟的发掘是有世界影响的一项考古工作。

中国考古学的奠基人李济先生是湖北人，但是他的第一个考古工作是在山西夏县西阴村进行的发掘。那个时候李济先生是想探索夏文化，结果发掘的是一个仰韶文化的遗址。从中国考古学总的发展来讲，早期的重点在黄河流域，在中原地区。但从20世纪50年代开始，长江流域，特别是湖北的考古工作逐渐发展起来了。湖北的考古工作跟湖北的地理位置和历史地位有很大的关系，湖北是长江中游，是我们大家都熟悉的楚文化发展中心。楚文化是非常特殊的、非常强势的一个中国文化。但是楚文化以前呢？以前是什么样的呢？50年代，首先是当时中国科学院考古所的张云鹏先生，在配合天门县的石龙过江水渠工程，发掘了三房湾等一系列的遗址，同时也发掘了石家河以北的屈家岭遗址。张先生的这些工作做得很了不起。

后来，我们北京大学跟湖北省考古所、荆州地区博物馆联合，多年发掘天门的石家河遗址，取得了一系列的成果。但是湖北的考古工作不仅限于这个，湖北的考古工作多着呢。首先，湖北郧县人的发掘，说明湖北旧石器时代考古也很厉害。湖北的青铜时代考古，有盘龙城遗址，盘龙城是商代在长江边上一个非常重要的据点。商代为什么有一个盘龙城在长江边上，我想跟商王朝开发长江中游地区铜绿山等地的铜矿有很大关系。所以中国的青铜文化如果没有铜绿山的开发，恐怕青铜文化的某些内容就没有了。湖北的考古工作很重要的另外一个就是曾侯乙墓的发掘。曾侯乙是一个侯，地位并不是很高，但是他的墓葬随葬品之丰富，是非常惊人的。特别是那套编钟，钟上面有文字，文字里包含有中国古代十二音律的名字，这是世界上最早的十二音律的记录，这个太了不起了，把中国音乐的历史一下子提到很早。所以湖北这么多年的考古工作做得很好，特别是近年来曾国考古工作不断有重要的发现，湖北首先召开了纪念中国考古学一百周年学术研讨会我觉得很有意义。

我希望在大会上有很多精彩的报告。我在这里对大家表示祝贺，对大会的成功表示殷切的期望。

谢谢大家！

附记：本次采访、文字定稿均由北京大学考古文博学院张海副院长完成，特致谢忱！

（原载《江汉考古》2021 年第 6 期）

《长江中游新石器时代文化概论》序

　　长江中游地处华中，差不多是全国的中心位置。这里土地肥沃，物产丰富，是有名的鱼米之乡。传说在尧、舜、禹的时代，活跃在这个地区的三苗势力强盛，经常与华夏族相冲突。按理说他们的文化应该很有特色，他们对中国古代文明的起源也应该有过自己的贡献。但他们的文化究竟是什么样子的？是怎样起源和发展的？同周围的文化又有什么样的关系？历史的尘土早已把这些掩埋起来了，只有考古学家的小铲才能把它重新揭示出来。

　　20世纪50年代初，长江中游的史前考古终于揭开了序幕。同全国其他地区比较起来，起步虽然晚了一些，发展的速度却相当快。大致的历程是这样：1954年，张云鹏主持发掘了湖北京山屈家岭遗址，确认屈家岭文化是江汉地区具有代表性的新石器文化，接着又主持发掘了天门石家河遗址，发现了一种晚于屈家岭文化的遗存。50年代末和60年代初，在湖北西北部和河南西南部发现了一系列新石器时代遗址，确立了屈家岭文化同仰韶文化和当地的所谓"龙山文化"的相对年代关系。70年代在湖北、湖南等地开展了一系列的考古发掘工作，确认在屈家岭文化之前有一个大溪文化，并对它的分区分期进行了初步的探讨。80年代以来又在大溪文化之前发现了一个城背溪文化，并且确认以石家河遗址为代表的遗存应称之为石家河文化。对于各个文化本身的类型和分期以及各文化之间的关系也都进行了比较深入的探讨，从而建立了一个比较完备的新石器文化的发展体系。与此同时，以石家河遗址为代表的聚落形态的研究和文明起源的探索也有了一个良好的开端。可见现在已经具备了较好的条件来对长江中游的新石器文化进行全面而系统的综合研究，张绪球同志所著《长江中游新石器时代文化概论》，正是在这种条件下产生的一部优秀著作。

　　张绪球在长期担任荆州地区博物馆馆长的同时，一直潜心研究江汉地区和整个长江中游的新石器文化。他曾经主持或积极参加过一系列新石器时代遗址的发掘工作，例如监利福田和柳关的发掘明确了大溪文化分布的东界；京山油子岭和钟祥六合等的发掘使得有可能提出大溪文化的一个新的类型即油子岭类型；公安王家岗的发掘明确了湖北境内大溪文化汤家岗类型的特点及其分期，并为探索大溪文化如何向屈家岭文化过渡提供了新资料。从 20 世纪 80 年代中期起，他又集中力量组织和参加天门石家河大型遗址群的发掘，在聚落考古研究方面迈开了新的步伐。与此同时，他还发表了许多学术论文，其中既有文化谱系方面的研究，也有各种专题如陶器、玉器、陶塑艺术等等的研究，涉及的方面相当广泛，逐步形成了自己关于长江中游新石器文化研究的学术体系。这部著作就是他的这一体系的充分体现。

这本书的特点大致有以下几个方面：

一是体系严谨。首章介绍长江中游新石器文化的地理环境与历史背景，接着按时间先后全面论述城背溪文化、大溪文化、屈家岭文化和石家河文化，每个文化又都从遗址的发现、文化分布与类型、年代与分期、经济发展、聚落形态、与周邻文化的关系等几个方面加以介绍和剖析，最后比照古史传说对几个问题进行了颇有分寸的考察。使读者能够了解问题的全貌和来龙去脉。

二是资料丰富。书中不但全面收集了各个考古学文化的田野调查发掘资料，而且尽可能地反映了最新的发现和最新的研究成果。每项内容还都详细地注明资料出处。书中插图甚多，这对于一本考古著作来说是十分必要的。图文配合也比较好。

三是实用性强。对研究者来说，书中提供了详细的资料和尽可能周到的分析；对于基层文物考古工作者来说可作为一部基本的工具书和参考书。对于一般读者来说则可提供许多有用的知识，可以从中了解一下我们的考古学家们在经费并不充裕、设备并不理想、有时社会上还不大理解的情况下，辛辛苦苦有滋有味地到底研究出了一些什么重要问题，他们的工作对于弘扬传统文化，提高国民的文化素养方面到底有些什么作用。

总之这是一部体现了当前研究水平的好书，又是对许多读者都有用处的书，很值得一读。

（原为张绪球著《长江中游新石器时代文化概论》序，湖北科学技术出版社，1992 年。后收录在《农业发生与文明起源》，科学出版社，2000 年）

《长江中下游地区史前聚落研究》序

在我国史前考古研究中，长江流域占有十分重要的位置。影响东方世界大部分人口食物构成的稻作农业就是首先在这里发生和发展的；一些具有中国特色的物质文化产品，诸如丝绸、漆器等也是首先在这里发生和发展的。近年的考古发现证明这里还是陶器起源的重要地区，至少是最早发明陶器的地区之一。玉器的发生也许不是最早，然而一开始就自成体系，发展到良渚文化时期，其水平在全国已经遥遥领先，并且对夏商周时期的玉文化有十分深刻的影响。至于稍后发展起来的四川广汉三星堆、湖南宁乡黄材和江西新干大洋洲等青铜文化以及楚文化和吴越文化的许多重要发现，在学术界更是引起了巨大的反响，以至于不得不把长江流域放在更加重要的地位来加以审视，甚至重新考虑关于中国文明起源和早期发展态势的传统认识。

要了解长江流域文明的起源，最好的方法莫过于从新石器时代聚落演变及其所反映的社会与经济形态的变化入手。而要弄清楚聚落演变的情况，又必须首先弄清楚文化发展的谱系或区域性发展系统。在本书写作时，长江上游的新石器时代考古资料还十分有限，即使到现在也还是很不充分，所以暂时以中下游为限。

现在知道长江中下游大致有两个比较稳定的文化区系和三个中间地带或亚区系。以两湖区为主体的长江中游区，在新石器时代中期有城背溪—彭头山文化，继之而起的依次是大溪文化、屈家岭文化和石家河文化，后者已然到了新石器时代末期。而在城背溪—彭头山文化之前，还有属于新石器时代早期的江西万年仙人洞一类遗存和湖南道县玉蟾岩一类遗存。现在还很难说它们就是城背溪—彭头山文化的直接前身，但至少是后者的源头之一。这样就形成了一个相当完整的体系。这个体系到新石器时代晚期的分布范围已经很大，对周围文化发生了强烈的影响，是一个仅次于中原文化区系的强势文化区系。以环太湖区为主体的长江下游区，到新石器时代晚期出现了马家浜文化，其后依次发展为崧泽文化和良渚文化，谱系清楚，发展水平高，对周围文化也有强烈影响。只是在当地没有发现更早的新石器时代文化，其渊源至今还不清楚。比马家浜文化同时或略早的河姆渡文化和跨湖桥遗存似乎不属于同一系统。在这两大区系之间，就是本书所讲的赣鄱区和苏皖区，在某些时段的新石器文化也比较发达，但受到周围文化的影响较大，至今还看不出一个清晰而稳定的自身发展的谱系，其地位大约只相当于两大区系之间的中间地带或文化亚区。至于长江中游偏北的南阳盆地、襄樊谷地和随枣走廊，新石器文化也相当发达。因为紧邻中原文化区，南北影响不时发生此消彼长的情况，没有一个稳定的具有自身特色的发展谱系，因而难以成为一个独立的文化区而只不过是两大区系之间的中间地带。现在看来，长江中下游各区系文化的发展虽然有不平衡的现象，但大致是同步的。按照本书的划分方法，可以分为新石器时代早期、中期、晚期前段、晚期后段和末期五个连续发展的时期，只是有些地方暂时还没有发现早期和中期的遗存罢了。

与文化区系的研究相比，聚落考古研究的难度要大得多。加以起步较晚，取得的成果自然有限，但绝不是无足轻重，而聚落考古的重要性已经为越来越多的人所认识。说聚落考古研究的难度比较大，这在任何地方都是适用的，但长江中下游的难度也许更大一些。因为长江中下游是我国河流和湖沼最密集的地方，加上从第四纪以来的新构造运动的影响，一些新石器文化比较发达的地区的环境发生了很大变化。例如洞庭湖在更新世晚期即逐渐抬升，到全新世早期已经变成河湖交错的大平原，成为新石器时代居民开发稻作农业的首选地带，留下了许多新石器时代中晚期的聚落遗址。可是后来这里又下沉为汪洋大湖，号称为八百里洞庭，其中尤以东洞庭湖下沉最快。如果不是围湖造田，那些新石器时代的遗址就很难发现。又如江汉平原湖泊极多，以至它所在的湖北素有千湖之省的美誉。其中有些湖也是下沉的，加以江河不时泛滥，不少河湖边的遗址就被淤积到很深的地层中，不是疏浚河道就难以发现。同样太湖及其周围的湖泊水网地带也有这种情况。江苏澄湖里面发现大量良渚文化及较晚时期的水井即一例。即使聚落遗址没有被淹没或淤积，一些较低的遗址后来很可能被辟为水田，那也就难以发现了。所以在长江中下游的许多地方，即使经过仔细调查，可能发现的聚落遗址也会比实际存在的遗址要少，有的地方可能要少得多。这为聚落考古的研究造成了不小的困难。不过话又说回来，地面的下沉或被晚期沉积物覆盖也有利于遗址的保护。特别是一些沉入水下或潜水面以下的遗址，由于隔绝了空气，许多有机物得以保存下来。例如浙江的河姆渡、罗家角，江苏的圩墩，湖南的八十垱、城头山和湖北的阴湘城等处都有这种情况。河姆渡和八十垱有些七八千年以前的稻谷还呈现金黄色，城头山的豆荚和小葫芦瓜等还能保持完好的外形和内部结构，河姆渡有保存极好的干栏式建筑的木构件，数量达几千根之多。这样就为聚落内部各方面的设施和生活状况提供了远比一般遗址要清晰得多的信息，这在别的地区是罕见的。毕竟几十年来在长江中下游进行的大量考古工作，还是积累了不少新石器时代聚落形态研究的资料。对于少数聚落的结构和性质已经有了比较全面的了解；有些聚落虽然没有全面勘察，但对其某些功能区还是做过比较详细的发掘和研究；再加上更多聚落遗址的局部或片段的资料，便可以大致勾画出新石器时代聚落演变的轨迹和区域性特征，进而探讨聚落演变的动因，以及在演变过程中各区域之间在经济文化等方面的种种关系，揭示出长江中下游走向文明的曲折进程。本书正是在这些方面做了相当深入而透彻的研究。

本书作者张弛是国内较早注意聚落考古方法的学者。早在 20 世纪 80 年代末整理青海民和阳山半山—马厂期墓葬[1]和撰写关于半山式文化遗存分析的硕士论文时[2]，就已经运用了聚落考古的某些分析方法。后来与赵辉合作对湖北天门石家河聚落遗址群和城址进行的全面考察[3]，更是运用聚落考古方法的成功范例。他还参加了中美合作的江西万年仙人洞与吊桶环的发掘，对新石器时代早期聚落有实际的了解。之后又多年参加和主持了河南邓州八里岗遗址的发掘和周围地区的调查，对当地仰韶文化的聚落形态又获得了不少新的认识。最近他还应邀参加了湖北宜都（现属枝城市）红花套大溪文化时期石器制造场资料的整理。同时他历来比较注意考古学理论和方法的钻研，对国外有关方面的研究情况也比较熟悉，是最有条件对长江中下游聚落演变进行综合研究的。因此他攻读在职博士生期间，很自然地便选择了这方面的内容作为学位论文的主题。论文答辩时获得了好评，后来又被推荐为优秀博士论文并准备正式出版。为了使内容更充实一些，论述更扎实一些，作者在出版前又做了较大的修改，于是便成了现在这个样子。

本书具有以下特点：

（1）尽量详细地占有资料，而且对所有资料都进行认真的鉴别与分析。论述力求实事求是。绝不做没有根据的臆测或纯主观的所谓复原。

（2）充分尊重已有的研究成果和他人的意见，文化的分期命名等一些看似分歧很大的意见，首先注重实质内容的分析，名称上尽量采用比较通行的说法或保留几种说法，绝不标新立异，以至于徒增混乱。

（3）微观与宏观研究紧密结合。微观分析力求其深，宏观把握力求其准和适

[1] 青海省文物考古研究所：《民和阳山》，文物出版社，1990 年。
[2] 张弛：《半山式文化遗存分析》，《考古学研究》（二），文物出版社，1992 年。
[3] 石家河考古队：《石家河遗址群调查报告》，《南方民族考古》（第五辑），四川科学技术出版社，1992 年。

度。微观研究时不忘宏观把握，宏观研究时又充分利用微观研究的成果，这样处理问题就能够做到游刃有余，得心应手。既不是只见树木不见森林地钻牛角尖，又不是粗浅一瞥就大胆地创造体系。

以上三点其实是任何学术著作都应该做到的，只是在当前学术界充满浮躁空气的情况下，能够做到这样就显得特别可贵。

（4）书中对墓地和居址的分析，既注意两者有联系和相同的一面，又注意两者之间的区别。因为前者是现实社会和家庭生活的反映，后者既是现实生活的一部分，又是观念形态的产物，在社会关系上比较强调家族—氏族的血亲关系。作者从房屋的大小、结构和内部设施（在某些偶然情况下保存下来的）以及房屋与房屋之间的关系推断各个时期的家庭形态和社会组织状况，再同墓地的分析结合起来，从而对长江中下游新石器时代各个时期的社会组织状况及其演变的轨迹进行了实事求是的考察。

（5）本书最精彩的部分也许是对区域经济的分析以及经济发展与社会变迁关系的分析。作者把经济区分为以采食经济为主的生业经济和手工业与贸易经济两大门类，而两者的发展又是互相关联的。大致说来，新石器时代早期出现了农业，但生业经济的主要成分还是来自狩猎、采集；新石器时代中期以稻作为主的农业有显著的发展，以至在两湖区出现了众多的比较稳定的聚落。狩猎、采集经济仍然占有重要地位，甚至是主要的地位。新石器时代晚期前段在整个长江中下游都有很大的发展，各地的环境和资源不同，因而经济发展的重心也有所不同。除了峡江地区以外，各地区的生业经济中农业大概都已经占据主导地位，尤以两大文化区系中心的两湖地区和环太湖地区最为突出。经济的发展和社会生活的复杂化，对于新型石器的需求显著增加，而恰巧在两湖区和环太湖区比较缺乏制造石器的原料。与此相反，在峡江区土地狭窄难以发展农业，主要生业经济是捕鱼和狩猎，季节性强，不能满足全年的需要。而石器原料特别丰富，于是出现了大批石器制作场，用石器成品与两湖区进行互惠贸易。苏皖区也有比较丰富的石器和玉器原料，那里也有农业但不十分发达，所以较大规模地发展了制造石器和玉器的工业，除本地消费外，还与太湖和其他地区进行互惠贸易。到新石器时代晚期后段情况发生了很大变化。主要是在两湖和太湖地区出现了较大的贵族集团和权力中心，他们打破了资源和技术分布的自然状态而实行强力控制，使当地的经济迅速发展，并且出现了专门为贵族消费的玉器、漆器、丝绸、精致陶器等高档物品的产业和大规模的土建工程。峡江的石器工业和苏皖地区的石器、玉器工业都陷于萧条。这时期互惠式贸易还会存在，而贵族消费品的流通则可能采取再分配的形式，产品流通的路线也跟以前大不相同，流通范围也有所扩大。经济的发展进一步推动了社会结构的调整和复杂化，长江中下游和黄河中下游一样露出了文明的曙光。但在此后的一个时期，黄河中下游加快了文明化的步伐并且大举向南扩张，长江中下游则由于内部和外部的多种原因，其中可能包括有对环境变化的不适应和北方势力南下带来的巨大冲击，或快（下游）或慢（中游）地走向衰落。不过时间并不很长，到商代就逐渐发展起来，接着出现了高度发达的楚文化、吴越文化和上游的巴蜀文化，与黄河中下游一起成为中华古代文明的主体和最发达的地区。书中引用了大量数据来说明这一跌宕起伏的历史过程，分析丝丝入扣，有很强的说服力。

　　20 世纪 80 年代以来，聚落考古在我国新石器时代考古研究中已成为大家关注的重要内容。而究竟怎样进行聚落考古，田野工作应该怎样做，有关资料应该怎样分析，并不是大家都很熟悉的，需要有一些比较成功的范例作为参考。石家河遗址群的调查是一个比较成功的例子，但只限于一个遗址群。由张弛的博士论文修改、充实而成的这本书，将是对大范围的聚落演变进行综合研究的重要著作，对于我国聚落考古研究的发展必将起到积极的促进作用。

　　［原为张弛著《长江中下游地区史前聚落研究》序，文物出版社，2003 年。后收录在《长江文明的曙光》（增订版），文物出版社，2020 年］

《宜都城背溪》序

　　由湖北省文物考古研究所编写的《宜都城背溪》是一部考古发掘报告集，其中汇集了 1983 年至 1984 年由湖北省博物馆（当时省文物考古研究所还没有从博物馆分出来）、宜昌地区博物馆和北京大学考古系等单位合作发掘的宜都城背溪等12 处遗址的资料，主要涉及新石器时代的城背溪文化和石家河文化两个阶段。报告写好后送到我手里，说是要我审查，还要我写几句话。我知道他们这样做是出于客气。报告写得很好，从考古发掘、资料整理到编写报告的经过，遗址的自然环境，文化遗存的内容和特点、文化性质、文化分期和年代等等，都一五一十地讲清楚了。插图和图版也编排得不错。作为一部发掘报告，这些基本要求都达到了，该讲的话也都讲了，似乎不必再要我来浪费笔墨。但既然提出了要求，不写几句又不好交差，只好勉为其难。

　　说起城背溪遗址来，我在 1974 年春带领学生在宜都红花套进行田野考古实习时，便抽空去看过。那个遗址太不起眼，捡了几块陶片也不认识，我完全没有放在心上。直到 1983 年考古发掘后，参加工作的高崇文和王文建等把陶片和照片拿给我看，才知道它十分重要。因为那时已经发现了磁山·裴李岗文化和老官台文化，城背溪的陶器有些和它们相似，所以我断定那是比较早的遗存。后来陈振裕又带我比较全面地看了城背溪等几个遗址的器物，才有了比较深刻的印象。

　　城背溪、金子山、栗树窝、花庙堤、孙家河、枝城北和青龙山这一群遗址的重要性在于，第一，它们把长江流域新石器时代文化的起始年代提早了一千多年。以前在长江流域发现的新石器时代文化基本上都属于晚期和铜石并用时代，更早的江西仙人洞遗址又多有疑问。城背溪一类遗存资料比较丰富，特征明确，年代较早，完全可以作为长江中游新石器时代中期的代表。所以我于 1986 年出席在美国召开的学术会议时提交的论文中，第一次提出了城背溪文化的名称，现在这一名称已经为学术界广泛接受。第二，当 1981 年发掘秭归柳林溪的新石器时代文化遗存时，觉得它既有些像大溪文化，又有许多不同的地方，一时间对于它的文化性质和年代都不大好确定。在城背溪等遗址发掘后，按照本报告集的分析，城背溪文化可以分为五期，最后一期比较接近柳林溪。这样就不但确定了柳林溪遗址的相对年代，也把鄂西地区新石器时代中期到晚期的发展脉络基本上理清楚了。第三，城背溪文化的陶器普遍夹炭，其中可以明显地看出有稻壳和稻草的痕迹，说明当时已经种植水稻。从而把我国种植水稻的历史提早了一千多年。当然，后来发现的河南贾湖和湖南玉蟾岩等地的稻谷年代更早，但在 20 世纪 80 年代初期，城背溪的稻谷却是最早的。第四，城背溪等一群遗址大多紧靠长江岸边，面积很小。从所出遗物的情况来看，不大像农业聚落的样子。居民的生业应该主要是捕鱼和采集江边鹅卵石制造石器。为什么陶器里面夹稻壳呢？我想当时的农业聚落应该在离江稍远一点的平原地带，陶器大概也应该在那里制造。要么江边的人同他们交换了陶器，要么江边的城背溪等遗址原来不过是临时营地，那里的陶器是从平原上相对稳定的农村带过来的。不论是哪一种情况，都是聚落考古研究中难得的好资料。第五，城背溪这一群遗址分处长江两岸，说明从三峡以东到宜都的这一段河床十分稳定，经过七八千年也没有发生什么摆动，否则一边或两边的遗址就不会存在了。但这不等于说河床一点变化也没有，因为这些遗址一发洪水就会被淹没，文化层上面还有相当厚的淤积层，这说明河床比几千年以前抬高了许多。这两方面的水文资料对于考古学者来说并不费多大力气，但是对于治理长江来说却是极其宝贵的信息。基于以上几点，我认为这一部报告无论对于考古学者还是对于其他有关方面的学者来说，都是值得一读的。

这部报告的另一部分内容是石板巷子、鸡脑河、茶店子、蒋家桥和王家渡五个遗址的发掘报告。这一群遗址的文化面貌主要是属于石家河文化的。按照本报告集的分析，它们也可以分为五期。前三期大致相当于石家河文化的早中期，后两期相当于石家河文化的晚期。早中期文化面貌接近，晚期的变化比较大，这同石家河文化中心地区的情况是相似的。但是从这一群遗址的总体文化面貌来说，既与石家河文化中心地区的文化面貌相近，又有比较明显的区别，与邻近的当阳季家湖遗址的文化面貌则基本相同，所以被称为季家湖类型，或与石板巷子相联系而称为季石类型。这在石家河文化的研究中是一个重要的突破。对于理顺整个湖北地区新石器时代文化的发展谱系来说，也是一项重要的工作。

到现在为止，长江中游地区的新石器时代考古工作已经做了不少，而正式发掘报告却出得不多。这种情况虽然全国各地都不同程度地存在，却是一个应该引起足够重视的大问题。城背溪等遗址的资料整理工作本来开始得比较早，后来因为三峡大坝地区的抢救性发掘工作十分紧迫而不得不暂时搁置。所幸前不久终于挤出时间集中人力把资料整理和报告编写工作一鼓作气地完成了，这是一件大好事。希望其他地方的考古资料也能抓紧时间整理发表，那对于我们的考古事业将会起到莫大的推动作用。

（原为湖北省文物考古研究所编著《宜都城背溪》序，文物出版社，
2001 年）

江陵毛家山发掘记

一

　　毛家山遗址位于湖北省江陵县楚国故都纪南城的东边，离东城墙约 200 米。西靠毛家山村，东临邓家湖，高出湖面 3～4 米。分南北两个部分。北址在村东北的土地台子，面积仅 3000 平方米左右；南址在碑坟园子，有 2 万平方米左右。现在都已辟为农田（图一）。两个遗址都有新石器时代遗存，文化特征也基本相同；南址还有东周遗存。

　　1975 年春，在中共湖北省委和国家文物事业管理局领导下，为了配合农田基本建设，积极开展文物考古工作，培训专业的和业余考古干部，成立了纪南城文物保护与考古发掘领导小组。许多省市的考古工作者、大学考古专业的师生和当地贫下中农参加了纪南城的发掘。毛家山是这次发掘的五个工区之一。

　　这次发掘基本上是试探性的，目的在于初步了解当地原始文化的面貌，以及春秋战国时期城外与城内遗址的关系。参加发掘的是北京大学历史系考古专业一年级的 22 名工农兵学员和 2 名教师。发掘地点选在南址的东南边沿。从 5 月 6 日开工到 24 日结束，共开 5 米见方的探方 8 个，面积 200 平方米（图二）。

　　8 个探方的文化堆积都比较薄，大部分仅 1 米左右。原来的地势是从西北向东南倾斜的，直到前年才推平并辟为水田。由于平整土地，西北部探方的新石器时代层以上已被去掉，东南部探方则压上了特别厚的扰土层。只有中部几个探方还基本上保持原来的堆积。

　　地层比较简单，一般的情况是：第 1 层农耕土；第 2 层厚 15～20 厘米，属明清时代；第 3 层厚 20～25 厘米，灰褐色，略有黏性，属东周时代；第 4 层厚 50～80 厘米，红褐色，黏性较大，也较硬，其中夹杂许多红烧土块，所出遗物都是属于新石器时代的。

　　处在发掘区南边的 T4 和 T8 没有第 4 层，说明已在新石器时代遗址的边界之外。

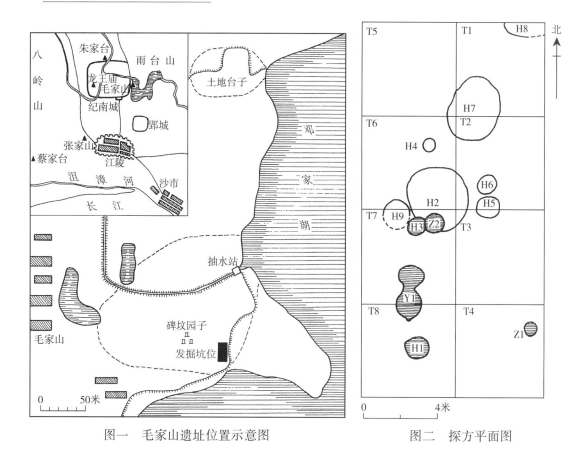

图一　毛家山遗址位置示意图　　　　图二　探方平面图

二

毛家山新石器时代文化堆积只有一层。尽管有些灰坑（H2、H5、H7）打破第 4 层，另一些灰坑（H4、H6、H8、H9）则被第 4 层所压，但除 H2 外，出土遗物都很少，文化特征基本相同，说明堆积的时间并不很长，基本上属于同一文化时期。

这一时期的 7 个灰坑，多为椭圆形，不大规则。H2 最大，口部长径和短径分别为 3.1、3.3 米；H4 最小，口径只有 0.6 米。所有灰坑都比较浅，为 0.3 ~ 0.8 米。坑壁向内斜收。坑底不平，周围高中间低，像个锅底。只有 H2 底部较平，并有两堆形状不规则的红烧土。

在地层和灰坑中有许多红烧土残块。有些里面夹杂稻草和少量稻谷壳；有些一面抹平，一面有木柱或竹篾痕迹。木柱直径 8 ~ 12 厘米不等，有圆形的（当是原木），也有方形的（经过加工的）。竹篾每片宽约 1.2 厘米，平行排列，间距约

0.4 厘米。红烧土厚 10～12 厘米，当是房屋墙壁因火烧倒塌的残迹，因此就近的地方应该有房子。据这些残迹推测，当时的墙壁应该是先立木柱，木柱之间编织篦片，然后在上面抹草泥土。这种做法，在宜都红花套新石器时代遗址中见到过，当地 1949 年前某些简陋的房子也仍然是这样做的。

发掘出土的生产工具有石铲、石斧、石凿和陶纺轮等。石器大部分是用火成岩制的，只有个别的是泥板岩。全部经过磨制，有的只磨刃部，器身琢平；有的通体磨制；个别的在磨制后可能又经过皮子摩擦抛光。有的工具用管钻法钻孔。凡此都表示当时石器制作技术已经达到了很高的水平。兹分述如下。

（1）石铲　仅 T2④：4 一件，刃端已残，器身扁薄，通体磨制，并可能经过皮子摩擦，表面特别光亮，用管钻法穿孔（图三，1）。

（2）石斧　数量甚多，可分三式。

Ⅰ式：正刃，矩形，柄端较厚。H2：17，通体磨制，部分残留琢制痕迹。刃部有崩疤（图三，2）。

Ⅱ式：斜刃，梯形，柄端较薄。这种斧数量最多，其中 H2：02 器身琢制，刃部磨制，并有因长期砍劈而形成的磨蚀沟和破碴（图三，3）。

Ⅲ式：弧刃，梯形。T2④：3，通体磨制，柄端残损（图三，4）。

（3）石凿　仅 T1④：1 一件，厚大于宽，双面刃，通体磨制，或可称为雕刻器

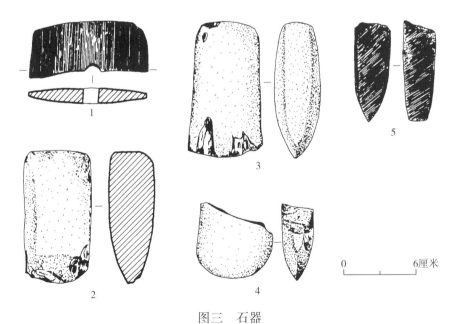

图三　石器

1. 铲（T2④：4）　2～4. Ⅰ～Ⅲ式斧（H2：17、H2：02、T2④：3）　5. 凿（T1④：1）

（图三，5）。这种工具多见于以四川巫山大溪为代表的一类遗址[1]，在屈家岭文化中也曾发现过[2]，是长江中游地区所特有的一种器具。

（4）陶纺轮　两件。H2:4 较厚，一面灰色，另一面红色。

陶器大部分是粗泥陶，细泥陶和夹砂陶都比较少。夹砂陶主要用石英末做掺和料，颗粒很粗。有些陶器掺碾碎的稻谷壳，烧成后成为黑炭，或出现大量孔隙。

红陶占绝大多数，其次是黑陶，还有少量灰陶和白陶。有些红陶外面是红色，胎质却是灰色或黑色的。黑陶一般烧制很好，颜色里外一致。有许多饮食器如碗、盘、簋、豆等，器身是红色的，口沿和器里是黑色的。这可能是刚烧成后趁高温在里面涂抹油脂或树胶所致[3]。

所有陶器基本上是手制的，只有口沿经过慢轮修整。少数器物有泥条盘筑痕迹，有些陶罐的口、腹和底三部分是分别做好后接起来的，所有圈足也都是接上去的。

纹饰很少，素面和施红衣的陶器大约占 90% 以上。凡属红衣陶，表面总是打磨光滑。大多数黑陶也打磨光滑。少数器物上有戳印纹、篦刷纹、弦纹、刻划纹、附加堆纹或镂孔。

戳印纹是这期文化特有的纹饰，有圆形、半圆形、新月形、三角形、长条形和"X"形等，都是用小棍或指甲戳成的。一般只戳进器壁 1/3 到 2/3 的深度，反面则有因戳印而顶起来的泥凸。往往成组地饰于盘、簋、豆等的圈足上，个别也有饰于鼎足、器耳或罐肩上的。

篦刷纹也很有特色，是用很密的篦状物刷成的，形成由致密的平行细线组成的横带，主要饰于罐肩上。

刻划纹主要饰于敛口瓮、敛口盆或器座上，往往与弦纹结合在一起，主要纹样是斜方格子组成的横带纹。

彩陶较少，均为细泥质，浅肉色。以黑彩为主，有的用黑赭两色。有横带纹、菱形格子纹、齿形纹和变体旋涡纹等。有的仅饰于器外，有的里外都有，有的饰于器耳上（图四）。

毛家山新石器时代的陶器绝大部分是 H2 出土的，因此 H2 的陶片统计，大体

---

〔1〕　四川省长江流域文物保护委员会文物考古队：《四川巫山大溪新石器时代遗址发掘记略》，《文物》1961 年第 11 期，21 页图 27、28。

〔2〕　中国科学院考古研究所：《京山屈家岭》，科学出版社，1965 年，图一九，7。

〔3〕　李仰松：《云南省佤族制陶概况》，《考古通讯》1958 年第 2 期。佤族在陶器烧好后，趁热在口部和里外涂树胶，以防渗漏。

上能够代表当时的一般情况。兹将这个灰坑的陶片质地颜色纹饰统计表列后，以供参考（表一）。

表一　H2 陶片统计

纹饰＼数量＼陶质	泥质红陶	泥质灰陶	细泥黑陶	夹砂红陶	夹砂灰陶	夹砂白陶	小计	百分比%
戳印纹	17			1		2	20	0.9
篦刷纹	12	4					16	0.7
弦纹	16	3	7	4			30	1.4
刻划纹	13						13	0.6
附加堆纹	16	1					17	0.8
镂孔	5		1				6	0.3
彩陶	20						20	0.9
红衣	430			20			450	20.7
素面	1083	114	252	140	6	9	1604	73.7
小计	1612	122	260	165	6	11	2176	100
百分比%	74.1	5.6	11.9	7.6	0.3	0.5	100	100

陶器中圈足器约占半数，其次是平底器和三足器，只有个别的圜底器。种类有碗、盘、簋、盆、罐、鼎、盖、豆、钵、瓶、瓮、缸、甑和器座等，以前七种为最多。分述如下。

（1）彩陶碗　有四件，分两式。

Ⅰ式：直口，薄唇，矮圈足。H2：29，外面黑彩，在两条横带纹间有两列菱形格子纹。里面用黑色和赭色绘旋涡纹。圈足底面也有彩，用黑色画一外圈，再用赭色画一里圈和"十"字（图四，1）。

Ⅱ式：口沿外侈，从其余残片看也有矮圈足。里外都画黑彩，外面是一条横带纹，下面保留三列菱形格子纹。里面的彩纹已大部脱落，仅留残迹（图四，2）。

（2）碗　可分两式。

Ⅰ式：斜壁，矮圈足。H7：2，泥质红陶，有红衣，外部打磨光亮，里面是黑色（图五，1）。

Ⅱ式：曲壁，小底矮圈足。器形很像大溪的曲腹杯，只是口径较大而已。H2：28，器壁折曲，泥质红陶，有红衣，里面黑色（图五，2）。

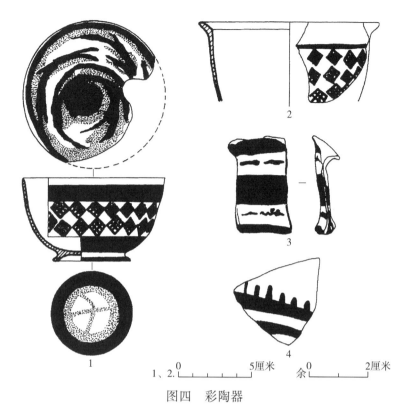

图四　彩陶器

1. I 式碗（H2:29）　　2. II 式碗（H2:110）　　3. 器耳（T1④:10）　　4. 彩陶片（H2:111）

　　（3）钵　仅 H2:3 一件，泥质红陶，器壁特别厚，素面（图五，3）。

　　（4）盘　数量特别多，都是泥质红陶。一般是浅盘，矮圈足，盘内黑色，圈足上常有戳印纹。可分三式。

　　I 式：盘壁内折，数量最多。如 H2:30（图五，4）。

　　II 式：盘壁圆鼓。如 H2:8（图五，5）和 H4:1。H4:1 圈足上有四对镂孔（图五，6）。

　　III 式：盘壁外敞。如 T2④:5（图五，7）。

　　（5）簋　数量仅次于盘，泥质红陶，里面黑色，有盖和圈足。分两式。

　　I 式：敛口，有子口，为承盖用。如 H2:27（图五，10）和 H2:37。H2:37，圈足上有两列半圆形戳印纹，每列三组。上面一列每组四个，下面一列每组三个，组与组交错排列（图五，9）。

　　II 式：侈口，也当有盖。如 H2:24（图五，11）。

　　（6）豆　形状像盘，只是圈足比较高。可分两式。

　　I 式：盘壁内折。仅 T6④:3 一件，泥质红陶，有红衣，盘内黑色。圈足上有方形镂孔，下部残断（图五，12）。

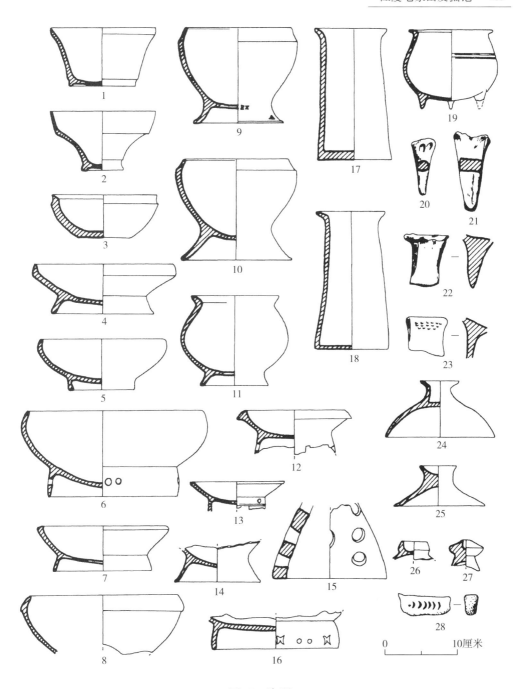

图五　陶器

1. Ⅰ式碗（H7：2）　2. Ⅱ式碗（H2：28）　3. 钵（H2：3）　4. Ⅰ式盘（H2：30）　5、6. Ⅱ式盘（H2：8、H4：1）　7. Ⅲ式盘（T2④：5）　8. Ⅱ式盆（H2：112）　9、10. Ⅰ式簋（H2：37、H2：27）　11. Ⅱ式簋（H2：24）　12. Ⅰ式豆（T6④：3）　13. Ⅱ式豆（T3④：1）　14~16. 圈足（H2：42、T3④：2、T2④：7）　17、18. 瓶（H2：25、H2：10）　19. 鼎（H2：26）　20~23. 鼎足（T3④：58、H2：114、H2：107、H2：108）　24、25. Ⅲ式盖（H2：7、H2：9）　26. Ⅱ式盖（H2：94）　27. Ⅰ式盖（H2：52）　28. 鸡冠耳（H2：119）

Ⅱ式：盘壁外敞。T3④：1 为泥质黑陶，打磨光亮。圈足上有凸弦纹一道，上部是圆形镂孔，下部是方形镂孔，交错排列。方形镂孔边上还有一列刻划纹。下残（图五，13）。

（7）盆　分两式。

Ⅰ式：敞口，窄缘。H2：79，夹砂白陶，素面。

Ⅱ式：敛口，唇外贴堆泥。H2：59 为泥质红陶，外壁有一道附加堆纹。个体甚大，口径达 45 厘米。H2：112 较小，泥质红陶，素面（图五，8）。

（8）瓶　两件。都是粗泥质，红褐色，火候不均匀。直筒形，口沿略向外卷，器身上细下粗，都有些歪斜，手制。H2：10 稍高（图五，18），H2：25 较粗矮（图五，17）。

（9）罐　数量较多，分三式。

Ⅰ式：小口高领。H2：75，外部饰红衣（图六，1）。

Ⅱ式：侈口。H2：97 为粗泥质，领部较高，外饰红衣（图六，3）。H2：96 为夹砂红陶，素面（图六、2）。

Ⅲ式：筒形，口部稍稍内收。H2：102 为夹砂红陶，上腹饰多道平行弦纹（图六，4）。

（10）瓮　均为泥质红陶，敛口，唇外贴泥。如 H2：69（图六，8）。

（11）缸　仅 H2：101 一件，敞口，腹壁较直，圜底或小平底。红陶，陶土中掺和了很粗的石英砂粒。素面。口径 40、高 45 厘米（图六，6）。

（12）甑（？）　H2：74，泥质红陶，侈口鼓腹，从剩下的其他残片来看当是圜底。底部及腹以下都有镂孔，样子像甑，但很难套在其他炊器上用（图六，5）。

（13）鼎　有泥质和夹砂两种。H2：26 为泥质，灰色，卷缘，鼓腹，圜底，圆锥形足。腹部有两道阴弦纹，缘面也有一道阴弦纹（图五，19）。夹砂鼎都不能复原，从鼎足看有圆锥形（T3④：58）、方锥形（H2：114）和扁凿形（H2：107）三种，以方锥形为最多。H2：108 足根外部有三列三角形戳印纹（图五，20～23）。

（14）盖　数量很多，依捉手的形状可分为三式。

Ⅰ式：算珠形。H2：52，泥质红陶，有红衣（图五，27）。

Ⅱ式：杯形，折壁。H2：94，泥质灰陶，素面（图五，26）。

Ⅲ式：喇叭形。H2：7 为细泥黑陶，盖盘稍深，素面（图五，24）；H2：9 为粗泥灰陶，盖盘甚浅，素面（图五，25）。

（15）器座　H6：1 为泥质红陶，红衣，下残，上部有弦纹和刻划纹，刻划纹间又有许多方形镂孔（图六，7）。在红花套曾见过类似的完整器形。

除上述生产工具和陶器外，还曾发现过一些陶质玩具，计有陶球、陶弹子和

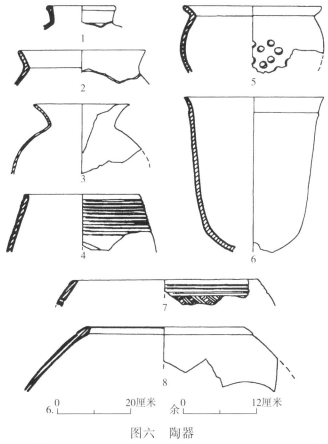

图六　陶器

1. Ⅰ式罐（H2：75）　2、3. Ⅱ式罐（H2：96、97）　4. Ⅲ式罐
（H2：102）　5. 甑（H2：74）　6. 缸（H2：101）　7. 器座
（H6：1）　8. 瓮（H2：69）

陶饼等。陶球都是空心的，上面装饰着美丽的花纹。H2：12 是用三股一组的篦纹
彼此相交，构成六个对称的"米"字纹，交点上都有圆形镂孔（图七，1）。H2：13
是由两股和三股划纹相交，也构成六个对称的"米"字纹（图七，2）。陶弹子一
个（H2：15），泥质红陶，实心，素面，直径 2 厘米。陶饼一个（H2：5），泥质红
陶，素面，直径 6、厚 1.5 厘米。

　　此外，在 H2 中还发现过几块猪和獐的牙床，但都严重朽坏，只剩几个牙
齿了。

　　下面谈一下毛家山新石器时代文化遗存的性质与年代问题。

　　毛家山的陶器为手制，红陶居多，黑陶和灰陶也有一定的比例，这个情况同
河南地区仰韶文化晚期的较早阶段相似。特别是敛口盆、敛口瓮和小口高领罐等，
和仰韶文化的同类器物差别很少。这说明毛家山新石器时代文化大体相当于仰韶

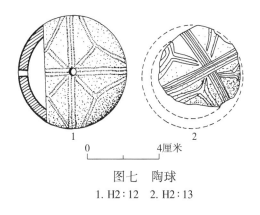

0　　　　4厘米

图七　陶球
1. H2：12　2. H2：13

文化晚期的较早阶段，并受到仰韶文化的一定影响。

但是毛家山新石器时代遗物的主要特征同仰韶文化并不相同，而同以四川巫山大溪为代表的一类遗址，包括湖北宜都红花套早期[1]、松滋桂花树早期[2]等的文化面貌基本一致。例如石器中的双面刃凿，陶器中圈足器特别多，大量饰红衣，流行戳印纹等，都是这些遗址的共同特征。特别是陶器的主要器形如斜壁碗、圈足盘、敛口或侈口簋、浅盘豆、圆锥形足鼎等更为相似；直筒瓶也很接近，只是毛家山的比较粗矮；毛家山的曲壁碗同上述遗址中常见的曲腹杯比较，其腹壁弯曲而形成双腹的作风也是一致的。玩具中用篦纹和镂孔装饰的陶球更是完全相同。这些因素代表了毛家山新石器时代文化的主要内容，从而有理由把毛家山新石器时代遗址归入大溪文化类型。

过去以为大溪文化仅仅是分布在川东三峡地区的，和湖北境内的屈家岭文化基本同时或略晚，也不属于一个文化系统[3]。但是近年来这类遗址在三峡以至峡东地区发现得越来越多，其中包括四川巫山县城，湖北秭归朝天嘴、宜昌杨家湾和四渡河、宜都红花套、江陵朱家台、松滋桂花树等处，分布范围已经扩大到了湖北中部的江汉平原。而屈家岭文化除汉水流域外，在江陵、松滋、宜都和宜昌等处也有分布，两个文化在很大面积上是重合的。尤其是 1974 年春在红花套的发掘和同年年底至 1975 年年初在桂花树的发掘，都曾发现类似屈家岭文化的地层（相当于屈家岭遗址的晚期）叠压在大溪文化的地层之上，证明大溪文化早于屈家岭文化，至少是早于屈家岭遗址的晚期。

现在被视为屈家岭文化的遗存主要是相当于屈家岭遗址的晚期的，它分布于

---

〔1〕　长江流域规划办公室考古队和北京大学考古专业实习队 1964 年发掘资料。红花套新石器时代遗址大体上可分三期，早期相当于大溪文化，中期类似屈家岭文化，晚期当是“湖北龙山文化”。早期遗存最为丰富，本身也许还可分为二期，毛家山主要是相当于红花套早期的较晚阶段，与巫山大溪墓地的年代比较接近。

〔2〕　湖北省荆州地区博物馆：《湖北松滋县桂花树新石器时代遗址》，《考古》1976 年第 3 期。

〔3〕　四川长江流域文物保护委员会文物考古队：《四川巫山大溪新石器时代遗址发掘记略》，《文物》1961 年第 11 期，2、60 页。

湖北全省和河南省的西南部，其中有许多特征明显地与大溪文化相似。例如用管
钻法穿孔的石铲，双面刃的石凿，用篦纹和镂孔装饰的陶球，大量的圈足器，瓦纹
陶罐（毛家山有一部分凸弦纹类似瓦纹）和一种特厚的夹砂陶器（可能是陶臼），
等等。既然这类遗存比大溪文化为晚，上述一些共同或相似的因素自然不能用相互
影响来解释，而只能是屈家岭文化继承大溪文化（包括毛家山在内）的结果。

　　相当于屈家岭遗址早期的遗存目前仅知有京山惠亭水库和武昌洪山放鹰台等少
数几处，分布范围似仅限于湖北省的中部地区。其中有些特征和大溪文化明显相似，
例如有较多的磨光黑陶，朱绘陶，圆锥形足的圜底陶鼎和曲腹杯等[1]；同时又有
更多的特征与大溪文化不同，例如红陶很少，缺乏戳印纹而多镂孔，大部分器形
并不相同，彩陶风格也有所不同。这表明相当于屈家岭遗址早期的一类遗存是与
大溪文化不同的一个文化类型，年代接近或略晚于大溪文化。毛家山遗址处在大
溪文化的东界，与屈家岭早期的关系自然比同一文化的其他遗址更为密切一些。

　　虽然毛家山遗址基本上应属于大溪文化类型，但它的彩陶与大溪文化全然不
同。大溪彩陶常有红衣，一般只饰于器物外部，主要母题是水波纹和横"人"字
纹。而毛家山彩陶没有红衣，里外饰彩，主要母题是横带纹、菱形格子纹和齿形
纹等。它与屈家岭早期的花纹也有较大差别，而与屈家岭晚期彩陶的风格倒有某
些相近之处[2]。显然这种花纹是有地方性的。屈家岭文化的彩陶看来不是继承
大溪文化，而是继承毛家山遗址以及屈家岭早期类型等发展起来的。

　　纪南城附近，除毛家山外，还有一系列新石器时代以至商周遗址。其中同毛
家山文化面貌基本相同的有城北的朱家台遗址；属于屈家岭文化的有城内龙王庙
和城西南的张家山遗址；属于龙山文化晚期的有城西的太湖蔡家台遗址；张家山
还有商代遗址（见图一）。研究这一系列年代先后相继的遗址，将有助于阐明这个
地区的历史文化传统，从而说明楚国之所以把都城建在这里，不仅有地理环境优
越的条件，就是在历史文化方面也是有基础的。

三

　　这次发现的东周遗存有窑、井和灰坑等，它们构成了一个烧制陶器的手工业

　　[1]　中国科学院考古研究所：《京山屈家岭》，科学出版社，1965年，图一四，9、14。原
报告将器物倒置了，并误认为是罐，实际应是曲腹杯。
　　[2]　中国科学院考古研究所：《京山屈家岭》，科学出版社，1965年，彩版壹，11；彩版
贰，7；图版贰贰，5；图版肆肆，12。

作坊的必要组成部分。窑门朝北，北边是一个椭圆形的烧火坑，深约 0.5 米，坑底堆积大量的草木灰。窑门宽约 0.5 米，南通窑室。室为椭圆形，南北长约 1.5、东西宽 1.2 米，分火膛和窑床两个部分。火膛平面作扇形，进深约 0.4 米，窑床比火膛高出 0.3 米。火膛南部堆满尚未烧好的陶豆，总数大约二十个。窑床床面平整，靠近火膛部分烧成红褐色，其余部分有一层黑烟炱。窑壁大部分已经塌毁，仅仅剩下约 3 厘米高的残迹。火膛两旁的窑壁残高约 0.4 米，口部明显内收。所有壁面和窑床底面均涂一层厚约 2 厘米的胶泥，并拍打坚实。窑室南部是烟筒（图八）。这座窑容积不算大，看来是专门用来烧陶豆的。使用时间不长，窑壁只烧成浅红褐色，在陶豆还没有烧成的时候就报废了。

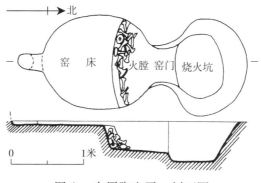

图八　东周陶窑平、剖面图

过去在华北地区发现的东周和东周以前的陶窑，都是有箅子的，而且没有见过烟筒。大约那种窑烟筒安得较高，因窑顶塌毁而无法保存。像毛家山这种直接在地上筑窑床，并把火膛纳入窑室的陶窑，是在汉代才开始流行的。汉以前的，1960 年在洛阳王湾发现过一座，属于西周。尽管毛家山陶窑的年代没有那么早，但在东周时期仍然是不多见的。

陶窑南边 1 米有一个圆形坑（H1），直径 1.2、深约 1 米。下半部填满褐色胶泥，纯净而致密；上半部是废弃后的堆积。显然是陶器作坊中用作和泥的坑。

陶窑和泥坑东边 5.5 米的地方有一口陶井（Z1），窑东北约 2 米的地方有一口土井（Z2），看来都是为烧制陶器而设（见图二）。陶井的井口已残，只剩下一个井圈。井圈直径 74、厚 1.2、残高 40 厘米，满饰绳纹。陶井圈下是土壁，深至 1 米处即有淤泥，因地下水位过高，清理到 1.5 米深尚未到底就停工了。

从窑、井和泥坑中出土的陶器基本上是属于战国时代的，个别的器物可能早到春秋。其中有细把豆、钵、圜底罐、宽平缘盆和绳纹瓮等（图九）。没有见到鬲片，有的豆盘起折棱，这是判断其时代的明显标志，同出的还有筒瓦和板瓦残片，都饰绳纹。

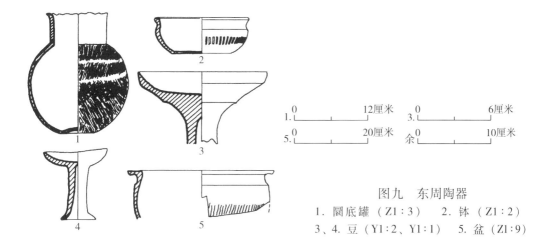

图九　东周陶器
1. 圜底罐（Z1∶3）　　2. 钵（Z1∶2）
3、4. 豆（Y1∶2、Y1∶1）　5. 盆（Z1∶9）

这个作坊可能不会只有一座陶窑，但从周围没有发现多少红烧土、流渣或陶器残片来看，也不像是一个大规模的窑场。春秋战国时代的都城，常常把手工业作坊纳入城内，以便于官方的控制。过去纪南城内也发现过两座烧瓦的窑。由于纪南城的发掘还刚刚开始，关于手工业作坊的布局，城内与城外遗址的关系问题，都还有待于进一步的工作，这次城外窑址的发现仅仅提供了一个线索。

（原载《考古》1977 年第 3 期。后收录在《史前考古论集》，科学出版社，1998 年）

红花套的记忆

一

　　前些日子收到林春的一封信，说红花套考古报告终于完成了，要我写个序言云云。回忆我带学生到红花套进行田野考古实习已是近40年以前的事情，有些情况可能记不太清楚了，写序言有些困难，但大致的情况还了解一些，也值得回忆一下。搜索记忆，大约是1973年冬的某一天见到了石兴邦先生，他告诉我长江流域规划办公室（简称长办）组织了一个考古人员培训班，有很多人，在湖北省宜都县红花套发掘。那个遗址很好，特别是有很多打制石器，过去都当作乱石块扔掉了，很可惜。要好好收集起来研究才对。他问我有没有兴趣带学生去做点工作，我说让我考虑考虑吧。不久中国历史博物馆的李文杰来看我。他在红花套考古培训班当辅导员，对情况更加熟悉。他拿了一份油印的发掘简报给我，仔细介绍了那里的情况，认为那里是一个制造石器的作坊遗址，值得好好发掘和研究。也希望我去看看，能够参加工作就更好。那时正是"文化大革命"时期，在学校里是军宣队和工宣队掌权，鼓动工农兵学员搞斗批改，我和俞伟超都作为右倾回潮的典型挨了批判。接着又是"批林批孔"运动，把我抽调到历史系大批判组，我没有写出任何大批判的文章。不久又调到学校"批林批孔"动态研究组，待了一个多月。我对那种政治环境很不适应，确实想换个环境。翌年初长办考古队的陈淮来找我，正式邀请我带学生去实习，说是还有别的学校和单位的人参加，是考古发掘大会战。我当然想去，但自己不能做主，就跟当时考古专业的分总支书记李志义商量。李担心我的身体状况能不能做田野工作。因为我在历史系食堂当司务长时劳累过度以致胃病复发，做了次全切的大手术后，身体很虚弱，经常晕倒。我说在外面总比在学校的日子好过些。李看出我确实想去，就说那我也陪你去，免得在家里担心牵挂。我们商量怎么去还得有个说法。那就说要打破过去课堂上讲考古、黑板上划地层的旧教学方法，实行开门办学，理论联系实际。到考古工地一定要自己动手，边实习、边劳动、边上课，必要时还可以做点社会调查和宣传。经请示得到同意后就决定由他带队，教师有吕遵谔、赵朝洪和我，率领考古专业 1973 级全体工农兵学员，于 4 月初奔赴宜都红花套，住在长办设在红花套公社（现在是红花套镇）所在地的防洪指挥部，大部分同学则分散住在老百姓家里。同时到达的还有厦门大学和四川大学考古专业的师生，以及湖北、四川、陕西、云南、贵州等省的文物考古人员，总共 150 多人，确实是一场大会战。

二

红花套遗址属公社的杨家畈大队第三生产队，距离公社有 2.5 千米。北距宜昌市 30 千米，南距宜都县城 15 千米。长江从宜昌到宜都基本上是从北往南流的，只是稍微偏东一点。红花套遗址即在长江的西岸，紧贴岸边。南北约 280、东西约 40～80 米不等。由于江水冲刷，遗址的边沿有些崩塌，在河漫滩上散布有许多陶片、石器和红烧土块等。不过在大江对岸还有一个东周时期的遗存为主要内涵的古老背遗址，可见长江的河床在这里并没有什么变动，应该是相当稳定的。

这次考古发掘由于参加的单位多，难以统一，就采取分片包干的方式。北京大学发掘的地点在江堤内侧距生产队的牛栏不远，与四川大学的发掘区邻近。其他单位的发掘区自成一片，不相连续。因此工地也没有一个业务总负责人。不过大家都是采取 5 米×5 米的探方进行发掘，标本采集和记录方法也基本相同。遇到一些现象有时候也相互磋商讨论。我们在发掘之后随即进行了初步整理，前后历时三个多月。

在 1974 年考古大会战之后，1975～1977 年又进行了几次规模不大的发掘，其中 1976 年春有中山大学考古专业的师生参加。这些发掘在遗迹、遗物等方面虽然增加了不少资料，但在总体内容上并没有多少突破。先后参加或指导部分资料整理的有石兴邦、李文杰、唐金玉、杨建芳等，最后由林春进行了全面整理并写出发掘报告。她在 1974 年作为厦门大学考古专业的学生参加了红花套遗址的考古发掘，对那里的情况是很熟悉的。后来长期在长办考古队工作，全面接手红花套资料整理的任务，断断续续持续了许多年。期间曾经多次请教苏秉琦先生，也曾多次跟我商讨。由于石器部分特别重要，自己又没有多大把握。为了慎重起见，最后请张弛进行了详细的研究。

综观历年考古发掘的收获，大致可以归纳为以下几点：

第一，在北大发掘区，大概是在郭豫挖的一个探方中，发现了屈家岭文化叠压大溪文化的地层关系。这里屈家岭文化的遗存虽然很少，但是有屈家岭遗址晚期的折盘豆残片等典型器物，从而第一次从地层上证明了大溪文化早于屈家岭文化。这在现在已经成为常识，但那时以为屈家岭文化主要分布在江汉平原，大溪文化主要分布在三峡地区，两者究竟是什么关系？仅仅是地区性差别，还是也有年代早晚，并不清楚。红花套主要是大溪文化，屈家岭文化的遗存十分稀少，但碰巧就发现了那么一个地层关系，不啻为一项重要的收获。

第二，红花套的文化遗存主要是大溪文化，这是一望就清楚的。我们在发掘后进行初步整理时曾经区分为早、中、晚三期，后来林春整理时更细化为四期。这是第一次对大溪文化进行分期，后来关庙山等遗址的发掘，证明这个分期是基本正确的。不但如此，我们发现在大溪文化晚期的遗存中有不少典型的黑陶曲腹杯，跟屈家岭遗址早期的朱绘黑陶杯十分相似。这就提出了一个问题：我们划分的大溪文化晚期是否也应该叫屈家岭文化？或者反过来，屈家岭遗址的早期跟晚期是否应该分开？是否可以把早期划到大溪文化阶段而作为一个地方类型来处理？当时只是提出了问题，并没有一个明确的答案。后来张绪球在其《长江中游新石器时代文化概论》（湖北科学技术出版社，1992 年）一书中第一次明确将屈家岭遗址早期一类遗存从屈家岭文化中分出来，改称为大溪文化油子岭类型，以后又改称为油子岭文化，年代与大溪文化晚期相当。

第三，在遗址倒塌的房屋堆积和许多坑穴的填土中有大量的红烧土，那是被火烧毁的泥墙残块。其中有大量的稻壳和稻草痕迹，偶尔也能见到稻粒的痕迹，证明大溪文化时期已经有比较发达的稻作农业。在此以前只知道屈家岭文化有稻作农业，距今不到 5000 年。红花套的发现则把长江中游史前稻作农业的历史提前了 1000 多年，将进一步探索稻作农业的起源向前推进了一大步。

第四，在遗址的房屋遗迹中还发现有不少竹篾的痕迹。有的是铺在地面上竹席的痕迹，有的是篾编墙壁的痕迹，甚至有的柱子的痕迹刮平以后可以看到两道圆圈，很像毛竹的断面，说明大溪文化时期已经大量利用竹材，而且能够劈篾编席乃至盖房。我曾找到一块墙壁的红烧土，上面有非常清晰的篾编痕迹（图一）。现在当地农村中比较讲究的房子墙壁也是编篾后抹草泥，外面再抹一层掺稻谷壳的谷糠泥，跟红花套大溪文化房子的做法十分相似。

第五，红花套遗址最突出也最重要的发现当然是石器制造场。遗址中发现的石料和初步加工中留下的废料、残次品等可能以十万计，数量之多难以准确统计。石料都是从江边河滩上选取的河卵石。最大的像冬瓜，我们就称之为冬瓜石。上面往往有许多酥点，明显是作为石砧，在对石料进行初加工时砸出来的痕迹。一般的石料往往成堆放置，且多半放置在某个小房子的旁边。例如第一次发掘的 F1、T43F2 和 F3 的旁边都堆放了许多石料和少量半成品。有的则放在直径 2 米左右的浅坑里，例如 H233、H234、H235 和 T66H246 等都是。这些坑全都位于江堤

图一　在红花套采集的墙壁残块，上面有清晰的篾编痕迹

外侧接近河滩的地方，里面堆满了从河滩采集上来的砾石，作为制作石器的原料。在第一次和第二次发掘所发现的许多房址，大多数并不适于日常居住，而是与制造石器相关的工房。例如 F109、F201、F202、F203、F205、F206、F207 和 F301 等房屋中都或多或少有砾石、石片、残石器或半成品，有的还有石砧、石锤或砺石。而最集中的则是 H11 和 H342。

　　H342 近方形，长 3.9、宽 3.6、深 0.34～0.56 米，当时当作灰坑编号，实际上是一所制造石器的工房。其中发现有 3 件布满疤痕的冬瓜石，最大的一件长 46 厘米，旁边有 14 件石锤和 3 件砺石。周围有许多作为原料的砾石，以及少量石斧、石锛等残次品，总数达 310 件之多。在第一次发掘时发现的 H11 则是一个近圆形的浅坑，直径 2.5～2.6 米，坑壁抹有 5 厘米厚的草拌泥，估计原本是一个工棚。在这个工棚里原先只做打制和琢制等初步加工，后来在上面设置了磨制石器的工作台，安放了两块砺石和一个坐石。左边的砺石侧立，磨面较粗；右边的砺石平卧，磨面较细。后者旁侧还垫了一块石头以保持磨面水平。砺石后面放置一个冬瓜石，操作者正好坐在上面进行砥磨的工作。李文杰特地画了一张素描和工作设想图（图二、图三）。类似的工作坑还有 H3、H27 和 H285 等。

　　红花套石器的制法可以根据大量的石料、半成品、成品、残次品和废料，结合石砧、石锤和砺石等工具进行推测。大致有以下几个步骤：先是选料，根据所要制作工具的要求选择适当质地和大小的原料。最简单的是石砧和石锤，只要选择合适的砾石，无须加工就可以直接使用。其所以说是石器，是因为石砧上有大量打制石器时留下的酥点或疤痕。石锤有大小两种。大的较重，上面的打击痕较粗，是打击初坯时留下的。小的较轻，上面的琢击痕较细，是对粗坯进行琢击成形时留下的。其他石器制作时尽量选择质地、形状和大小合适的坯件以减轻工作量。

图二　H11 磨制石器工作台素描　　　　图三　在 H11 磨制石器工作设想图

　　第二步是打制，把选好的坯料放在石砧上用石锤打击以形成初坯，许多石斧就是这样开始加工的。例如有一件石斧的初坯，就是选了一块跟石斧大小相当的扁平砾石，把两边弧出的部分打掉就已经初步成形，还没有进行琢磨，算是一件半成品。不过遗址中这样的半成品很少，多半是半途打坏了就扔掉，这样的残次品倒是不少。在打制过程中会产生许多石片，在遗址中这样的石片成千上万，全部是打下的废料，并不是什么打制石器。

　　第三步是琢击，要把初坯上不平的棱角去掉，进而把斧、锛等整体形状琢出来。许多石斧的器身就是这样琢出来的，只要磨光刃部就行了。

　　第四步是磨制。为了提高功效，有时要在较粗的砺石上磨平，再在较细的砺石上磨光。前述 H11 的工作台就是这样设计的。通常石斧只磨刃部，石钺、石锛、石刀和石镞等则是通体磨光。有的石器特别光亮，估计还有一道抛光的手续，但这样的例子并不多见。

　　第五步是钻孔。遗址中很少发现有钻孔的石器，仅仅看到有少量石钺，且多半是残破的。器身通体磨光，孔眼笔直，明显是管钻法钻出来的，同时发现的一些石芯也证明了这一点。

　　红花套制造的石器主要有斧、锛、凿、镞，还有少量钺、磨盘、磨棒、杵、纺轮和圆球等。石斧最多，达 700 多件。还有一种所谓圭形凿，实际上无法凿孔，应该称为雕刻器才是。我想这些石器大部分是为交换而制作的，所以遗址里成品很少，而废品反而较多，废渣更是到处都是。值得注意的是发现了一件特大的石斧王，长达 43、宽 14.5～17.5、厚 4.7 厘米，重 7250 克，全身琢制得十分平整，刃部磨光，形制十分规整（图四）。这样大的石斧无法安柄，更无法使用，谁也抢不动。它是红花套石器制造场的标志性纪念物，甚至有可能是石工们作为圣物膜拜的对象！

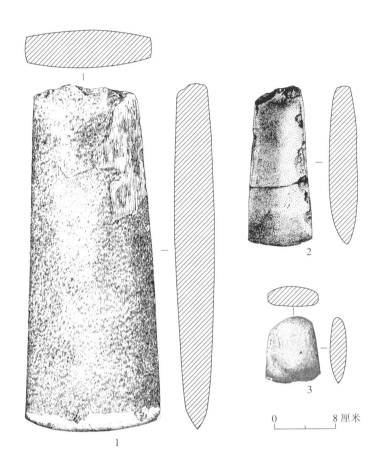

图四　红花套石斧王与普通石斧大小对比
1. 石斧王（采集：615）　　2. H375：53　　3. T76⑤：151

三

　　红花套的住房有圆形、方形和长方形三种。早先只有前面两种，晚期才出现长方形房屋。圆形房屋直径约 4 米，方形房屋边长 3.5 米左右，室内面积多是 10 平方米左右的小房子。总数不过 24 座，都是木骨泥墙的茅草房。墙壁往往使用篾编，外面抹草拌泥和谷糠泥。晚期发现的两座长方形房屋，只有 F111 的房基是完整的。此房长 11.8、宽 5.1 米，北头又伸出 4 米长的门棚。它是红花套最大的房屋，但室内面积不过 35 平方米，且只有一个火塘，只好住一家人或者一个小集体。虽然红花套遗址并没有全部发掘，无法知道住房遗迹的总数。但从现有房基分布情况来看，即便加上已毁弃不存和尚未发现的在内，总数应不会太多。何况是经历了那么长的时间，同一时间的房子就更少了。

红花套没有发现成年人的墓葬，只发现了 20 个婴儿瓮棺葬，分别埋在 8 个坑里，每坑 1 个或 2 个，最多一坑 7 个，都是较早时期的。仅仅根据这些房屋和瓮棺葬难以准确推测这个时候聚落的组织状况。估计常住人口不会太多，应该主要是制造石器的工匠。考虑到住房有成组的情况。例如 F201、F202 和 F203 便是一组，F205、F206 和 F207 也是一组。T43F2 近旁有些破坏，从残留的遗迹看也应该有一组房屋。而这些组房子之间又看不出有特别的安排与联系，因此不排除是来自附近别的几个聚落的工匠的居所。我曾经在《宜都城背溪》考古报告的序言中谈到那些长江岸边的小聚落居民的生计应该主要是捕鱼和制作石器，没有发现陶窑却有很好的陶器，陶土里还掺和了许多稻谷壳。推测当时的农业聚落应该在离江岸稍远的平原地带，陶器大概也应该在那里烧制。要么江边的人同他们交换了陶器，要么江边这些小遗址不过是这些农业聚落中部分专业人员的临时性营地。红花套也可能有类似的情况，只是规模大得多，专业更单一。像这样大规模的具有全套成熟技术的石器制造场，其产品明显不仅是为本聚落使用，而主要是用于交换的。我在发掘红花套的时候就强烈地感受到了。从聚落演变的历史来看，这种专业化生产的出现，应该是社会复杂化趋势的一种表现。

四

1974 年到红花套参加考古发掘当然首先是带学生进行田野考古实习的需要，就我而言则还有暂离学校那种令人压抑的政治氛围的考虑。正如前面所讲到的，那次考古实习也确实有不小的收获，但要避开干扰却是很难的。我们当时是打着开门办学的旗号，边发掘还要边上课。当我准备上课时，学校工人苗某人就很严肃地对我说：你准备怎么讲？不要还讲老一套封资修了。我说当然不是，他不相信，要我先讲给他听听。我感到木然，一句话也没有说。在旁边的厦门大学进修教师吴绵吉听不下去，就说：你不要欺负人，这里实习没有严老师行吗？他身体又不好。你无非是仗着工宣队的气势压人，你也不是正经的工人，不过是二七厂的一个小技术员。你能压北大老师，还能把我怎么样？说得他哑口无言。那次实习确实是比较艰苦的，上工要排队走五里路，太阳直晒得火辣辣的，还要一路唱革命歌曲。下到探方里又十分闷热，挖土运土、划地层、找现象等都要自己干。女生杜玉冰一下去就满身冒汗，急得直哭。我因身体虚弱，几次晕倒，幸好有李志义和吴绵吉等多方照顾。学生总还是要一点自由。因为在长江边，校方命令不许下江游泳。有的学生就到附近的水塘里游泳，被四川大学某工宣队员发现了，就向我们反映，说是违反了纪律。有个别年龄较大的学生晚饭后到江边谈恋爱，也被某工宣队员发现来告状，要求严肃处理云云。但是不管怎样，在田野考古总还是比在学校精神上轻松多了。发掘中还有一个小插曲。有一天我正在帮学生划地层，陈淮也在工地，他兴冲冲地跑来告诉我，说在江堤外重庆博物馆的人员在第56号探方发掘到了一座大溪文化的墓葬。那时我们正在找墓葬，却苦于得不到线索。我连忙跑过去看，那是很小一座墓，死者仰身直肢，随葬一件石斧。发掘者介绍说，这个探方挖下去大部分是几个大溪文化的红烧土坑，挖到坑底才发现这座墓。墓坑很浅，周围基本上都是生土。从地层关系和随葬石器来看，属大溪文化应该没有问题。我大致看了一下探方周围的情况。发现西壁还挂着两个红烧土坑的剖面，类似的坑在红花套非常多，一看便知道属大溪文化。我用手铲仔细刮墓中的填土，显露出了一个陶器的口沿，青灰色，不像是大溪文化的陶器。再刮下去，发现了一些料珠，那至少是春秋战国的。最后把陶器起取出来，证明确实是战国的。这就奇怪了，大溪文化的红烧土坑下面怎么能出现战国墓呢？我说那当然不可能。可能是战国墓的墓口早就出现了，因为里面的填土跟周围的土色差别不大，没有红烧土坑那么显著，就被忽略了。其实只要在探方的发掘中仔细全面地刮平地面，是可以发现墓口的。这个例子提醒我们在做考古发掘的时候，一定要仔细认真，动手还要动脑。否则做错了自己还不知道。这件事等于给我们上了一堂很好的田野考古课，在场的各位发掘人员都表示受到了很好的教育。过了几天，一位学生拿了几粒高粱米给我看，说是在大溪文化的地层里找到的。我一看米粒还很新鲜，就说不像是史前的遗存，怀疑是从清扫探方的扫帚上掉下来的。她说探方已经扫干净了，再说河姆渡不是还发现有金黄色的稻谷吗。我说那是因为那里有海侵的淤积层的特殊条件下才保护下来的，红花套不具备那样的条件。这个探方的土比较潮湿，掉下几粒高粱容易踩进土里去，所以要特别细心才是。有的先生不相信遗址里那些红烧土是被火烧成的，说遗址西边的山坡上就有红土，不会是从那里运来的吗？我说新石器时代的房屋往往是木骨泥墙茅草顶，容易失火。木头烧起来自然会把附着的土烧红，个别甚至烧流或烧成青灰色的，红花套也有。可能是这里风大，容易失火，所以红烧土特别多。诸如此类的问题还有一些，有的平常也没有怎么深思。所以我常常想，干什么事情都要多动脑子，才能把事情办好。

红花套发掘告一段落后即进行初步的资料整理。工作结束后，吕遵谔先生带几名学生到长阳县进行旧石器时代考古调查，我和李志义等则带学生到长沙参观湖南省博物馆和马王堆汉墓展览馆等。红花套的考古实习就这样结束了，时间过去将近40年了，我对红花套考古的记忆却一直无法淡忘！

（原载《丹霞集——考古学拾零》，文物出版社，2019年）

石家河考古记

　　20 世纪 80 年代初期，中国考古学界出现一派生机，甘肃大地湾和辽宁牛河梁等重大考古发现一个接着一个。按照传统的观念，这些新石器时代晚期的遗址理应属于原始社会的范畴，与文明一词搭不上边。但事实上这些遗址中所发现的遗迹遗物与同时期的一般新石器时代遗址颇多不同，处处闪现着文明的火花，而它们所在的位置都远离号称文明发祥地的中原地区。这一事态的发展开始时可能使人感到有点迷惑，不过更多的是感到兴奋，感到有必要从理论上进行反思。当时我想，从部落到国家或者从野蛮到文明，乃是人类社会发展中的一个巨大的飞跃。如果我们相信唯物主义，相信社会发展的动力主要在社会内部而不是上帝安排的话，就必须承认这样巨大的变化不可能在一个早上完成。应该有一个较长的过程，有若干相互衔接的发展阶段，好比一个文化发展的链条是由若干链环连接起来的一样。过去由于考古工作做得不够，许多失去的链环没有找到，一旦找到几个又连接不起来，自然会感到有些突然。况且中国那么大，不会只有简单的一根链条，很可能有一个由若干链条组成的复合体。大地湾和牛河梁应该是各自所在地方文化发展链条中的一环，更多的链环有待于考古学家去寻找。我们根据当时已经捕捉到的一些信息，认定浙江的良渚和湖北的石家河两个遗址群可能是属于最重要的链环之列的，它们都可能成为探索中国文明起源的突破口。能不能选择其中的一个尝试一下呢？

　　1987 年 4 月底至 5 月初，我在四川参加了广汉三星堆和成都十二桥遗址的学术座谈会，5 月 16 日之前要到山东烟台和长岛主持一个胶东考古座谈会，中间正好有几天时间可以顺路到石家河去看看。于是事先跟湖北荆州博物馆张绪球馆长联系了一下，绪球非常高兴，亲自陪我到石家河遗址群进行考察，初步决定在那里做些工作。6 月间请张江凯代表北京大学考古系同湖北省文物考古研究所和荆州博物馆商量三方合作的事宜，并于 6 月 26 日签署了"关于湖北省天门县石河区新石器时代遗址群的发掘与研究会谈纪要"，决定由三方联合组成石家河考古队，从当年起对石家河遗址群进行系统的勘探、发掘和研究工作。考虑到省博物馆和

荆州博物馆过去都做过不少工作，有一定的基础，所以无论在人事的安排还是在
计划的制定方面都尽量考虑前后的衔接。当 9 月初大队人马开赴工地进行发掘时，
早在 1955 年就主持过石家河遗址发掘的王劲同志带着我们一个一个遗址地查看和
介绍，张绪球同志除进行业务指导外还担负起了全队行政管理的重任。当时我们
约定，参加人员不论来自哪个方面，都是属于石家河考古队的，工作上不分彼此，
统一安排。在这种思想指导下，大家精诚团结，一切为了搞好石家河的考古发掘
与研究工作，从而比较顺利地取得了重要的成果。

　　从 1987 年秋到 1990 年秋，我们先后进行了八次发掘，发掘的遗址有邓家湾、
谭家岭、肖家屋脊和土城等处，重点在邓家湾和肖家屋脊。邓家湾主要是一处从
屈家岭文化到石家河文化早中期的墓地，发现有近百座中小型墓葬。紧靠墓地的
东边发现有几种可能与宗教有关的遗迹：一是屈家岭文化的长筒形陶器首尾相接
地排成弯曲形，这些长筒形陶器形体各异，有的素面像炮弹，有的像是缠满绳索，
有的中段膨大并有许多长乳丁，状如水雷。过去只发现过个别器物，这次是几个
连在一起，而且靠近墓地，值得注意。二是石家河文化的陶臼或缸形器首尾相接
地排列，有单列的也有并列的，排列的形状有呈直线的，也有半圆形。器物通
体多饰篮纹，有的上腹有刻划符号。它们的形制、纹饰、刻划符号的部位和刻法
都跟大汶口文化的陶尊相似，只是刻划符号有所不同。大汶口文化的陶尊都是个
别出土的，有的用于随葬；而邓家湾则是连续排列，值得注意。三是发现两个不
规则形坑中埋藏有成百个陶俑和数千个陶塑动物。陶俑形体几乎千篇一律，差不
多都是头戴平顶或微弧顶浅沿的帽子，身穿细腰的长袍，双膝跪地，手捧大鱼，
而且总是左手托鱼尾，右手压鱼头。如此规范化的制作似乎是反映某种宗教的祈
祷仪式。同出的数千个陶塑动物中有家畜猪、狗、羊、牛和家禽鸡，有野兽象、
虎、猴，有鸟类，多为长尾，其中可能有孔雀和雉，还有爬虫类的龟、鳖等。它
们可能是宗教仪式中使用的道具。过去在石家河文化的遗址中也发现过一些陶塑
动物，但没有这样集中，种类没有这样多，也不是与陶俑出在一起，所以这次的
发现特别值得注意。看来邓家湾除墓地外还可能是一个宗教活动的重要场所。

　　在我们正式发掘之前，肖家屋脊遗址上已经建立了一座石河镇砖瓦厂，遗址
的南部已遭受严重破坏。考古工作开始后，该厂仍未能停止生产。考古队不得不
把主要精力投入肖家屋脊，因而在这里发掘的次数最多，发掘的面积也最大。除
发现有少量屈家岭文化的遗存外，绝大部分是属于石家河文化的。有居址，也有
墓地，还有一些宗教性遗迹。墓地分为若干片，从屈家岭文化到石家河文化晚期，
墓葬的分化越来越显著。屈家岭文化的大墓只有几十件器物，石家河文化的大墓
则有一百多件器物。到石家河文化晚期，仅在一座瓮棺中就随葬有 56 件玉器，包

括人头像、虎头像、蝉、飞翔的鹰和许多装饰品。少数瓮棺只有几件玉器，而大多数瓮棺则一无所有。由于发掘规模仍然有限，无法肯定是否已经挖到了石家河遗址群中最大的墓葬；仅就肖家屋脊的这部分材料来看，石家河文化时期社会的分化实已达到了相当尖锐的程度。在肖家屋脊也有像邓家湾那样的陶臼或缸形器相互套接成列摆放的情况，同时还有一处把器物倒扣起来并且成列摆放的。其中不少器物上也有刻划符号。符号的种类和邓家湾略有不同，但我们不能肯定这种不同是否具有实质性的意义，或者仅仅是偶然性的差异。两地多数符号的意义不明，有些符号似可作些揣摩。其中有些像号角，也有像石钺或玉钺的，似与军事有关；有的像石镰，当与农事有关；还有像高柄杯或红陶杯（因其形状与遗址中所出红陶杯别无二致）中插一小棍的，似乎又与祭祀有关。肖家屋脊还有一件陶罐上刻着一位武士，头戴花翎帽，腰系短裙，脚着长靴，右手高举一把石钺或是玉钺，俨然是一位军事首领。军事、农事与祭祀是当时最重要的事情，反映在刻划符号上也是情理中事。

　　谭家岭遗址过去曾做过一些试探性发掘，这次的发掘仍然属于试探性质。发掘表明那里从大溪文化、屈家岭文化到石家河文化都是一个集中的居住区，尤以石家河文化的早中期最为发达。现代的谭家岭村整个儿坐落在遗址的中央，村子周围到处可以发现红烧土，那是被烧毁的房屋残迹，其面积远远超过 10 万平方米。虽然在发掘的几个小区中见到的多是小房子，有单间的也有分间的；但也曾挖到大房子的一角，其墙壁厚度即达 1 米。或许那里存在着礼制性的中心建筑，可惜因为时间限制没有完全揭露出来。

　　早在计划发掘石家河遗址群的初期，我们就曾想到要进一步探索各个遗址的性质和相互关系，进而对整个遗址群的形成及其发展水平有一个基本的认识。如果一开始就做这件工作，一是心中无数，二是学生实习时间紧迫，工作上不容易安排。当发掘取得实质性进展后，进行全面的调查研究不但有了实际可行的基础，而且是为了规划下一阶段的工作所必须。因此在 1990 年春季，我请北京大学考古学系的赵辉和张弛对遗址群进行一次全面的勘察。当时全国已陆续发现了多处龙山时代的城址，因而在石家河有没有城址便成为勘察中注意的重心。原来以为土城是石家河遗址群的中心，但规模太小，试掘证明它是西周的遗迹而不是新石器时代的。于是把注意力转向遗址群西边的那道大"堤"，它是那样的大，看起来跟现代的河堤都差不多。我们天天看到它，却不敢想象它会是新石器时代的遗迹。正巧它的中段有一座窑，把那道"堤"挖了一个半拉子缺口。从剖面上可以清楚地看到人工夯筑的不大规则的层理，筑造的技术跟许多龙山时期的城址差不多，跟广汉三星堆城垣的筑法也差不多。夯层中捡到的陶片几乎全是屈家岭文化晚期的，说明它不会早于屈家岭文化晚期，但它的下限却难以确定。幸好在它的最南端向东拐弯的地方，发现有一片石家河文化早期的地层压着它，这样它就不会晚于石家河文化早期了。根据这个重要的信息，再把整个遗址群所在的地形和微地貌做了仔细考察，并且对各个遗址暴露的遗迹遗物做了详细分析和全面的估量，结果证实这里存在着一座从屈家岭文化晚期到石家河文化时期的巨大城址。其形状大致呈不甚规则的长方形，南北最长约 1200 米，东西将近 1000 米，总面积超过 100 万平方米。除了高大的城垣，外面还环绕着宽大的壕沟，这样巨大的规模，在龙山时代是首屈一指的，其重要性可想而知。不过这座城址保存并不完整，它的东北部被土城打破了一个大缺口，东南部又有很大一段了无痕迹。将来如果对地下进行仔细的探测，一定会看得更准确一些。

城垣确定以后，对这个遗址群的格局就可以看得比较清楚了。城内的中心区在谭家岭，邓家湾是一个小型墓地和宗教活动中心，西南部的三房湾应是另一个宗教活动中心，那里堆积有 10 万件以上的红陶杯。这种陶杯十分粗糙，容量极小，不可能是实用器，很可能是一种祭器。在一个地方堆积了如此大的数量，表明在那里曾经长期举行过大规模的宗教活动。城外最重要的地方当是东南部的肖家屋脊和罗家柏岭。肖家屋脊的情况已如前述，那里是一个比较重要的墓地和宗教活动的地方，也是一个小居民区。罗家柏岭则有比较大型的建筑，在那里发现过玉器，表明那里确实是一个重要的场所。城周围大约 8 平方千米的范围内，还分布有二三十个遗址，其中大多数是一般性村落遗址，它们应该和石家河城有密切的关系，只是现在还没有仔细研究，各自的功能还不甚清楚。

鉴于第一阶段的工作已基本上告一段落，有必要进行适当总结，以便于规划下一步的工作。于是在 1991 年 5 月 23～25 日召开了队长扩大会议。大家一致认为前一阶段的工作取得了重要成果，由于资料十分丰富，不但可以对石家河遗址群进行比较细致的分期研究，而且对每一期的文化特征、各期文化的联系以及与周围文化的关系等方面都可能获得比较充分的认识，从而为江汉地区新石器时代文化的发展谱系树立了一个可靠的标尺。不但如此，由于运用聚落考古的方法对整个遗址群进行研究，结果发现了一座龙山时代最大的城址，对城内城外的情况也进行了初步的调查研究，从而为研究江汉地区文明的起源及其在我国文明起源中的地位与作用提供了十分重要的资料，为今后这类课题的研究打下了良好的基础。为了及时总结成绩，尽早地发表资料和研究成果，会议决定暂时停止大规模的田野工作，把业务活动的重点转移到资料整理和编写报告方面来。当时商定先出三部报告，一部是肖家屋脊遗址发掘报告，由张绪球负责，组织荆州博物馆有关人员编写；一部是邓家湾遗址发掘报告，由杨权喜负责，组织湖北省文物考古研究所有关人员编写；一部是石家河遗址群考古调查报告，由赵辉和张弛编写。现在调查报告已经发表（见《南方民族考古》第五辑），肖家屋脊的报告已经完成，就是本书，邓家湾的报告正在编写。这些成果尽管还有一些不能尽如人意的地方，毕竟是许多人辛勤操劳的结果，在学术上具有重要价值，所以是弥足珍贵的。

记得在 1991 年的队长扩大会议上，大家充分肯定了三方联合建队、各方发挥自身优势的组队形式，认为这是考古队能够取得重要成果的主要原因之一，表示今后要将这一形式长期坚持下去。我希望在完成第一阶段的各项工作之后，在坚持三方合作的体制的基础上，认真总结经验和不足之处，继续开展工作，努力提高田野考古水平和研究水平。石家河遗址群的研究将会是长时期的，可以几代人做下去的。因而在工作的安排上不必急于求成，可以分阶段有节奏地进行。做完一个阶段做一次总结，使我们的考古水平不断提高，研究的问题不断深入，这应该是我们全体考古队员的心愿。

［原载《肖家屋脊》，文物出版社，1999 年。后收录在《长江文明的曙光》（增订版），文物出版社，2020 年］

谭家岭：收获和悬念

谭家岭遗址位于石家河古城址的中心部位。1982 年湖北省博物馆曾经进行过试探性发掘，发现有大溪文化（即油子岭文化）、屈家岭文化和石家河文化依次叠压的地层关系。据说探方底部还发现有类似城背溪文化的绳纹陶片，但资料一直没有整理发表。

1987 年，由北京大学考古系、湖北省文物考古研究所和湖北荆州博物馆联合组成石家河考古队，决定对整个石家河遗址群进行有计划的勘探、发掘与研究时，即考虑到谭家岭遗址的重要地位，并确定为首先发掘的三个地点之一。但由于这个遗址的大部为现代村落所覆盖，无法进行大规模布方，只好采取试探性的发掘方式。1989 年秋进行的第二次发掘也仍然是试探性的。两次发掘的总面积才 465 平方米，虽然不大，但还是对这个遗址有了进一步较实际的认识。我们开始发掘谭家岭时并不知道有一个石家河古城，只是知道它在整个石家河遗址群中处在比较适中的位置，并有不同时期的文化堆积。我们调查时还看到地面上到处暴露出史前房屋被烧毁的残迹——红烧土。遗址面积 20 多万平方米，是整个遗址群中最大的一处。由此可见这里应该是一处重要的大型聚落遗址。等到 1990～1991 年全面调查的过程中确定石家河古城及其大致的布局之后，谭家岭遗址的地位就显得更为突出了。

两次试掘基本弄清了谭家岭遗址连续发展的历史。发掘报告将谭家岭遗址的文化遗存分为六期，前三期属油子岭文化，后三期分别为屈家岭文化、石家河文化和后石家河文化。我们注意到在整个石家河遗址群中，油子岭文化仅见于谭家岭遗址。到屈家岭文化和石家河文化时期，随着古城的修建而有了巨大的发展。根据赵辉和张弛对石家河遗址群的调查，在 32 个遗址中，发现有屈家岭文化遗存的 10 处，有石家河文化遗存的 22 处，另有拟似的 4 处，有石家河文化晚期即后石家河文化遗存的 13 处[1]。谭家岭遗址则一直处在中心的位置，其规模也明显

---

[1]　石家河考古队：《石家河遗址调查报告》，《南方民族考古》（第五辑），四川科学技术出版社，1992 年。

是一个大型的中心聚落。

油子岭文化一名是近年来才正式出现的，张绪球过去称为大溪文化的油子岭类型[1]。其中发表了谭家岭的部分资料。这次经过全面整理，内容可以看得更清楚了。油子岭文化分布的范围不大，从已知各个遗址的关系来看，谭家岭实处在近乎中心的位置。出土遗物中那种薄胎米黄地饰黑彩的陶碗等是所有遗址中数量最多和最精致的，那种似宝塔形的盖纽不但数量多，形态变化也多，而且颇富艺术造诣，非常引人注目。说明谭家岭遗址在当时已然是一个中心聚落。屈家岭文化和石家河文化的分布范围比油子岭文化大得多，此时的经济文化有了显著的发展，战争开始成了难以逃避和普遍关切的社会问题，各地相继筑起了防卫性的土城，其中规模最大的就是石家河古城。而谭家岭则是这个古城的心脏。1987 年和 1989 年的两次发掘因为面积太小，并没有涉及最重要的位置，也就没有发现大型的宫殿式建筑。但也不是没有露出一点迹象。我们注意到在二区发现的 7 座属于石家河文化的房基中，已有分间式房屋，第 8 号和第 10 号房屋已用土坯砌墙，这在当时是很先进的技术。第 10 号房屋的东墙厚达 80～90 厘米，已不是普通住房的规格。更值得注意的是这座房子的隔墙往西打破了另一座未编号的房子，后者虽只露出一小段墙壁，厚度却达到 1 米，显然是一座更大的建筑。可惜因发掘面积有限，没有继续追索下去。但就是这一点线索已足以说明谭家岭确实有重要的大型房屋，那多半是殿宇一类的礼制性建筑。与此相适应的高等级大墓应不在谭家岭而可能在稍远的某个地方。这都是给我们留下的重要悬念！

我们本来打算在肖家屋脊和邓家湾的发掘报告整理出版之后，再集中精力对谭家岭进行较大规模的发掘，以便更加确切地了解它的具体情况和所达到的发展水平。可是北京大学不久就把考古实习的重点转移到了河南邓州八里岗，无暇同时顾及石家河了。这一晃就是十几年，谭家岭发掘的资料只好坐了十几年的冷板凳。感谢原荆州博物馆馆长和石家河考古队副队长张绪球先生在其退休之后毅然担当了资料整理和编写报告的重任。读者从报告的内容可以大致了解谭家岭遗址的分量和学术价值。毕竟因为发掘面积有限，整个谭家岭的真面目还没有完全揭示出来。我想这个报告应该是未来进行全面发掘和研究的序曲，好戏还在后头。现在的关键问题是要保护好这个极其重要的遗址。希望有关方面采取更加有效的措施，是所至盼！

［原载《谭家岭》，文物出版社，2011 年。后收录在《丹霞集——考古学拾零》，文物出版社，2019 年。后又收录在《长江文明的曙光》（增订版），文物出版社，2020 年］

---

〔1〕 张绪球：《长江中游新石器时代文化概论》，湖北科学技术出版社，1992 年。

邓家湾考古的收获

　　记得在 1987 年，北京大学考古系同湖北省文物考古研究所和荆州博物馆合组石家河考古队，全面规划石家河遗址群的考古工作的时候，邓家湾遗址的勘探与发掘是首选项目之一。这个遗址之所以被特别看重，是因为在历年的考古调查与试掘中，曾经不止一次地出土过陶塑小动物和陶筒形器等特殊物品，而且相当集中地分布在墓地的旁边，这种情况在别的遗址是很少见的。为了深入了解邓家湾遗址的性质及其在整个石家河遗址群中的地位与作用，我们决定对它进行重点发掘。1987 年春、秋两个季度的发掘，发现在遗址的西部有一个屈家岭文化和石家河文化的墓地，同时发现有一大批宗教性遗迹，确立了邓家湾遗址的特殊性质与地位。1990 年至 1991 年春对石家河遗址群的全面勘探，首次发现了石家河古城，并且基本上弄清了城址的范围、结构与形状大小，其中西城垣和南城垣的西段至今仍然高耸于地面之上。根据城垣的走向，邓家湾遗址应当位于古城以内的西北角，但是在遗址边的地面上毫无城垣踪迹，估计是被后来改造田地和建设村舍时破坏了。虽然地面看不到城垣遗迹，地面下应该还有残留的城基。为了证实这一推断，同时也为了把遗址的西部边缘弄清楚，于是在 1992 年春进行了补充发掘和局部的勘探。先后几次考古的结果相当喜人，主要的收获是进一步确定了石家河古城的年代、城垣的基本结构和在西北角的走向，发现了一大批颇具特色的宗教性遗迹，同时还揭示了一个从屈家岭文化到石家河文化的比较完整的墓地，基本上弄清了从屈家岭文化到石家河文化的演变轨迹。

　　1990 年春首次发现并确定石家河古城时，主要是根据地面暴露的城垣和钻探的结果，还有西城垣因为挖窑破坏而看到的剖面，再结合整个遗址群主要文化堆积等情况。推定城垣的始建年代应该是屈家岭文化在当地有了一定程度的发展之后，古城的繁荣时期主要在石家河文化早期，到石家河文化晚期也许城垣依然存在，但是原有城内的格局和功能都发生了明显的改变，意味着当时也许发生了某种重大的社会变动。通过邓家湾的发掘，进一步证实了这一判断的正确性。在第 6 ~ 8 号探方发现的一段城墙残迹，其下部叠压着屈家岭文化的地层和 104 号墓葬，又被屈家岭文化晚期晚段即本报告第二期的文化层和多座墓葬叠压或打破，足见其始建年代是在屈家岭文化在当地发展一个时期之后。由于城墙紧贴墓地，所以在使用时期就有某些墓葬挖破城脚是可以理解的，并不意味着城墙在屈家岭文化晚期之末就废弃了。事实上邓家湾的墓地和宗教性遗迹基本上不出屈家岭文化晚期和石家河文化早期，这也就是石家河古城兴盛的时期。通过发掘，这个问题总算更加明确了。而古城在西北角的结构与走向也获得了一些新的认识。

邓家湾遗址的宗教性遗迹是一项重大的发现。虽然保存不很理想，但是通过发掘和资料整理与分析，还是可以获得一个基本的认识。在屈家岭文化时期，主要的宗教性遗迹有似乎是祭坛的地方、筒形器和相关的房屋建筑等，它们很可能是一个互有联系的整体，范围几乎遍及整个发掘区的大部，而中心当在 T10 ~ T11 及其附近不足 100 平方米的区域。在那里发现有 2 个小土台，其中一个的中部有被烧过的石头，周围的灰烬中有烧过的骨头，还有石斧和彩陶杯等；另一个有两层红烧土面，可能曾经两次建造。它的中部和近旁有 3 个柱洞，有的柱洞中还残留有烧过的木柱痕迹。这 3 根木柱与房屋建筑毫无关系而立于烧土台之上，应当是与宗教活动有关的遗迹。特别是在这 2 个小土台的北面有一片排列有序的扣碗和盖鼎，旁边还有小孩骨架；南面则有许多筒形器残片，其宗教性遗迹的特征就更加清楚了。至于这两个小土台南边与西边的房屋遗迹，在层位上要比小土台晚一些。其中 3 号房屋北边有规律地摆放着 8 口陶缸，似乎也应当视为宗教性遗迹。因为整个邓家湾遗址西部就是一个墓地和宗教活动场所，不是人们日常居住生活的地方。有一两所小房子即使能够临时住人，也应当与祭祀祖先或其他宗教活动有关才是。

至于中心区域以外的宗教性遗迹则主要是陶筒形器。这种器物早在 20 世纪 50 年代初发掘屈家岭遗址时就发现过，只有一件，上细下粗，通体甚高，外面有三十四道箍状附加堆纹，上端有子母口，表明上面还应该连接别的器物。由于不明用途，无以名之，就根据形状名曰筒形器。从那以后发现的屈家岭文化遗址不下千处，经过发掘的也有好几十处，除了邓家湾，就再没有发现过这种器物。这本身就是一个十分值得注意的情况。邓家湾不但有这种器物，而且品种齐全，数量极多，还有成组排列的现象，特别能引起人们的注意。

邓家湾的筒形器有三种：一种是粗筒形器，形状和屈家岭发现的基本相同，只是高矮粗细稍有差别，外面的箍状附加堆纹则从十余道至三十余道不等；一种是细筒形器，又细又长，外表为素面，顶部有尖圆形封口；还有一种筒形器明显分为三段，上部像细筒形器，下部像粗筒形器，中部像球形鼓出，球面上有许多长乳丁，可称之为乳丁筒形器。三种筒形器往往在一起出土，而且粗筒形器上有子母口，说明它们是结合在一起使用的。根据器形推测，理想的结合方式应该是粗筒形器在下，细筒形器在上，乳丁筒形器在中间。或者乳丁筒形器在下，细筒形器在上，因为乳丁筒形器下部可以代替粗筒形器。第三种结合方式可以是粗筒形器在下，乳丁筒形器在上，因为乳丁筒形器上部可以代替细筒形器。最简化的方式就是只用一个乳丁筒形器，三者都可以代表了。不过这种推测从出土的情况得不到证明。

筒形器在邓家湾出土的地点至少有 15 处，绝大多数出在灰坑中。其中集中出土的地点有 5 处，一处在中央土台南边，因为太碎，摆放方式不明。一处在离中心土台不远的 AT6，一处在东部的 AT607，一处在西南部的 H28，最后一处在东南部的 H59，后两处的情况比较清楚。H28 出土有七八件粗筒形器的碎片，其中可以复原的有 4 件，下面压着一件长达 95 厘米的乳丁筒形器，旁边还有 3 件细筒形器，其中两件相互套接。H59 及其近旁出土大体平行摆放的三组筒形器，第一组是 3 件细筒形器相互套接，第二组是 2 件乳丁筒形器互相套接，第三组是 4 件粗筒形器两两对接，另外还有 2 件素面的残片，似是细筒形器。假如第一和第二组还可以竖立起来的话，第三组无论如何是竖立不起来的。由此可知灰坑中筒形器摆放的情况并不一定是实际使用时相互套接的情况。恐怕三种筒形器依粗细相互套接竖立起来使用的可能性还是比较大的。而多数灰坑中的筒形器碎片，则可能是每次宗教性活动后将筒形器砸碎掩埋的结果。

总之，邓家湾在屈家岭文化时期是一处重要的宗教活动场所，主要的宗教道具是三种陶筒形器。由于这个宗教活动场所与同时期的墓地几乎重合，很容易把它理解为墓祭的遗迹。假如真是如此，当时应该有用筒形器举行墓祭的风俗，别的墓地就应该有筒形器遗迹，而事实上并非如此。要么邓家湾墓地的死者有特殊的身份，因而才有这种特殊的安排。但邓家湾都是中小型墓葬，埋葬方式上也看不出有什么特殊的地方，因此也难以说通。看来邓家湾的宗教性遗迹在屈家岭文化中是非常特殊的，是只有像石家河古城这种规格的遗址中才可能有的设施。与它同在一起的墓地如果有关系的话，则可能是与这种宗教活动有关人员的葬地。换句话说，邓家湾首先是宗教活动的圣地而不是墓祭的场所，墓葬中的死者可能是为宗教活动服务的而不是主体。

邓家湾作为重要的宗教活动场所到石家河文化时期达到了更加突出的地步。这时主要的宗教活动遗迹有经过平整的场地，在场地上摆放大量的陶缸，还有数量极多的陶偶和陶塑动物等。场地是用黄土或黄褐土掺红烧土末和碎陶片等筑成的，由于后期的破坏，现在只剩了一些残片。不知道原先是一整片还是分成几片。其中最大的一片在遗址西边紧贴城墙的地方，南北长有 20 多米，上面放置成组的陶缸。其中北面和南面的陶缸均已压成碎片，摆放的方式已不大清楚。中间的陶缸大体完整，缸口多朝西横置，也有少数朝东的。推测原先可能是竖立的，就像肖家屋脊 JY7 的情况一样。在发掘区的东南和东部各有一片经过平整的场地，边上横置许多陶缸互相套接，陶缸高度与地面平齐。东南部的陶缸有三排，平面略呈 "S" 形，长约 10 米，两端都没有到头，原先应该更长一些。有些陶缸已经破碎或被扰动，中间的一排保存较好，有 24 口陶缸相互套接。东部的陶缸有两排，东西排列，基本上成一直线，只是略微向北弯曲。延长有 9 米多，两端也都没有到头，原先应该更长一些。在这两组相互套接的陶缸上覆盖有红烧土、碎缸片、红陶杯和陶塑动物等。

　　上述陶缸造型相当一致，一般是夹粗砂红褐陶制，尖圜底或小平底，胎壁极厚，越近底部越厚，最厚处可达 5 厘米以上。体形较大，多数高达半米左右。样式像缸，但如果真是作缸来用，似乎不必把底部特别增厚，所以《肖家屋脊》报告称之为臼。摆放整齐的陶缸，比较完整的就有 120 多件，如果把大量破碎的陶缸计算在内，不啻有大几百件，那是多么壮观的一个场面！这样多的陶缸集中在一起，而且许多是相互套接的，明显不是用作缸盛物的，在邓家湾这种场合也不像是实际用来舂米的。至于本来的用途，似乎两者都有可能。这些陶缸的外表一般分为上下两段，上段多饰篮纹，下段素面，有时下段的上半部也饰篮纹。有些陶缸的上半部刻划一个符号。邓家湾陶缸上的符号有十几个，比较突出的有镰刀、杯子和类似号角的图形。杯子的造型跟遗址中的红陶杯十分相似，只是里面插了一根细棍。邓家湾的红陶杯成百上千，大概是跟祭祀活动有关的用品。在石家河文化中，类似的陶缸虽然不是第一次发现，但是像邓家湾那样集中，又有特殊的刻划符号的，确实绝无仅有。只有同属于一个遗址群的肖家屋脊才有类似的情况，但规模也小一些。这是非常值得注意的现象（图一、图二）。

　　在邓家湾，与上述宗教性遗存相关的还有大批陶偶和陶塑动物。这个遗址最初引起注意就是因为在那里采集到了大量的陶塑动物。这些陶偶和陶塑动物除了与红陶杯和碎缸片等一起出自覆盖陶缸的堆积中外，还大量地出自灰坑和洼地等。据统计，至少有 17 个灰坑出土陶塑动物，其中单是 H67 就有数千个，H69 也数以千计，H116 与陶塑动物一起还出土铜矿石（孔雀石）碎块。在发掘区西南角的一片洼地的底部也出土成堆的陶塑动物。由于许多陶偶和陶塑动物已经被挤压成碎块，难以精确统计，只能做出大概的估计，其总数当在 1 万以上。过去在石家河文化的遗址中曾经多次出土陶塑动物，多只几件或十几件，肖家屋脊也只有几十件（包括混入晚期地层的），像邓家湾这样巨大数目的陶偶

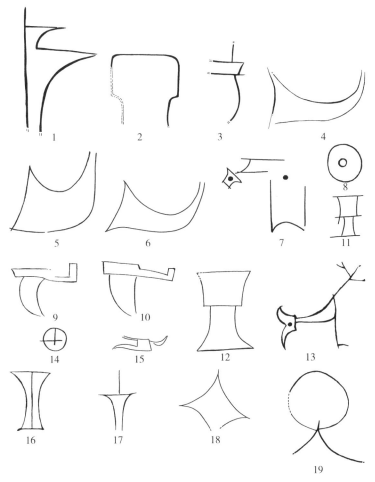

图一　石家河文化的刻划符号
1~4、6、7、11、12、14、15、18、19. 肖家屋脊出土
5、8~10、13、16、17. 邓家湾出土

和陶塑动物也是绝无仅有的。

　　邓家湾的陶偶数以百计，姿态各异。绝大多数头戴浅沿帽，身着细腰长袍，也有不戴帽和露胳膊露腿的。一般头后挽髻，耳、鼻显著，眼、嘴等细部往往被忽略。有的跨腿站立，有的举腿起步，有的挥手抬足似舞蹈状，而绝大多数为跪坐抱鱼式：双膝跪坐，左手托鱼尾，右手按鱼头，显得端庄而虔诚，像是在上祭的样子。

　　陶塑动物的种类甚多，其中家畜有狗、绵羊、山羊和猪，野兽有大象、猴、兔、狐狸等，家禽有鸡，飞禽有雉、猫头鹰、短尾鸟、宽长尾鸟和分叉长尾鸟等。水族有龟鳖类和鱼类。其中以狗、象、鸡和长尾鸟的数量最多。石家河文化的动物骨骼中常见的家畜水牛和捕猎最多的鹿在陶塑动物中不见踪影，应该不是偶然现象而可能是有意思的回避。动物的造型往往突出特征而忽略细部，例如象突出长鼻、大耳、柱足和长长的门牙，羊突出卷曲的角，雄鸡突出鸡冠等，所以绝大部分动物容易辨认。也有极少数动物难以确认种属，有些做得既像禽又像兽，还有尾部连在一起的连体鸟等，也可能是有意做成的。

图二　邓家湾套缸上的刻划符号

　　当时的陶工还特别着意表现不同动物的各种姿态。例如狗的姿态就非常多，有昂首翘尾站立的，有拖尾行走的，有俯身卷卧的，有侧卧翘首的，有的背上驮一只小狗，有的嘴里好像叼一大块肉，有的像是在汪汪叫，真是千姿百态，活灵活现。大象的姿态也很多，有抬头伸鼻卷物的，有低头伸鼻寻物的，有大门牙前伸作攻击状的，有伫立憨厚可掬的。我想当时长江中游一定有许多大象，而且一定跟人们的生活发生了密切的关系，不然人们不会那么熟悉大象的特征和行为举止。雄鸡的数量特别多，大概是因为雄鸡的特征比较容易把握，各种姿态的表现也非常丰富，同时还有母鸡和小鸡，其特征也是一望可知的，足证人们对鸡特别熟悉又特别喜爱。鸟的数量之多超过了鸡，分叉长尾鸟和宽长尾鸟尤其多，但究竟是什么鸟难以确指，其中也许有孔雀，很难说哪一种更像一些。

　　所有这些陶偶和陶塑动物都可以看作是艺术的杰作，但它们那样集中，又同宗教性遗迹联系在一起，那么它们的意义和价值就不仅仅是在艺术方面，还应该是某种宗教活动的重要物品。

　　综合邓家湾石家河文化时期的宗教性遗存，可能是反映一种庆贺丰收的祭祀活动。大批陶缸或陶臼摆放在那里虽然不是实际用来盛放食物（粮食或米酒）或舂米的，却可能是在重大的祭典中代表丰盛的粮食收获和加工场面。陶缸上刻划的镰刀也具有同样的意义。陶缸上刻划的杯子和遗址中成百上千的红陶杯可能是一种祭具，而大量的陶塑动物则可能是代表祭祀时用的牺牲。那些抱鱼跪坐的陶偶可能是代表祭祀者的形象，他们那种端庄肃穆和虔诚奉献的神态给人以深刻的印象。作舞蹈等各种姿态的陶偶完全是另外一种表情，可能表现庆贺的场面。我们甚至还可以设想，这种庆贺丰收的大典不是任何地方的任何人都可以举行的。因为至今在上千处石家河文化的遗址中，还只有石家河古城中的邓家湾和城外边的肖家屋脊发现这样的遗迹，而邓家湾的规模和内容都要超过肖家屋脊。可见这种宗教性活动具有独占性和垄断性，这是在文明起源过程中才会发生的现象。童恩正在论述原始宗教在文明和国家起源过程中的作用时说："在原始社会后期，宗教仪式的举办和宗教场所的兴建可以说是组织和影响群众最方便的手段，这种凝聚力有时连生产和战争活动也难以比拟。在从事以宗教为目的的社会活动的过程中，氏族的上层集团得以逐渐地掌握了控制人力和资源的方法和途径，并使之制度化和经常化。"[1]邓家湾大规模宗教场所的设置，是与贵族集团为组织和影响群众，进而控制人力和物质资源的需要相适应的。这对于认识石家河古城在整个屈家岭—石家河文化中的地位，进而研究屈家岭—石家河文化的社会发展水平和意识形态的特点，都是有重要意义的。

　　邓家湾考古的收获是多方面的，在此不必一一细述。最后只想提一下1987年秋发现的那件铜片和铜矿石碎块。在我国史前文化中发现小件铜器已经不是新鲜的事了，但在长江流域还一直是个空白，就连良渚文化发展水平那样高的遗存中至今也还没有发现铜器。人们怀疑长江流域的人类在史前时期可能根本就不知道制造铜器。如果真是那样，那么把石家河文化和良渚文化等划归铜石并用时代就失去了根据。邓家湾的发现加上肖家屋脊的铜矿石碎末，正好填补了这一缺环，证明我们过去把长江流域相应阶段的史前文化划归铜石并用时代是正确的。那件铜片可能是一把残铜刀，铜矿石的发现证明当时已经懂得冶炼的技术，这对于理解石家河文化的技术和生产力发展水平是很有帮助的。

　　　　［原载《邓家湾》，文物出版社，2003年。后收录在《长江文明的曙光》（增订版），文物出版社，2020年］

　　［1］　童恩正：《中国古代的巫、巫术、巫术崇拜及其相关问题》，《长江中游史前文化暨第二届亚洲文明学术讨论会论文集》，岳麓书社，1996年，312页。

石家河的立鹰纹玉牌饰

　　天门石家河曾多次出土玉器，最早是 1955 年由中国科学院考古研究所于遗址东南的罗家柏岭发现 44 件，包括人头像 10 件，以及蝉、璧、环、笄、管等，推测是出于瓮棺葬中，其中最引人注意的是一件 T32③A∶99 直径将近 5 厘米的凤鸟形圆牌饰。整个圆牌由一只凤鸟首尾相接构成，身上的纹饰均为圆润流畅的凸线纹，那是需要很高超的技术才能做成的。1988 年和 1989 年，由北京大学考古学系、湖北省博物馆和荆州地区博物馆合组的石家河考古队，在紧靠罗家柏岭之北的肖家屋脊发现了一大批瓮棺葬。其中的第 6 号瓮棺即出土玉器 56 件，残留的人骨经鉴定为 25 岁以上的成人二次葬。这是一次非常重要的发现。荆州地区博物馆的张绪球馆长有非常详细的研究[1]。

　　在此以前的 1981 年，荆州地区博物馆曾经在汉水以东的钟祥六合发掘了 25 座后石家河文化的瓮棺葬，发现不少玉器和玉料碎片。其中的 1 号瓮棺出土了一件立鹰圆雕，高 4.9 厘米，底部有一个卯眼，应该是套在某个榫头上的。1992 年荆州地区博物馆在荆州市郊的枣林岗发现了一大批瓮棺葬，其中有 46 座瓮棺随葬玉器 156 件。其中也有一件圆雕立鹰，脚下有一个榫头，原本应该是插在基座上的。全器高 5 厘米，立鹰仅高 3 厘米，是一个袖珍品。

　　后来在石家河古城中心地区的谭家岭发掘了 9 座瓮棺葬，其中随葬了 250 多件玉器，数量之多是前所未见的。同罗家柏岭和肖家屋脊发现的玉器一样也都是袖珍品。W8 出土一件立鹰纹圆牌，W9 则出土一件两鹰相向而立的牌饰。牌饰上面的线条都是凸起的，圆润流畅。尽管良渚文化玉琮等上面神人兽面纹的细密程度也是极高技艺的作品，毕竟只是阴线刻。相比之下，石家河立鹰等的凸线纹，刻划起来要困难得多，还都刻得十分圆润而流畅。技艺之精只有良渚晚期玉璧上那种若隐若现的极为纤细的刻划纹可以媲美。但石家河绝不见良渚文化的琮王和大型玉璧那样大气的作品，至今所见都是小件作品。这可能与玉料稀缺有关，也

---

〔1〕　荆州博物馆：《石家河文化玉器》，文物出版社，2008 年。

可能是一种崇尚精细的风习。

我们注意到台北故宫博物院收藏的一件大型玉圭,这件圭长 30.5 厘米,上面有清高宗乾隆的题字。该圭两面均有刻划纹饰,一面刻凸线纹立鹰,另一面刻凤尾状凸线纹。雕刻方法同石家河立鹰牌饰别无二致。邓淑苹将这件玉圭与山东日照两城镇发现的玉锛上面的纹饰做了比较研究,认为两者有颇多相似之处,年代也应该相当[1]。一般认为两城镇的玉锛应属龙山文化,因此台北故宫博物院的那件玉圭也应该属于龙山文化。而石家河的立鹰牌饰等玉器的年代属后石家河文化或肖家屋脊文化,年代与龙山文化基本一致,两者之间很可能有实际的文化交流,否则难以出现从题材到技艺上都如此相像的珍品。

有趣的是,在河南禹州瓦店龙山文化遗址第二区 T9④A 层中发现一块黑陶片,上面也刻划了一个立鹰。该陶片应该是带子母口的直腹陶尊的残片,原器应该有盖,与山东龙山文化的陶尊相似,应该是比较贵重的器物,显然也值得注意。

我国东方沿海历来有鸟生的神话传说。《左传·昭公十七年》记载郯子对鲁昭公的话说:"我高祖少皞挚之立也,凤鸟适至,故纪于鸟,为鸟师而鸟名。"孔子听到之后还专门找郯子学习。传说少昊是东夷的祖先,竟然名挚,是很有意思的。按照郯子的说法,他是鸟族的高祖。古挚、鸷相通,而鸷就是鹰。《左传·昭公二十年》记齐国宰相晏婴追溯首都临淄历史的话说:"昔爽鸠氏始居此地,季萴因之,有逢伯陵因之,蒲姑氏因之,而后太公因之。"杜预注曰:"爽鸠:鹰也"。说明齐国首都临淄最早也是鹰治理的。看来齐鲁两地的祖先神都与鹰有关。前述各种立鹰的纹饰和圆雕都做得那么讲究,显然是作为祖先神来膜拜的。而石家河有许多文化因素是来自山东龙山文化的[2],于此便可以得到进一步的解释了。

[原载《长江文明的曙光》(增订版),文物出版社,2020 年]

〔1〕 邓淑苹:《台北故宫博物院藏新石器时代玉器图录》,台北故宫博物院,1992 年。
〔2〕 杨建芳:《石家河文化玉器及其相关问题》,1992 年。

《石家河发现与研究》序言*

1987 年 5 月，我在湖北荆州地区博物馆张绪球的陪同下，到石家河遗址群考察。这里以前虽然有过三房湾、罗家柏岭等遗址的发掘，但很多基本问题没有搞清楚，因此我决定在这里做些工作。6 月份，我让张江凯代表北京大学考古系同湖北省文物考古研究所和荆州博物馆协商合作事宜，并签署了"关于湖北省天门县石河区新石器时代遗址群的发掘与研究会谈纪要"，由三方联合组成石家河考古队。

1987 ~ 1990 年，我们先后有过八次发掘，发掘了邓家湾、谭家岭、肖家屋脊、土城等遗址，有了屈家岭文化、石家河文化和肖家屋脊文化时期的许多重要发现。为了进一步探索各个遗址点的性质和相互关系，加强对整个遗址群的总体认识，1990 年我让赵辉和张弛对遗址群进行了一次全面调查勘探，结果就发现了100 多万平方米的石家河城址。受石家河古城发现的启示，后来在江汉平原和洞庭湖地区又陆续发现了约 20 处同时期的城址，对认识长江中游地区文明起源的意义重大。

在这些遗址点中谭家岭是很重要的，因为石家河城的中心区就在谭家岭。那里过去曾经做过一些试探性的发掘。1989 年学生实习又在谭家岭挖出了房子，有单间也有分间，大房子的墙基有 1 米宽，柱洞也很大，那个大房子可能是宫殿式建筑。近几年又在谭家岭挖出一个小城，是油子岭文化的，和大溪文化不是一回事。这个小城是油子岭文化的中心，屈家岭文化以后又在外面修了一个大城，成为屈家岭文化的中心城址，石家河文化继续沿用。所以说石家河城址的中心地位最早是从油子岭文化这个时候奠定的，最后到肖家屋脊文化才废弃，这可能与禹征三苗事件有关。尧、舜、禹都去征讨三苗，说明三苗力量曾经很强大。近些年石家河的重要发现，包括印信台的祭祀遗存，那里出土的好多东西在邓家湾已经发现过，还有谭家岭那里属于肖家屋脊文化的精美玉器。

石家河考古这个头开得不错，使我们认识到了江汉地区的重要性，屈家岭—

---

*   严文明口述，韩建业记录整理。

石家河文化时期江汉地区的中心可能就在这里。屈家岭—石家河文化可能就是三苗文化，后来虽然遭到尧、舜、禹的征伐，但文化传统并没有完全中断。后来楚人过去以后大概继承了三苗的一些传统，形成了特色浓厚的楚文化。曾侯乙墓的发现曾经是湖北考古轰动性大事件，把中国音乐史的很多事情都弄明白了，曾就深受楚的影响。湖北的重要发现还有盘龙城和铜绿山等，对中国青铜冶铸的认识离不开铜绿山。从新石器时代的油子岭文化、屈家岭文化、石家河文化，到楚文化，都和中原等地有一定差异，按照我的说法，这就是长江文明，它的基础是稻作农业。稻作农业与旱作农业有区别，稻作农业更加稳定，种植一片稻田不容易，需要耗费大量的时间和精力进行管理，需要灌溉、排水、平地等，所以稻作农人很稳定，社会比较稳定。相比而言，旱作农业的管理方式比较粗犷。不同的耕作方式也影响了人的性格，南方人的性格更为细腻，所以较高等级的手工业品很多都出在长江流域，像楚文化出土的那么高端精细的丝织品、漆器等，在北方是不容易找到的。也正因为楚文化有这么好的底蕴，才能产生像屈原那么伟大的浪漫主义诗人。

石家河遗址群非常重要，是认识长江文明的关键，石家河的田野工作需要一代代人持续做下去。

（原载《江汉考古》2021年第1期。后收录在《耕耘记——流水年华》，文物出版社，2021年）

楚都考古记

在长江流域的早期文明中，其下游、中游和上游分别有吴越文明、荆楚文明和巴蜀文明。其中最光辉的当属荆楚文明，也就是楚国的文明。早年读到楚国伟大诗人屈原的《离骚》等《楚辞》作品，总是禁不住地惊叹和感佩。在东周春秋时的五霸和战国时的七雄中，楚国几乎占了半边天下。1975 年一个偶然的机会，让我在楚国的首都做了一段考古工作，可谓平生有幸。这个楚国首都本来叫郢，位置在湖北荆州江陵县北。《汉书·地理志》载："江陵，故楚郢都，楚文王自丹阳徙此。"因为该城址在纪山之南，后人乃称为纪南城。从公元前 689 年，楚文王首次将都城从丹阳迁建于此，直到公元前 278 年秦国大将白起拔郢，中间除楚昭王为避让吴国的攻势短期迁都于鄀（在今湖北的宜城），不久又还都于郢。这纪南城作为楚国首都长达四百余年，留下了丰富的遗迹。至今整个城垣仍然保存完整，平面为长方形，东西长 4.5、南北宽 3.5 千米，面积将近 16 平方千米。大城内偏东有宫城，其中有若干台基，估计是宫殿和相关礼制性建筑所在。

1975 年 3~5 月湖北省成立了以省委书记韩宁夫为首的纪南城文物保护与考古发掘工作领导小组，邀请北京大学等学校的考古专业师生和上海、湖南、四川等七省市文博部门的考古工作人员，对纪南城若干地点进行了考古发掘大会战，具体组织工作由湖北省文物工作队队长谭维四负责。我校派李志义、吕遵谔、俞伟超和我带领 72 级部分学生和 74 级全体学生参加了会战。我们是 4 月份到达工地的，俞伟超因事晚去了一些日子。当时李志义和 72 级学生主要办亦工亦农考古培训班，72 级的高崇文等还发掘了南城垣东段的水门遗址。吕遵谔带部分学生发掘了西城垣的北段，我则主持松柏 30 号台基的发掘。该台基位于宫城内的东南部，南北长 70、东西宽 50、高约 1.5~2 米。我去时发掘工作已于 3 月份开始。省方为了节省工期，预先划分了覆盖全台基的 10 米见方的大探方。为了控制地层，又在大探方内分割成 5 米见方的小探方。并且首先由民工挖去了将近半米深的表土和晚期地层，然后分配给几个单位的考古队继续下挖。西北部分由厦门大学负责，队长是陈国强，老师有苏垂昌、吴绵吉等，同时带领一个年级的学生。上海博物馆考古部负责西南部，队长是考古部主任孙维世。四川大学在东南部，那里还有湖南省文物队的人员。我们去后就在东北部开了一片探方，带领 74 级学生发掘。各单位的发掘进展缓慢，地层简单，又没有什么陶片，却发现有巨大的遗迹现象。当时看到地面有宽约 2 米，长达 20 多米呈曲尺形的灰白色条带，推测可能是特大型建筑的墙基，也许就是明清时期的庙基。上海博物馆的同志从探方剖面上找到几小块青花瓷片，特地找我去看。我看那里土很乱，不像是原生地层。拨弄一下看，更像是田鼠洞内的垃圾。而且无论是台基上或周围地区都没有发现任何砖瓦之类的遗物。我想这里既然是楚国的首都所在，这么大的台基上应该有宫殿之类的礼制性建筑。但是怎么没有留下几块瓦片或陶片呢？是不是因为是宫廷重地，毁坏后被后人及时清理了？这时北大 74 级的同学正在台基的东北部一板一眼地进行发掘，少顷郭引强高兴地跑来告诉我，他发现一眼井打破了那灰白色的墙基。我过去一看，那陶井圈非常醒目，就是当地多次发现过的战国陶井，说明那大型墙基至少是战国的遗迹。我兴奋极了，提醒各单位的考古人员要特别仔细。开始发掘时因为没有及时注意，大部分基址都已经挖去了二三十厘米，探方的剖面上看得非常清楚。我说挖过头了，厦大的陈国强老大不高兴，说他们的老师都是很有考古经验的，怎么会挖错呢？不管怎么样，大家的精神一下子提起来了。我们乘势向台基的北部扩方，竟然发现了一排碨墩。每个碨墩都是用小石子、红烧土和陶片夯筑的，直径达 1 米多。可见这里曾经有过大柱子。因为位置正好在台基的北边，那不是廊柱吗？再往北地势略呈斜坡，地面发硬，有许多红烧土，那就是散水了！一座宫殿式建筑基址总算初露端倪了。

这个时候俞伟超来了，我考虑可以交棒了，让他来继续主持发掘。我觉得 74 级学生初次进行田野考古实习，挖这种大型台基，遗迹和地层都太单纯，又缺乏起码的遗物，不利于田野考古方法的全面训练，应该找个新石器时代或较晚的村落遗址进行发掘。我抽空到大城外面考察了一下，发现紧靠城北和城东都有新石器时代遗址。我就选择城东毛家山的一个很小的遗址，5 月 6 ~ 24 日发掘。发现主要是大溪文化的遗存，同时还有战国时期的陶窑和水井等，应该是一个小小的陶器作坊。陶窑的结构跟我 1960 年在洛阳王湾发掘的西周陶窑别无二致。王湾的陶窑专门烧制陶鬲，毛家山的陶窑专门烧制陶豆，明显是为城内的人员使用的。类似的作坊在城内和城外应该还有一些。

我们在整个考古发掘期间都住在城外松柏大队的老乡家里。当时纪南城内除了一些台基遗址外，几乎都已开辟为水稻田，农民则组织为纪南城人民公社。那里蛇特别多，我们的同学每天上工都要列队走狭窄的田埂进入工地。74 级的班长李有成原来是山西忻州一个公社的民兵队长，高个子，性情刚烈，好像什么也不怕。有一次他带队走在田埂上，不小心踩到一条水蛇，赶快躲闪开来。后面一位女同学刘惠英过来提着蛇的尾巴抖了几抖，李有成吓得一下子瘫软在地上。刘惠英是江苏无锡农村人，那里也常常有水蛇。人称"水蛇艺不高，咬了人长个包"。我住在松柏大队长家里，每天晚上总有一条蛇爬过我的蚊帐顶上。有时候会掉落到我的头边。房东告诉我那是他的家蛇，可以帮助捉老鼠。

纪南城考古大会战过去多年了，由于该城是全国重点文物保护单位，此后再没有组织大规模的发掘，只有一些调查和试掘，难有更深入的研究。但围绕楚都的许多高等级贵族墓则挖了不少。由于当地的地下水位比较高，而贵族墓又挖得比较深，许多棺椁和出土遗物因泡在水里而得到保存。其中最难得的宝贵遗物当属丝绸和漆木器等有机遗物。丝绸的织造工艺本身就很宝贵，上面的绘画和文书，即所谓帛画和帛书更是难得。漆器上的图案和绘画也十分精彩。其中多有人物和动物等神话故事。据说楚王爱细腰，绘画中的女性确实画得细腰长裙，风韵飘洒。可与《楚辞》中的描述相照应。

[原载《长江文明的曙光》（增订版），文物出版社，2020年]

喜读《淅川下王岗》

最近读了河南省文物研究所等单位编写的考古发掘报告《淅川下王岗》（文物出版社，1989 年），十分欣喜。这不但因为下王岗遗址的发掘成果引人注目，还因为这部报告本身编排得体，比较全面、准确地反映了遗址的本来面貌和发掘的收获，愿意向读者推荐。

下王岗遗址位于河南省淅川县西南约 35 千米，东北紧邻汉水支流——丹江，在丹江口水库的淹没区内。1971～1974 年，为配合丹江水库的建设，河南省博物馆文物工作队和长江流域规划办公室文物考古队河南分队联合对该遗址进行了发掘，揭露面积 2309 平方米，发现有仰韶、屈家岭、龙山、二里头至西周的各个时代的文化遗存。其中有些时代的文化遗存还可分期。如仰韶文化遗存分为三期，第二期的墓葬又可分为三小期；屈家岭文化和二里头文化也可各分为二期，从而提供了一个颇为详细的文化编年体系。我们可以将这个编年概括成表一。

表一

文化期			年代（公元前）
仰韶文化	一期		约 5000～4500 年
	二期	早	约 4500～3500 年
		中	
		晚	
	三期		约 3500～3000 年
屈家岭文化	一期		约 3000～2800 年
	二期		约 2800～2600 年
龙山文化			约 2500～2000 年
二里头文化	一期		约 2000～1850 年
	二期		约 1750～1600 年
西周早期文化			约 1000～900 年

在各期文化遗存中，以仰韶文化遗存最为丰富，保存也较好。其中包括一栋 32 开间的长屋、单间房屋、石器作坊、仓房等 11 座，陶窑 2 座，墓葬 597 座，灰坑 112 个和大量出土遗物。其他各期遗存虽不及仰韶文化那样集中，但都具有一定数量，并各具特色。如此丰富的遗存，十分集中地保存在一个仅仅两千多平方米的遗址范围内，实在是不多见的。

像这样一个包含有十几个文化期，并且有极为丰富文化遗存的遗址的发掘报告，如果采取简单的平铺直叙的方法，或者边叙边议，加上许多研究内容，必定会大大增加篇幅，使出版的时间更加延长。而现在的发掘报告正文仅 339 页，加上 18 个附表、4 个附录和英文提要等，总共也才 444 页，应该说是相当精练的。其所以能做到这一点，是因为作者正确理解了发掘报告的任务，首先是全面准确地报道资料，以便提供进一步研究的基础，而不是枝蔓引申，芜杂臃肿。其次是介绍资料时注意了概括性与具体叙述相结合，一般性与重点叙述相结合的原则，尽量提供必要的数据。每一个房屋、灰坑和墓葬的简要情况则由表格解决，从而使得正文洗练，资料齐全又便于检索。略嫌不足的是报告对于地层关系的理解不甚准确，往往把层同期等同起来，似乎一层就是一个文化期。以至把许多独立的地层单位都归入到某某地层中。例如报告第 7 页介绍 T16 东壁文化层堆积情况时，就说 H94 出于 2A 层；第 10 页介绍 T15 等探方北壁文化层堆积情况时，又说第 5 层共发现房屋 7 座等。从剖面图看这些房子均被第 5 层所压，应早于第 5 层而不属于第 5 层。类似的提法在报告中多见。这种对地层关系的不正确的理解，妨碍了报告提供更详细具体的地层关系的信息，从而妨碍了依据这些地层关系进行进一步分期研究的可能。虽然类似的情况在许多发掘报告中都不同程度地存在着，但从严格的要求来说还是应该避免的。

关于下王岗发掘所得成果，我想着重谈谈有关仰韶文化的三期，然后再稍稍涉猎其他各期。

下王岗仰韶文化一期的陶器以泥质红陶和夹砂褐陶为主，也有不少泥质黑陶。器表多为素面，少数有弦纹和指甲纹，甚至还有个别的彩陶。器形主要有圜底鼎、侈口罐、圜底钵、细颈壶、盆、豆、杯等。其中圜底钵底部多有麻点或划一圆圈，侈口罐有的在上腹饰多道弦纹，有的饰指甲纹，细颈壶的颈部较长等特点，都是仰韶文化半坡类型前段所常见的，年代应与半坡类型前段相若。至于这里多圜底鼎，有豆、杯而缺少小口尖底瓶，缺乏绳纹且极少彩陶等特点则应是地方性的体现。由此可见，下王岗仰韶文化一期应属仰韶文化第一期，并且是有别于同期的半坡类型和后冈类型的一个新的地方类型。

这一期的遗迹中有房屋基址 6 座，均为圆形。其中 F4 仅 4.52 平方米，地面不甚平整，又建有火塘。室内除发现石斧、石镞和刮削器等制成品外，还有大量用作原料的石块。这些东西差不多布满了整个房间，这显然不是一般的居室，而是专门加工石器的作坊。其他房屋，如 F52 仅 5 平方米，地面也有石锤、石斧和刮削器；F53 仅 7.5 平方米，地面有许多石料和砺石；F6 虽有 13.85 平方米，地面较平且有火塘，近火塘处也发现有许多石料，这可能是兼作住房和石器加工的地方。只有 F28 的面积达 50.38 平方米，因破坏严重而难以判断其确实的功用。也许这些房子属于一个以制造石器为主的集体。人们住在较大的房子里，同时盖些小房子专门制造石器。从房中遗存的石器和原料的状况不尽相同来看，也许还存在着一定的分工。在我国新石器时代的遗址中，明显地分布着多处石器作坊的尚属少见。除下王岗遗址外，只有湖北宜都红花套遗址一处。后者属大溪文化，年代比下王岗仰韶一期要晚，且资料至今没有发表。正因为如此，《淅川下王岗》发表的这批资料就弥足珍贵。它不但涉及作为当时最重要的生产工具——石器的制造技术，还涉及制造石器的劳动组织状况和专业化生产基地的出现。这对于探讨当时的社会性质和发展阶段来说，无疑是十分重要的。

这一期的墓葬共有 124 座，除 1 座为瓮棺葬外，其余都是长方形土坑墓。一般墓中均只一人，仰身直肢，仅 M705 为两位中年男性的合葬，此种情况与西安半坡早期的埋葬制度基本相同。随葬品多为陶器，也有少量石器和骨器。此外还有 4 座墓以狗殉葬，5 座墓随葬龟甲，M112 有一狗一龟，M285 殉葬两只狗。

下王岗仰韶文化二期的陶器呈现出一种比较复杂的状况。除继续保持本地区的特点外，还有不少因素与中原地区的仰韶遗存相似，特别是彩陶花纹表现得非常明显。与此同时，也还有一些因素与大溪文化密切相关，如彩陶杯、直筒形瓶和满饰戳印纹的陶球等。这些陶器在年代上也有相当大的跨度，早的大约相当于半坡类型的后段，其中不少因素与山西芮城东庄村仰韶遗址相似；较晚的则大约与庙底沟类型的年代相当。鉴于这种情况，发掘报告在分析本期墓葬时依据层位关系和出土器物，又将其分为早中晚三期（见发掘报告图一四六）。

这一期的遗迹中有 4 座圆形房基。其中 F29 仅有 4 平方米，地面平坦，周围由木骨泥墙围绕。墙体残高 0.5 米，在这一高度内未见门的设置。室内贴墙处还有大致对称的 6 个柱洞，显然是安柱以支撑屋顶的。这样的房子无法住人，也不像是手工业作坊，较大的可能是谷仓。因为丹江属长江水系，雨量较多，下王岗又紧临丹江，大多数季节比较潮湿，不宜用地窖储藏粮食，只好改从地面上构筑土仓的办法来解决。其余 3 座房基的面积也很小，构筑方式与 F29 不大相同，用途不详。

这一期最引人注目的是大批合葬墓的发现。根据发掘报告的划分，属于下王岗仰韶文化二期的墓葬共有 472 座，其中土坑墓 451 座，瓮棺葬 21 座。土坑墓中，属一次葬的有 162 座，二次葬的有 289 座；若按人数计则单人葬 360 座，二人以上合葬 91 座，合葬者 450 人，占总人数的 55.6%，由此可见合葬是这一期的主要葬俗。这种合葬之风甚至波及了瓮棺葬，例如 125～128 号 4 个瓮棺就是合埋在同一墓坑中的。

由于这一期的年代跨度较大，埋葬习俗也有所变化。大致是早期的一次葬和单人葬较多，并有 4 座一次葬的大致是同性别的合葬墓。如 M152 为一中年女性与另一中年女性的头骨合葬，M239 为一中年男性与一青年男性的合葬，M602 为一青年男性与一少年男性的合葬，M668 为一中年男性、一青年男性和另一青年男性的合葬，这种情况大致还与仰韶一期的情况相同。但这一期也已出现少量二次葬的合葬墓，虽说规模较小，一般每墓均在 6 人以下，毕竟开启了大规模二次合葬的先河。到了中期，二次葬明显增加，合葬人数最多的 M368（29 人）即属于这一期。晚期墓已呈衰落之势，二次葬和合葬虽仍然流行，但已比中期略有减少。这种二次葬和合葬由少到多，由少数一次葬的同性合葬发展到大规模二次葬的男女老幼集体合葬的情况，与陕西临潼姜寨一期到二期的埋葬制度十分相似，只是下王岗二次葬和大规模合葬流行的时间比姜寨略晚而已。

下王岗仰韶文化一期的墓地可以分为中部和西部两个墓区，中部墓区又似可分为若干片；二期的墓地则很明显地分为东北、中部和西部三个墓区，中部墓区则可分为南北两片或南中北三片。说明这里同半坡类型的许多墓地一样存在着不同的层次，它们当是不同层次的社会组织在埋葬习俗方面的一种反映。

从仰韶一期到二期的晚期，墓葬的形制结构看不出有明显的分化，只是成年人墓坑稍大于小孩墓坑，合葬墓墓坑大于单人葬墓坑。换言之，当时挖墓坑只是为了掩埋死者尸骨，并无其他特殊的讲究。随葬品大概也仅是为死者提供最简单的生活用品，大多用一两件陶器随葬，并且越来越明器化。到二期的晚期不但器物很小，而且火候甚低，捏之即碎。这样的随葬品是谈不上有任何财产意义的，墓中多埋一件或少埋一件自然也难以反映死者生前有任何贫富分化现象。

下王岗仰韶文化三期的陶器仍以红色或褐色为主，灰陶和黑陶较少。陶器表面仍少有纹饰，仅有少数夹砂罐和尖底瓶有稀疏的绳纹，某些鼎、瓮有附加堆纹，鼎、罐、瓮等有弦纹。未见彩陶，仅有一些盆、钵上涂红色陶衣。常见器形有罐、鼎、盆、钵、碗、杯、豆、尖底瓶、高领瓮和敛口瓮。其中有些器物与郑州大河村四期或洛阳王湾二期二段相同或相似，年代也应大体相若。有些器物如曲腹杯、陶球和圭形石凿等很明显是受了大溪文化的影响。

这一期遗迹中最重要的发现是一座多达 32 开间的长屋（如果加上过厅式外间

则共有 49 间）。该屋坐北朝南，门向南偏东 11°~17°。通长约 85 米，进深 6.3~8 米不等。面阔 29 间，东头向南伸出 3 间，使全屋平面呈钥匙状。正房 29 间又分为 17 个套房，其中 12 个为双间套，即两间内室带一门厅；5 个为单间套，即一间内室带一门厅。东头伸出的 3 间均为单室，无门厅。

有 10 个房间发现有竹席的痕迹，其中包括双间套（见于 49、37、45、25、18、13、32 号等房间）、单间套（16 号房）和单间房（39、42 号房）。可见这三类房子都是卧室。中间的一些房子破坏比较严重，没有发现竹席并不意味着原来就没有铺席子。门厅则没有一个有竹席痕迹的。

有 11 个房间发现有灶，其中包括双间套房（如 51、50、49、46、45、44、13、32 号等房间）、单间套房（38 号房）和单间房（39 号房）。可见这三类房子都能独立起伙，其中的居民应是相对独立的生活单位。中间有些房子破坏比较严重而没有发现灶，也并不表明原先就没有灶的设施。这样看来，整个长屋应有 20 个生活单位，或者说是 20 个家庭。

各个房间的面积不尽相同，最大的达 18.79 平方米（39 号房），最小的仅 6.4 平方米（25 号房）。除了反映各家的器用、家具等可能有差别外，更主要的还是人口有多少。有些双套间房两间内室面积的总和还不如单间套房内室的面积大，例如 F15 和 F25 这个双间套两间内室总面积只有 13.6 平方米，而单套间房 F16 内室的面积即有 16.8 平方米，单间房 F39 更达 18.79 平方米。由此看来，采用何种房间结构（单间房、单间套房或双间套房）不但与人口多少有关，还与家庭人口的构成有关。换句话说，之所以采用双间套房的原因，可能是家中有不便住在同一房间的成员。如果这个判断不至大错，则下王岗仰韶文化三期时已经出现了不同形态的家庭：有些是对偶家庭，有些则是包含较复杂成员的、独立性较大的家庭。这种情况与郑州大河村出现套间房子所反映的家庭形态变化的情况是一致的。

套间房中门厅的设置不但是为了避免内室过分外露，也可存放一些东西，因此它的出现也说明家庭经济已较前有所发展。另一方面，所有房子都连接成一个长屋，说明各家之间的关系十分密切。更有甚者，紧靠长屋的西头有一个 F11，由 19 个柱洞围成直径 4.36 米的圆圈，既无居住面又没有发现墙壁痕迹，可见它不是一般房屋而可能是一种高仓，是把粮仓建立在柱子上以防潮湿和鼠害的一种做法。这粮仓既然只有一个，规模又较大，自然是整个长屋居民的公共粮仓，表明长屋的居民仍然过着共同生产、共同消费的原始公社的生活，而各家的独立经济成分还是十分有限的。

总括仰韶文化三期的情况，第一、二期主要由埋葬制度所反映的社会形态，与第三期主要由房屋遗迹所反映的社会形态，虽然各有其一定的局限性，但基本的方面还是相通的，三者是一个有内在联系的连续发展的过程，并且同整个仰韶文化社会的发展基本同步。

发掘报告将下王岗屈家岭文化分为两期。一期年代大抵相当于屈家岭遗址的晚期，但缺乏蛋壳彩陶和彩陶纺轮等江汉地区屈家岭文化的典型因素。它的主要成分是从当地仰韶文化发展而来，同时受到江汉地区屈家岭文化的强烈影响，因此它最多只能算是屈家岭文化在汉水中游的一个地方类型。至于下王岗屈家岭文化二期的基本特征接近于青龙泉三期文化，也许划入石家河文化的青龙泉类型更为合适。

下王岗龙山文化有不少因素是继承下王岗屈家岭文化二期而发展起来的，但二者间衔接并不紧密，应有一个小的缺环。就同期的遗存来说，最接近的当数湖北郧县大寺和均县乱石滩。其中有些因素如釜形罐、釜形鼎、活算甑等与宜都石板巷子一类遗存很接近。墓葬中流行屈肢葬显然也属于大溪—屈家岭文化的传统。此外，还有一些因素受到了王湾三期文化和客省庄二期文化的影响。

下王岗二里头文化是继承当地龙山文化发展起来的，釜形罐、活算甑等明显是承袭当地龙山文化的传统，个别印纹硬陶罐则可能是受南方影响的产物。因此尽管有不少因素同伊洛地区的二里头文化相近，但毕竟还存在着显著的差别。这里的西周遗存除带有一般的时代特征外，也具有明显的地方色彩。

总之，下王岗遗址就像是一部相当翔实的地方编年史，记载着丹江流域从仰韶早期直到西周的大约 4000 年的历史。这部历史不但反映了当地文化发展的前进性与阶段性，也反映了相邻地区文化交往的具体进程。由于下王岗地处南北两大自然地理区和文化的交界，又是南北交通的要冲，比较容易受到南北各方文化的影响，其程度之深有时达到难以划入某一特定文化的程度。发掘报告一方面注意到存在着当地文化传统的特色和南北文化强烈影响的事实，另一方面又考虑到当地文化因素还不足以建立为一个独立的考古学文化的程度，因而没有提出新的文化名称。只是在描述各期文化特征及其与周邻文化的关系时不受文化名称的限制而完全采取实事求是的态度，这样处理是比较合适的。

（原载《华夏考古》1990 年第 4 期。后收录在《史前考古论集》，科学出版社，1998 年）

《仙人洞与吊桶环》序

1993年和1995年，一个由中美双方学者组成的联合考古队，对江西省万年县仙人洞和附近的吊桶环遗址进行了比较精细的科学发掘，1999年又由中方进行了补充发掘，获得了重要的成果。我当时忝列中方队长，实际工作主要由副队长、江西省文物考古研究所所长彭适凡先生和美方队长马尼士博士（Dr. Richard S. Macneish）担任。参加工作的人员主要来自北京大学考古学系、江西省文物考古研究所和美国安德沃考古研究基金会（AFAR），还有其他相关部门的学者，专业范围涉及史前考古、农业考古、环境考古、植物考古、动物考古、石器研究、陶器研究和年代测定等众多学科。就一个考古学课题实行中外合作和多学科合作，在当时还很少见，引起了各方面的关注。

其实仙人洞的考古工作并不是在这时才开始的。早在20世纪60年代初，江西省的考古工作者就曾经进行过两次发掘，首次发现了具有明确地层关系的新石器时代早期遗存。只是限于当时的水平，一时间尚未取得学术界的普遍认同。后来在长江流域不断发现史前时期的稻作农业遗存，年代越来越早，吸引了国内外学术界的眼球。看来稻作农业的起源中心很可能就在长江流域，只是还需要进一步做些工作。1991年在南昌召开了首届农业考古国际会议，有不少外国学者参加，其中就有马尼士先生。马尼士是著名的农业考古专家，曾经长年在墨西哥等地从事农业考古研究。对玉米种植的起源和发展做出了杰出的贡献。在世界三大农业起源中心中，西亚的小麦种植起源中心和美洲的玉米种植起源中心，都已经比较清楚，得到了学术界的公认。稻作农业的起源中心自然成了学术界关注的焦点。与此相关的还有陶器的起源和中国旧石器时代何时向新石器时代过渡的问题。马尼士很想与中国学者合作共同探讨这些重大的学术问题。他在江西省社会科学院副院长也是农业考古的倡导者陈文华先生的帮助下，实地考察了仙人洞等遗址，并正式向中国国家文物局提出申请，国家文物局提议由我出面联合组队，这就是此次中美合作进行考古研究的原委。

这次考古发掘与研究基本上取得了预期的成果。一是发现了从旧石器时代末期向新石器时代早期以至更晚时期连续叠压的地层关系，二是在新石器时代早期地层中发现了超过一万年的陶器，三是发现了超过一万年的从野生稻到可能是栽培稻的孢粉和植硅石遗存。后两者正好与同时期发掘的湖南道县玉蟾岩洞穴遗址的发现相印证。这一发现得到了相关部门的充分肯定，被评为1995年度全国十大考古发现之一，又进一步被评为"八五"期间（1991～1995年）的全国十大考古发现之一。

仙人洞和吊桶环的考古工作一直得到当地政府和人民群众的热情关怀和支持，使我们的工作得以顺利进行。对于两个遗址的保护、周围环境的整治和积极向公众开放，相关部门的同志更是花费了许多心血，使我们深受感动。在正式考古报告出版之前，江西省政协又组织人力编辑这部资料丰富翔实的大型图册，从历次考古工作的经过、参加的人员、研究的方法和取得的主要成果，都表述得清清楚楚。让更多的人了解世界上有这么一个古老的万年县，那里有世界罕见的万年稻作和万年陶器，该是一件多么有意义的事情啊！

2010年6月30日于北大蓝旗营寓次

（原为北京大学考古文博学院、江西省文物考古研究所编著《仙人洞与吊桶环》序，文物出版社，2014年。后收录在《丹霞集——考古学拾零》，文物出版社，2019年）

在嵊州小黄山遗址学术研讨会上的发言*

　　小黄山遗址是个比较早、比较大的遗址。虽然大部分被破坏了，还是剩下了不少遗迹遗物，弥足珍贵，希望采取措施保护下来。

　　王海明将整个遗址的文化遗存分为三期。第一期的器物比较单纯，跟上山差不多，存在的微小差别也不一定是时期上的差别，也可能是隔了一定距离的关系。上山遗址测过年代，是距今 11000～9000 年，是浙江已知新石器时代遗址中最早的。我觉得上山、小黄山第一期应该与南方的彭头山文化、城背溪文化，北方的裴李岗文化、磁山文化放在一个档次上，不能再早。因为这个阶段的陶器才开始有分化，有炊器、水器、存储器，造型上开始有了脖子、耳朵、圈足。再早一阶段的譬如江西仙人洞、湖南玉蟾岩洞穴遗址的陶器很简单，就是圜底罐、釜。而这里的陶器比较复杂，已不是陶器起源时期的样子。这里有圜底器、圈足器、平底器，同一类陶器中还有好多种器形。按我的分期，小黄山和上山是新石器时代中期的，到不了新石器时代早期。虽然在现阶段的浙江新石器时代文化中是最早的，但已有较高的发展水平，说明浙江还有更早的新石器文化。小黄山遗址发掘的意义很大。

　　这一阶段，在上山有明显的稻谷遗存，小黄山也在红烧土里发现了稻谷遗存，在浙江稻作农业的起源研究上显然也推进了一个阶段。从聚落形态看，小黄山遗址这么大，虽然比较破碎，只要按照田野操作规程一步一步做下去，以后还是可以弄得更清楚些的。这个遗址田野发掘工作难度很大，土色不好辨认，在这种土色土质中能找出这么多遗迹、能把地层基本划清楚是很不容易的，我对这里田野工作的评价是高的，做得好。做得好并不是每一部分都做清楚了，比如摆在第一期的 05XHSBM2 中出土的两件器物都是灰陶，一件灰陶豆、一件罐，罐肩以下有竖向细绳纹，跟别的器物风格不一样，与跨湖桥很像。如果这是个墓，墓的开口可能把握得不准，这就是个问题。至于摆在第二、三阶段的器物，有些可能是第

---

　　* 　本文为 2005 年 12 月 20 日在嵊州小黄山遗址学术研讨会上的发言。

一阶段的，所以我们看起来一、二、三阶段的差别不大。以后是否再根据考古单元，根据地层学、类型学仔细推敲，把工作做扎实些。因为现在划分的第二阶段中有部分陶器与跨湖桥差不多。跨湖桥很多东西这儿没有，如彩陶和黑光陶这儿没有，这儿的器物与跨湖桥几乎看不出差别。从第一阶段怎么会变成第二阶段这样，这个跨度可能很大，但看其他的陶器差别又不大，我不大明白。如果小黄山与跨湖桥属于两个文化系统，只是在第二阶段受到跨湖桥的影响，但第三阶段怎么又没有这个影响？而且第三阶段的比跨湖桥早，明显有矛盾。我讲这些，并不说明这个发现不重要了。考古有些重要发现往往能提出许多问题，能提出问题就是重要发现。

这里有好多种形状的遗迹，对它们的性质一时难以做出确切的判断，有多种想法很正常，重要的是找出证据来验证想法。找证据没有别的办法，只能在野外做过细的工作。把这个进一步做好了，这次发掘的意义就更大了。

总体讲，第一，这次田野工作做得不错。第二，这个遗址非常重要。第三，这个遗址可以划分几个阶段，最早的阶段与上山遗址属于一个文化系统，还大大丰富了上山遗址发掘的内涵，所以是个非常重要的发现。总体的年代，应把握住它不是最早的新石器时代遗存，应划在新石器时代中期，与彭头山、裴李岗坐在一个板凳上。

我们要进一步寻找更早的新石器遗存，这是有根据的，小黄山、上山在别的地方完全不见，就是本地的，并且已经有相当大的发展了，它的前身一定在当地。在浙江寻找更早的新石器文化已经提到议事日程上来了。

（原载《丹霞集——考古学拾零》，文物出版社，2019年）

《中国河姆渡文化》序

　　《中国河姆渡文化》即将出版了，这对于急欲了解河姆渡文化全貌的考古学者固然是一件大好事，就是对于关心中国史前文化研究的广大读者，特别是难以见到实物的外国读者来说，也是很有意义的事情。所以我乐意在这里写几句话。

　　河姆渡文化赖以命名的浙江省余姚县河姆渡遗址面积约 4 万平方米，在我国新石器时代聚落遗址中最多算个中型的遗址。两次发掘的面积共为 2630 平方米，不到遗址总面积的 15%，规模也不算大。而发掘的收获特别丰富，引起学术界的极大注意。这种情况在考古工作中是不多见的。我想这首先是因为遗址本身具有很高的学术价值，同时也是因为两次发掘和其后的科学研究组织得比较好，使大家能够比较及时地认识遗址价值之所在。

　　河姆渡遗址原来位于杭州湾南岸一片由潟湖演变成的湖沼的南缘，现在地面高程仍然接近于海平面。地下水位高，使文化层一直处在潜水面下。在文化层堆积过程中又曾两度发生中断，覆盖了两层泥质海相层，起了隔绝空气的作用；加上文化层的地球化学环境为弱酸性或中性与中性或弱碱性相间分布，此三者形成了特别良好的保存条件，使得一大批有机物得以保存下来。这在国内几千处新石器时代遗址中是仅见的。可以说河姆渡的一些最有价值的发现，都是与这个特别良好的保存条件分不开的。

　　举例来说，我国古代建筑的一大特点是大量使用木材，在建筑技术上逐渐形成一种梁柱结构的体系。但因木材不易保存，从新石器时代直到商周时代的房屋遗迹虽然发现了成百上千座，却只知道基址的情况，地上结构均不甚了了。至于曾经广泛流行于长江以南的所谓桩上建筑或干栏式建筑，就连平面布局也搞不清楚。在这种情况下，要复原古代人民的居住条件和建筑技术就十分困难。河姆渡遗址第一期文化遗存中恰巧保存有许多干栏式建筑的木构件，数目达好几千根。举凡各种地桩（方桩、圆桩、板桩等）、地龙骨、地板、房柱（转角柱、平身柱等）、大梁、窗棂等等应有尽有。不少梁柱上有很好的榫卯。根据这些木构件的特征和出土状况，不但可以大致复原当时的房屋，而且盖房用什么木材，怎样加工等一套建筑技术和建筑程序方面的问题也可以弄得比较清楚。过去建筑界总以为榫卯结构要到商周以后才逐渐形成，河姆渡的发现把这个年代提早了几千年。它使我们有必要重新审查先秦的各种建筑，看看是否有估计过低的情况。中国建筑技术史的这一章就需要重新编写！

河姆渡另一项重大发现是大量的稻谷遗存，这更与保存条件良好有密切的关系。在河姆渡遗址发现之前，我国虽也在多处遗址发现过稻谷遗存，但多是红烧土中的稻壳或稻壳痕迹，全形的稻谷或稻米只有炭化后才可保存下来，数量极为稀少。这不但对鉴定稻谷种属带来一定的困难，而且很难对当时的稻谷生产水平做出估计。河姆渡稻谷遗存保存之好是出人意料的，其中有的稻谷呈金黄色，有的稻叶甚至还呈黄绿色！这对于稻谷品种的鉴定是十分有利的。河姆渡稻谷遗存的数量也十分惊人，根据其体积和密度再换算成新鲜稻谷估计有若干吨，这数目虽然难以准确，但在迄今所发现的史前遗址中，不论是国内还是国外，还找不到一处可以相比的，其生产规模可想而知。更可贵的是河姆渡发现了大量平整水田和修整田埂的骨耜，有的耜上还装有木柄，形状同现代江南一带所使用的挖泥铁锹十分相似。江南遗址中土质多带微酸性，不利于骨质遗物的保存。过去因为不知道有木柄骨耜这种农具，往往把石钺误作平整水田的所谓石铲。河姆渡的发掘使这一问题得到了澄清。由于河姆渡稻作农业的资料特别丰富，年代又比较早，考古学家和农学家都格外重视，很快就引发起一场关于稻作农业起源的讨论。河姆渡遗址的学术价值于此可见一斑。

河姆渡的重要发现还有很多。例如那里的木胎漆碗便是迄今所知最早的一件漆器。还有我国最早的木桨，最早的纺织机具，最早的象牙雕刻制品和最早的彩陶等等。还有更多的资料需要进一步研究，才能充分理解它们的意义和重要价值。所有这些都出现在远离中原和黄河流域的浙江东部，而且是在滨海一隅的小小的河姆渡遗址，年代又偏偏那么早，这对于我国史前文化发展的所谓中原中心论或黄河流域中心论不能不是一个巨大的冲击。以至于有必要重新估价长江下游，包括太湖和杭州湾一带，在中国史前文化发展中的地位与作用问题。这是河姆渡遗址的发现者对学术界的一大贡献。

由于河姆渡遗址地处稻田，地下水位很高，遗物非常密集，特别是许多有机物在出水和接触空气以后容易变形变质，给发掘工作带来极大的困难。加之过去缺乏发掘同类遗址的经验，因而把这次发掘工作做好的确是很不容易的。我们高兴的是浙江省文物考古研究所（当时属于省博物馆）的同仁们，在当地政府的支持和群众的关心下，倾注全力，使发掘任务完成得很好。发掘后对器物的保护、修复与研究工作也组织得很好。他们不但自己研究，还虚心请教各方面的专家，开展多学科的合作研究，取得了很好的成绩。刘军和姚仲源同志既是两次发掘的参加者和组织者，又是研究工作的主要担当者。由他们来编辑出版一部资料翔实、图片精美的《中国河姆渡文化》是十分合适的。相信读者们从本书中不但能够获得许多新的知识，还可以获得美的享受，对于关心此道的学者也会获得若干宝贵的启迪。是为序。

（原为刘军、姚仲源著《中国河姆渡文化》序，浙江人民出版社，1993 年。后收录在《农业发生与文明起源》，科学出版社，2000 年）

在田螺山遗址学术研讨会上的发言[*]

　　田螺山遗址在河姆渡文化里面是保存最好的一个遗址，有一个比较完整的聚落，虽然现在还没有完全揭露出来，但已有很多柱础、木柱，还有一个类似独木桥的遗迹，似乎露出了一个水边村落基本面貌的一角。遗址有非常多的动物和植物遗存，有家养的，也有狩猎得来的，还有大量的水生动物，说明当时人们的食物来源是多种多样的。特别是有很多稻作农业的遗物遗迹，当时农业究竟是已经比较发达了，还是处在一个比较初级的阶段？现在有不同的意见，需要进一步探索和研究。可喜的是这个地方有非常好的研究条件。一是有丰富的稻谷遗存；二是有与稻作有关的工具，如翻地的骨耜、木耜等。据说经过探测，知道当时周围有面积达数十亩的水稻田，这更是一个重要的发现。我看了一下试掘的地方，的确有水稻的茎叶和谷粒等遗存，从地层关系和出土陶片来看也确实是属于河姆渡文化时期的。只是还没有发现田埂和灌排设施，暂时还不能肯定是人工开发的水稻田。从野生稻培育成栽培稻，中间应该有一个逐步驯化的过程，田螺山的稻作农业到底发展到了什么水平，还需要做许多研究。这里既然有那么大面积生长过水稻的环境，将来继续发掘和研究，是有可能把这个问题弄清楚的。这些课题都是史前考古非常重要的一些方面，有可能在这里得到突破，所以对这个遗址我们看得很重。

　　当地政府盖了这么好一个保护棚，不管天晴下雨，考古工作者都可以从从容容地开展工作，我作为一个考古工作者，由衷地感谢各有关部门和老百姓对文物考古工作的支持。考古工作只能慢慢来，不能大手大脚，要边发掘边研究，不能一下子都揭开。如果太快了，容易产生消化不良，会弄得乱七八糟。时间充裕一点，可以组织各方面的专家来发掘、研究。发掘一部分整理一部分，整理中发现问题后，有助于改进下一步的发掘工作。我前后来过两次，感觉这里的工作基本上是做得好的，各有关方面配合得也好，我对整个工作是满意的。作为一个考古

---

　　* 　本文为 2007 年 6 月 20 日在田螺山遗址学术研讨会上的发言。

工作者，能够有这样一个工作环境，那是非常难能可贵的。

田螺山遗址的文化内涵属于河姆渡文化，河姆渡遗址当年分了四期，第二、第三期之间有缺环，田螺山遗址基本上把这个空当填起来了，这是对河姆渡遗址的补充。河姆渡遗址发掘是 30 年以前的事了，那个时候的技术力量，对学科方面的认识，跟现在有相当大的差距。现在经济、技术力量都上去了，所以我们期待这里的发掘会有更大的收获。

根据孙国平的介绍，在遗址"生土"层下面也存在木炭、陶片等早期文化遗物的一丝线索，因此很可能有更早的人类在这里活动。但是现在上面有很好的建筑遗迹，动植物遗存也保存得非常好，不宜挖掉。要追溯更早的文化遗存，可以靠别的遗址来做，不必只盯着田螺山一个遗址。现在浙江已经发现了比河姆渡文化更早的上山、小黄山和跨湖桥等遗址，史前近一万年以来文化的递嬗，已经看得比较清楚了。但是，每个阶段在文化上有相当的差距，跨湖桥不像是由上山直接发展来的，河姆渡也不像是跨湖桥直接发展来的，比河姆渡年代相近的马家浜，也不像是河姆渡发展而来的。浙江史前多种文化都有一个辉煌时期，是一个相互发展、不断替代的过程，呈现出丰富多样的多元性文化现象，这个现象值得好好研究。总之，浙江是一个考古学者可以大显身手的考古圣地。

（原载《丹霞集——考古学拾零》，文物出版社，2019 年）

河姆渡与田螺山

　　1973 年，浙江省文物考古研究所首次发掘余姚河姆渡遗址，发现成排木桩组成的所谓干栏式建筑和以 10 万斤计的稻谷遗存。碳－14 测定年代早达公元前5000 ~ 前4000 年。那么早的年代有那么发达的农业文化，在学术界引起了很大震动，从而引起了探索稻作农业起源的讨论和一系列新的更早的农业遗存的发现与研究。但作为一个颇具规模的干栏式建筑聚落的学术意义却很少讨论。所谓干栏式建筑，就是我国南方和东南亚如今还很流行的高脚屋，即在地面栽桩柱，上面铺地板，再在上面盖房子，地下可以养猪羊或存放杂物。人居住在地板上的房间里。是适应于炎热而潮湿环境的一种建筑形式。河姆渡是在我国史前文化中首次发现大规模高脚屋的遗址。

　　2001 年年底，村民在河姆渡东北约 7 千米的田螺山打井，发现井下有类似河姆渡文化的遗存，随即报告文物部门。浙江省文物考古研究所遂于 2004 年 2 ~ 7月进行了首次发掘，以后又于 2006 年 9 月 ~ 2007 年 1 月、2007 年 3 ~ 7 月和 2008年 3 ~ 6 月进行了三次发掘。四次发掘共揭露面积 1000 平方米。发现了比河姆渡遗址更高规格的聚落遗址。鉴于遗址的特殊重要意义，余姚市政府遂于 2005 年 7月拨款 1000 万元建设一座高规格的保护棚。在棚内可以避开日晒雨淋，比较从容地继续进行发掘，也可以供群众参观。遗址所在的田螺山不过是一个两三米高的小土堆，样子像一个田螺，出土的明清时期的石碑上即刻着"吉地择螺山，定当克昌厥后"的文字。田螺山处在一个面积约 1 平方千米的小盆地的中央。目前盆地内都是稻田，周围是低矮的小山。整个环境就像是一个绿色的聚宝盆。遗址发掘分东西两区，东区保存不大好，主要的发现在西区。该区在现代水田下有厚约 2米的淤积层，下面有一薄层沙土，其中包含有大量磨损的碎陶片，是被冲刷的二次堆积。说明在距今约 6000 年的河姆渡文化中期有一次环境变化。

　　在东边探方 5 层下出露了加工规整且排列整齐的方木桩（图一），在 6 层下即可找到柱坑的开口。其排列大致可分为两个以上的排房。东北的一个比较完整，长 20 米，南北方向有五六排。西侧一排保存最好，有 8 根方木，均为柏木，柱间

图一　大方柱等出土情形

2.5 米。西北的转角木柱最粗大。其北边有一大堆多种动物的骨骼，当是居住时食剩的残渣。

　　不同于河姆渡打桩栽柱，田螺山是挖坑栽柱。6 层下这组建筑相当于河姆渡文化二期偏早、一期偏晚，距今约 6500 年。其南部可能是聚落的中心所在，有特别粗大的方木柱，见方 40 厘米。并且用多层木板垫底（图二、图三）。良渚古城东部的庙前遗址发现有两座房屋也是用见方 40 厘米大木柱并用多层木板垫底。田螺山比庙前要早一千多年，就有那么高水平的木构建筑，实在令人惊叹。这么大的树木是怎样采伐的，又是怎样加工的呢？不仅如此，房屋上的装饰也特别讲究，有的栏板上刻划行走状的猪（图四），有的构件似连体双鸟（图五），可惜都难以复原。

图二　木柱下的垫板

图三　独木梯

图四　刻划猪纹的栏板

图五　连体双鸟纹的正面和背面

　　由于发掘面积有限，田螺山整个聚落的面貌尚不清楚，仅在可能是中心区的西边发现有 20 多米长的两排木桩，有圆桩也有板桩，可能是聚落的一段寨墙。其西边有一条小河沟，出土多件木桨，上面有整木搭建的小桥。

　　田螺山发现有不少墓葬。成年人实行二次葬，没有墓坑，也没有随葬品。小孩实行瓮棺葬。从这里看不出人们的身份有什么差别，看不出有任何社会的分化。

但田螺山那样高规格的建筑，从树木采伐到材料加工，以致最终建成，仅靠自己的力量是难以完成的。应该有相邻聚落居民的帮助。

河姆渡和田螺山时代相同，距离相近，应该有密切的关系。二者各有特色，一个是在淤泥上打桩搭建长条形的高脚屋，一个是在平地上挖坑栽柱建高脚屋。河姆渡虽然发现了大量稻谷遗存，但没有发现稻田。田螺山周围则发现了与聚落年代相一致的两期古稻田，面积达数十亩之多，说明有比河姆渡更加稳定的收获。作为聚落，田螺山的规格显然远高于河姆渡。这不仅表现在房屋建筑上，也表现于出土遗物的档次上。这里有高92厘米的双耳小口瓮（图六），有上面刻划三猪二鹿相向行走的黑陶盉等（图七、图八）。有精细加工的玉璜、玉玦

图六　陶双耳小口瓮

和骨笄等。更有比河姆渡同类器大气得多的糅漆木鼓。如此看来，田螺山应该是整个河姆渡文化的中心。这个中心聚落与文明起源时期的中心聚落有所不同。这是一种什么社会也是很值得研究的。

图七　出土陶钵

河姆渡文化主要分布在宁绍平原，至今发现的遗址不多，且都很小。2019～2020年浙江省文物考古研究所在田螺山附近发掘的井头山遗址，年代比河姆渡文化早，是一个贝丘遗址，也出土陶器和木器，却看不出跟河姆渡文化有明确的传承关系。河姆渡文化之后，在宁绍平原似乎经历了文化上的断档，被马家浜—崧

图八　刻划三猪二鹿陶盉

泽文化取代了。而以水稻田为代表的稻作农业却是连续不断地发展的。

浙江的史前文化像穿梭一样，一个接着一个，一个取代一个。上山文化跟当地旧石器时代文化看不出有什么传承关系，上山之后的跨湖桥文化，跨湖桥文化之后的河姆渡文化，河姆渡文化与年代相近的马家浜文化，都好像是各自为政，看不出明显的联系或传承关系。只有马家浜—崧泽—良渚，才可看出前后传承。到钱山漾、广富林，虽是前后相继，文化上也看不出明确的传承关系。直到吴越时期，苏杭太湖地区才成为稳定的文化中心，其他地区就边缘化了。这跟地理环境和华夏文明的整体格局或许有相当的关系。

（原载《耕耘记——流水年华》，文物出版社，2021 年）

江淮地区的文明化进程[*]

　　这次会议主题是江淮地区的文明化进程，做文章要切题，我想就这个题目谈一些自己的看法。先谈一下中国文明起源研究的基本情况，因为研究江淮地区文明化进程的问题，固然要分析江淮地区的有关资料，但是要把问题说清楚，还是要放到全国文明起源研究的大背景下来进行认识和讨论。

　　中国文明研究的热潮是从 20 世纪 80 年代开始的。我记得在 1985 年，夏鼐先生把在日本发表的几篇演讲编成了一本书，题目就叫《中国文明的起源》。夏先生是一个很严谨的学者，他不到一定的时候不会提出什么新的看法。他在书里面是从殷墟的发掘开始讲起的，说在殷墟经过发掘以后，证明商代晚期已经进入文明时代。然后向前追溯，到 50 年代，郑州商城的发现证明商代前期也已经进入文明时代。再往前追溯到二里头文化时期，二里头遗址的那些遗迹和遗物表明那个时候也应该进入文明时代了，至少二里头文化的晚期是这样。然后，他又讲文明的起源和文明的形成不是一回事，文明的起源还应该到新石器时代晚期去追寻。他在讲这个问题的时候，并不是没有一点根据，因为在这之前有大汶口文化和陶寺文化的发现，两者从墓葬看贫富分化和社会地位的分化已经非常明显，跟一般的新石器时代遗存中看到的人人平等、物质文化非常简单的情况有点不一样。80 年代初，又有红山文化牛河梁遗址中十分壮观的"坛、庙、冢"和甘肃大地湾仰韶文化晚期的所谓"原始殿堂"的发现，在学术界引起很大的反响，所以夏先生很明确地讲中国文明起源应该到新石器时代的晚期去追寻。从那以后，中国一些地方有关文明化时期的遗存不断发现。1986、1987 年在良渚文化遗址群里的反山、瑶山贵族坟山中大量精美绝伦的玉器和漆器等的发现，引起学术界普遍的关注，甚至是很大的震动，没有想到在新石器时代的文化中会有那样高规格的墓葬和随葬物品。人们纷纷议论：到底良渚文化是走近了文明时代的门口，还是已经进入文明时代了呢？这时期另一值得注意的事情是在各地不断发现史前的城址。在湖

---

　　*　　本文为 2006 年 11 月 15 日在江淮地区文明化进程学术研讨会上的发言。

北天门石家河发现屈家岭文化时期的城址，面积达 120 万平方米，里面有很明确的功能划分，说明长江中游也正迅速走向文明化的进程。所以，1989 年在长沙召开的第五届中国考古学大会上，苏秉琦先生做总结发言时就明确提出：在今后相当长的时期里，我们中国考古学界的任务之一就是把探索中国文明起源当成一个头等重要的任务。苏先生很早就关心中国文明起源的研究，从 20 世纪 80 年代以来发表了一系列的讲话和文章。他的观点集中反映在 1997 年出版的《中国文明起源新探》一书中。这本书是苏先生口述、由郭大顺先生记录整理的。书中的基本观点可以概括为三条：第一，中国文明是多元起源，而不是由某一个中心起源然后向周围扩散；第二，既然是多元，在各地文明化进程的内容和方式是不一样的，各有特点，所以在研究中国文明起源时既要有宏观的把握，又应该研究各个文化区系的具体情况；第三，以中国之大，各个地方文明化的时间有先有后。黄河流域、长江流域比较靠前，在那里首先产生了夏商周文明。周边少数民族地区后来也陆续建立了自己的文明。这些文明从来不是彼此孤立而是紧密地联系在一起的，共同组成一种多元一体的结构，这种结构乃是形成以汉族为主体的多民族统一中国的基础。我觉得，苏先生以上的观点对于今天研究中国文明起源应该具有重要的参照和指导意义。

现在探索中国文明起源的热潮方兴未艾。在这样的背景下，国家想用更大的力度来支持中国文明起源的研究，启动了"探源工程"。可以看出，我们现在的工作是有相当基础的，也是有理论指导的，不是从头开始，不是前人没做过工作，现在突然来个工程让大家去做。

探源工程之前，有一个"夏商周断代工程"，夏商周断代工程的原有班子曾经做过一些探源工程的预研究，而且当时就打算基本上由这个班子把探源工程继续下去。我们当时觉得夏商周断代工程只是一个断代的研究，内容比较单纯，过去的研究也有比较好的基础。而所谓探源，就是探索中国文明的起源，性质完全不一样，研究的内容复杂得多，年代更久远，地理范围也广阔得多，又没有多少古文献或古文字的资料可作参照。所以，像夏商周断代工程的组织形式恐怕不合适，也不利于发挥全国各单位和各位学者的积极性。因此，我们当时提议这个项目要吸收各有关方面的力量参加，各个单位、各位学者，只要是研究中国文明起源的，都可以申报。当然，还要组织专家来审查你的申报，如果合适的，就应该支持。为了保持公平和公正，专家组的成员虽然可以有自己的研究，但不得申报项目。现在基本上是采取这种方式在运作。鉴于文明起源的问题非常复杂，涉及的方面非常广泛，短时期内不可能完成，甚至也很难说在某一个时期内取得某种明确的阶段性成果。探源应该是一个永恒的课题，而不是一个可以一蹴而就的，只有某些具体课题才可能在一定时期内完成。用工程的方式来操作不见得好，我一直不赞成叫什么工程。不过叫什么名称也没有多大关系，只要国家支持，大家努力，至少可以加速这一课题的进行。

江淮地区文明化进程的研究乃是中国文明起源研究的组成部分。江淮地区不限于安徽，但主要在安徽。讲江淮地区文明化进程主要是研究安徽新石器时代文化发展的过程。在这个会上提供了很多资料，说明安徽的新石器时代考古有不少新的发现，研究也有很大的进展。但是，说实在话，比起周围的山东、江苏、浙江、河南等考古强省来，还是有比较大的差距。也许我了解得还不够，但愿这个说法不很确切。

安徽比较早的新石器时代遗存，如小山口、石山子、双墩和侯家寨一期等这样的遗存，究竟是一个考古学文化，还是属于不同的考古学文化，它们之间的早晚关系和文化关系如何，都还需要进一步研究。晚一点的遗存有三块：一个是皖北，以尉迟寺遗址为中心的一类遗存，应该是大汶口文化在皖北地区的一个地方类型，现在做了不少工作，之后是一些相当于龙山文化的遗存，面貌比较接近王油坊类型，但工作做得并不太多；第二个就是江淮地区的西边，以薛家岗遗址为代表的薛家岗文化这类遗存，也做了不少工作，尉迟寺出了一本考古报告，薛家岗也出了一本报告；第三个就是江淮地区东部，以凌家滩遗址为代表的一类遗存，现在《凌家滩》报告也出来了。这三类文化遗存之间是什么关系？好像薛家岗文化和凌家滩文化比较接近，应该是江淮地区的主体文化。尉迟寺一类遗存则是另一个文化系统，其发展水平远不如大汶口文化和龙山文化的中心地区，文明化的迹象也并不显著。

江淮地区文明化进程，从薛家岗文化和凌家滩文化可以看出一些端倪。薛家岗文化主要分布在安徽西部的长江北岸，长江南岸和湖北东部也有少量遗址。其中心遗址薛家岗面积不过 10 万平方米。从墓地情况看，早期（第一至第三期）都是小墓，看不出有分化的迹象。中期（第四、五期）出现较大变化，晚期没有发现墓葬。其中第四期个别墓随葬较多石器和少量玉器。第五期才出现几座较大的墓葬。如 M44 随葬陶器 3 件、石器 9 件和玉器 33 件，石器中有多孔石刀和画花果纹的石钺，玉器中有钺、镯、璜和管珠等，超出一般墓葬的规格。应该说这个时候已经迈开了走向文明的脚步。但薛家岗遗址的中期无论从器物特征还是从碳 – 14 年代来说，都已经相当于良渚文化的时期，而文明化的程度却远远不如良渚文化。相比之下，凌家滩文化就发达得多了。

关于凌家滩文化，这次会上大家谈得比较多的是玉器，包括玉器的质地、产地、种类、形制、纹饰的解读及与文明起源的关系等各个方面都谈到了。我还是谈谈本行，想从遗址本身做一些观察，看看凌家滩到底到了一个什么样的发展阶段。这也就是我在《凌家滩》报告序言中谈的内容。我注意到凌家滩是一个大的遗址，是一个 100 多万平方米的遗址，在安徽是独一无二的。但是对这个遗址基本上没有做全面的勘探和发掘，只做了些试掘，发现有大面积的红烧土堆积，估计是大型房屋的遗迹。其他情况并不清楚。墓地有两个，其中一个做了全面揭露，这给我们提供了分析的基础。墓地有不同的层位，墓葬之间有复杂的叠压打破关系，但是要分期却很困难。一则是随葬的陶器较少，有些陶器又难以修复，不大好进行全面的类型学研究；二则也说明前后经历的时间并不很长，从陶器和其他器物上看不出明显的规律性变化。如果从平面来看，好像能够比较明确地分成几组。这种情况到底只是表面现象，还是反映一定的社会内容，则需要做具体的分析。我注意到，每一墓组中早晚墓葬的性质都差不多，说明墓组的划分不是随意的，从早到晚是比较稳定的。具体而言，墓地的南区是大墓的集中区，从早到晚都是如此，一些重器也出于此处。很明显，这个地方在墓地中占有很特殊的位置。西南、东南、西北的墓葬规模稍小，是第二等级的。但是，西南、东南的墓组，好像宗教性质比较浓，西北墓组从早到晚好像都是石匠、玉匠，墓中出了许多石器、玉器以及石料、玉料。东区的墓，陶器出土比较多一些，其他东西不太多。中区的墓则比较穷，而最穷的是北区的墓葬，规模小，随葬东西也最少。每一个墓组的墓葬数目不多，应该只有一个家族的规模，是一个家族在一定时期死亡者的墓葬。整个墓地的规模也不是很大，最多是一个氏族的规模，是一个氏族在一定时期内死亡人员埋葬的墓地。如果这个估计不至于大错，就说明在凌家滩时期氏族内部发生了分化。有比较富的家庭，代表社会的上层；也有比较穷的家庭，他们是社会的平民。在职能上也有分工，有的是宗教人士，有的是军人，有的是工匠。这种分化正是社会文明化进程中的重要表现。

凌家滩墓地的年代大致相当于薛家岗文化的早期，而发展水平远高于薛家岗文化。可见江淮地区新石器时代文化的发展是不平衡的，文明化的进程在东西两边有很大的差别。不但如此，即使在全中国的文明化进程中，凌家滩也是起步比较早的，在同时期文化中是发展水平比较高的。但是，为什么以后在安徽看不到其更进一步的发展？我想原因可能有两个，一个是考古工作还没有做到，一个是文明中心的转移。

中国史前文化有不同的区系，几个大的区系文化的发展具有相当的稳定性。像山东及其附近的海岱文化区，从后李文化、北辛文化、大汶口文化、龙山文化一直到岳石文化，都是前后相继、稳步发展的，还不时对邻境文化有所影响或冲击。到商代华夏势力才大举东进，到周代建立了齐、鲁等诸侯国，也还保持当地文化的许多特点。中原地区从裴李岗文化（以及白家文化）、仰韶文化到中原龙山文化，一直是强势文化，也是前后相继、稳步发展的。以后便成为夏商周三代的重要舞台。长江中游的两湖文化区，从彭头山文化、大溪文化、屈家岭文化到石家河文化，也是前后相继、稳步发展的，之后发生一些曲折，但深厚的文化底蕴并没有消失，所以到周代又出现了强大的楚国。江浙地区的情况也大抵如此。文化底蕴厚，不是随便就会消失的，中间或许有一些变化起伏，但是在一定的时期还是会起作用的。

在几个大的文化区系之间还有比较小的区系或亚区系，江淮地区特别是安徽应该属于这种情况。亚区系或小区系的稳定性较差，容易受大区系强势文化的冲击，往往变化比较大。凌家滩文化中心的转移，或许可以从这里得到解释。

关于江淮地区特别是安徽的文明化进程，我们现在的认识仅止于此。至于如何开展进一步研究的问题，我想提几点意见，不见得合适，仅供参考。

第一，要优先抓紧弄清楚江淮地区的文化区系。现在文化分区多少有些眉目，但是各个小区新石器时代文化的分期多不清楚或不完善，在文化分期基础上的谱系做得更不够。只有薛家岗文化的研究算是开了个头，也还没有完全解决。因此，首先要开展普遍而深入的考古调查，并适当地进行一些试掘，把各地文化分期搞清楚。这并不是很难的，但要定下心来认真去做。

第二，在基本上弄清楚文化谱系的基础上要找一些重点遗址进行发掘，包括在基本建设工程中发现的重要遗址。要改进发掘方法，严格按照经过修改的田野考古操作规程办事。要有聚落考古的意识，通过聚落形态演变的研究来扎扎实实探索江淮地区特别是安徽的文明化进程。

第三，要加强科技考古的投入，开展多学科合作，以便尽可能多地提取文明化过程中的各种信息，使研究的结果有血有肉，有立体感，而不只是干巴巴的几条。还可以经得起科学的检验。

第四，要加强与各个地方和各个考古单位的联系。因为邻近几个省相关问题的考古工作和研究都有不少值得安徽的同仁学习和借鉴的地方。当然你安徽做得好的地方人家也要学习，相互交流沟通总有好处。如果从这几个方面进行努力，我想江淮地区文明化进程的研究将会有更大的进展。

[原载《长江文明的曙光》（增订版），文物出版社，2020 年]

安徽新石器文化发展谱系的初步观察*

一　安徽新石器文化的自然环境和人文环境

大家都知道，长江和淮河把安徽分成三大块，淮北、江南和江淮之间，但从大的自然区划看，秦岭—淮河是我国最重要的分界线。淮北为暖温带半湿润季风气候，淮河以南为亚热带湿润季风气候。一月份 0℃ 等温线基本上与淮河干流吻合。这种自然环境显著地影响人们经济活动的方向。所以历来淮河以北主要发展旱地农业，淮河以南则以水田农业为主。新石器时代是一个农业初步发展的时代，人类改造自然的能力有限，依赖自然环境因素很大。既然自然环境上存在相当大的差别，那么必然在经济活动方向和考古学文化特征上造成很大影响。目前皖南地区没有做多少工作，所以我看到的只是两大块，即淮北和江淮之间，二者应分属于两个不同的经济文化区。

人文环境，主要指安徽新石器文化在存在和发展时期，周围有哪些人，哪些文化，这些人和文化对它有什么影响，两者之间有什么关系，等等。

在安徽东北部，有一个大的文化系统，即北辛—大汶口—龙山—岳石文化，皖北萧县花甲寺遗址有明显的大汶口文化因素。

在安徽西北部有一个大的文化系统，即裴李岗—仰韶—中原龙山—二里头文化系统，安徽与那里关系不直接接触，但观察安徽新石器文化和早期青铜文化时，都有中原地区的影响。

在安徽东南部，有河姆渡—马家浜—崧泽—良渚—马桥文化系统。

在安徽西南部，有城背溪—大溪—屈家岭—石家河文化系统。

以上就是安徽新石器文化以至早期青铜文化发展的自然背景和人文环境。我

---

*　本文为 1988 年 12 月 3 日下午在安徽省文物考古研究所 30 周年暨安徽地区考古学文化讨论会上的发言。

们观察安徽新石器文化应该从这一基本事实出发，不能孤立地看，否则许多问题就会看不清楚。这样说来，安徽地区新石器时代是否只是周围不同文化区系的一个交汇点，而没有自己的文化特点呢？或者既有自己的文化特点同时与周围各大系统文化发生关系呢？这个问题不能抽象回答，只能靠安徽同志的工作。我想现有的资料也许能为回答以上问题提供一点线索。安徽新石器文化究竟有没有自己的特点，特点多大，发展水平多高，能不能独立为一个大系统，或者是一个亚系统呢？这就是以下我要讲的第二个问题。

二　安徽新石器文化发展谱系的初步观察

由于时间关系，我粗略地看了大家为这次会议提供的文章，特别是何长风同志的文章把安徽分为五个区，对我很有启发。下面我只能谈一些粗浅的认识，好在大家都是做实际工作的，请参考和指正。

淮北区

濉溪石山子遗址出土的遗物，我看了两遍，觉得不十分懂（高广仁：完整器太少），东西特别，当然有些因素可以与别的地区对比，严格的分期较困难，大概通过整理可以分分期，早与晚的时代差别不是很大，早到什么时候，从锥形鼎足、釜、钵等看，与山东地区大汶口遗址第一期有些相似，有少量蘑菇状纽的时代可能较早，这些蘑菇状纽在胶东一带较多。另外，有些因素与南方有些关系，例如多数陶胎较厚，多釜等。我看主要还是有自己的特点，不能归到大汶口文化一期系统，与南边的侯家寨下层也不一样，一看就明白。

比石山子遗址晚一点的有萧县花甲寺与亳县富庄遗址，据杨德标同志介绍，富庄墓葬中发现有拔牙习俗，大汶口文化拔牙是拔上侧门牙一对，这里不一样，上下门齿都拔。并且盛行一次葬，这与大汶口文化也不大相同。从陶器看，背水壶、篦形器等与大汶口文化相似，折腹鼎又有屈家岭文化因素，又不完全一样，且又有相当多自己的特点。从整体特征来看，即使归为大汶口文化系统，也应是一个新的地方类型。

再晚的就是龙山时代的遗存。其中富庄上层比较接近鲁西南和豫东的造律台类型（青堌堆类型）而与附近徐州高皇庙则有较大区别。但因材料太少，严格归类也有困难。至于萧县花甲寺中层则接近于高皇庙，属龙山文化。

淮北区大体是这样，谱系不十分完全，中间有缺环。单是从这一很不完全的谱系中也可大致看出一种趋向：较早的遗存（如石山子）特征突出，与周围文化的关系较少；较晚的遗存（如花甲寺下层和富庄下层）虽受大汶口文化的强烈影响，但还有相当明显的地方特色；最后到龙山时代地方特色也很少了，只能分别归入龙山文化和中原龙山文化的造律台类型。由此可见，安徽淮北并不是一直作为一个独立而稳定的文化区而存在的。这与江淮之间的情况有较大不同。

江淮地区

目前可大体分为两块，即西南块和东北块。

西南块，首先是薛家岗遗址的发掘。我们第一次对安徽新石器文化有比较明确的认识就是从薛家岗的发现开始的。由于文化面貌有特点，而且有一定的分布地域，所以被称为"薛家岗文化"，薛家岗遗址的分期大体代表了该文化发展的几个阶段，但该遗址墓边不好找，器物组合不十分清楚，重新进行分期观察比较困难，好在周围有别的遗址可以补充、校正。所以对本地区文化面貌了解比较多。

现知最早的遗存是薛家岗一期。这期资料甚少，内容也不太单纯。一部分因素如腰沿釜、圜底鼎等具有马家浜文化的特征，年代也应大体相当；另一部分因素如花瓣纹彩陶片、扁薄鼎足等似较晚，年代当与刘林期或崧泽期相当。因此薛家岗一期本身还可分期，而它本身的特征究竟有哪些，它同以后薛家岗二、三期的关系如何，是今后应探索的重要课题。

薛家岗二、三期遗存的内容丰富，特征明显。特别是第三期出土大量的多孔石刀和带花果纹的石钺，十分引人注目。陶器中的宽扁足鼎、高柄豆、矮圈足壶、角形把鬶和甑套鼎的"甗"，都是很有特色的。完全可以确立为一个独立的考古学文化。此外，薛家岗二、三期文化也有明显的外来影响。如二期中的某些豆、壶、罐与崧泽的同类器非常相似，三期中个别豆、壶又与良渚文化同类器相近，这是来自东方的影响。三期中的陶球与大溪文化和屈家岭文化的陶球相比，无论其形状、结构和纹饰都几乎别无二致，这是来自西方的影响。

位于本区的宿松黄鳝嘴，出土器物乍看起来与薛家岗二、三期有较大差别，因为靠近湖北边境，同志们可能认为它是另一种文化遗存。我的看法是，黄鳝嘴基本上属于薛家岗文化，可能有地区差别，但主要是时代差别，因为它比薛家岗二、三期早。如果完全从地域上看，就难以解释在鄂东南地区也存在薛家岗文化因素的情况。在这方面任式楠同志比较清楚，是否可请他详细谈谈。

东北块，较早的有定远侯家寨下层及蚌埠双墩等，陶器胎厚，火候低，泥质陶有红衣，外红内黑，夹砂陶常有附加堆纹、印纹、刻划纹装饰。器形主要有釜、支脚、矮圈足钵（有一部分是器盖）、少量的锥形足鼎、小口双耳壶，另外还有红彩。总之给我的印象有相当多的马家浜文化因素，例如胎厚，陶色有外红内黑，器形有釜、双耳壶等（蒋赞初：我们发掘的草鞋山遗址下层多外红内黑陶），但与马家浜文化又不完全一样，不是一个系统，显然有自己的特点，年代与淮北石山子遗址差不多。

晚一个阶段有侯家寨上层和肥西古埂下层等。彩陶较多，多红宽带彩，有些器物与北阴阳营几乎完全一样，例如小圈足碗、豆等，个别器形与大溪文化相似，有些花瓣纹彩陶和折腹釜形鼎等可以与大汶口文化的刘林期和仰韶文化的庙底沟期相比较。

第三阶段应该是以含山凌家滩遗址为代表的遗存。那里的器物乍看起来很特殊，但有些器物如鬶形器等与薛家岗相似，年代可能与薛家岗二期相当。

最后一个阶段可以肥西古埂上层为代表，年代也许与薛家岗四期相当，已进入龙山时代了。

我们虽然划了东北块和西南块，但总体上都在江淮之间，有可能是一个大文化区中的两个地方类型，这个大区往东至少影响到北阴阳营，因为那里也发现过多孔石刀和许多石钺，某些陶器也同安徽的比较接近。这样，我们对江淮之间新石器时代文化大体有个了解，但谱系不完全，完整描述困难，我个人感觉是这样。

三　对安徽今后工作的建议

安徽新石器至青铜时代的考古工作在近期内的重点应该是搞文化谱系。

首先要找典型遗址，进行比较大规模的发掘，扎扎实实把地层关系搞好，把类型学研究搞好。我们有些同志对地层学的了解常常出现偏差，认为一层就是一期文化，不能正确理解地层与分期的关系。只要有人生活，就会形成地层，有时在居址中要动土，如挖坑、盖房子等，这样会有打破关系，而打破关系是地层学中非常重要的内容，也是考古地层学和地质地层学的重要差别。特别是淮河以南的南方地区，土壤黏性很大，找边比较困难，如果稍不注意，就把灰坑、房子、墓葬做成一般的地层，不能区分，把晚的混入早的地层单位中去了。因此，在田野工作中，我们安徽同志要把突破地层关系，特别是打破关系作为工作重点。

没有严密的地层关系就无法排队。地层学一方面有对遗迹和地层本身的辨认，还有一方面就是对地层关系的理解。有些同志把墓葬、灰坑、房子中的堆积不作为单独地层单位看，而说某层中有多少墓葬、灰坑等，这不符合考古地层学的常识。因为人挖一座墓，盖一座房子，是在地面上做的，即使废弃了，以后再有人来生活，只能在原有地面之上。以后的堆积和原先的堆积两者总会有个界限，不能在一个地层中包含另一个或几个地层单位，地层是田野考古分析的最小单位。

别的地层单位不能钻进某个地层中去，要钻就会有打破关系。这是我们田野考古的 ABC，但很重要，我们脑子中一定要有这根弦，否则永远搞不清楚（曹建昭：你讲到了我们的要害）。

把地层关系搞清后，就要对每个地层单位中共存的全部遗物进行整理，不能随便选几件，因为一个共存单位的东西有时候有早有晚，随便选，也许选到早的，也许选到晚的。因此我们必须将地层单位的全部陶片采集。在陶片上下功夫，但绝不是说在野外工作中将一个器物的碎片全部包在一块回来交给修复工就完了，而是要将全部陶片洗干净，按陶质、陶色、纹饰、器形等进行分类，然后下功夫粘对，由小片到大片，由一个器物到器物群，这样我们对某一文化的特征就有比较精确的了解。粘对陶片一方面是为了研究文化特征，另一方面是锻炼干部的极重要的手段。我们一些老先生的功底就是粘对陶片对出来的，年轻时对，50 岁、60 岁了还要对。这是获取知识的最实际而有效的一个途径。例如，陶钵在同一期文化中可能有各种各样，千差万别，但又有共性，与不同时期文化千差万别的钵相区别。在此基础上我们干部的素质提高了，再研究分期、特征、文化谱系等就得心应手了。年轻干部如果没有锻炼，靠这个那个老师的指点，人家哪有那么多时间，即使有也无法讲得那样具体、生动（曹建昭：你谈的是重要指导性意见）。

然后进行类型学研究，找出某些器物发展的谱系，请大家参照苏秉琦先生《瓦鬲的研究》和高广仁、邵望平先生写的《史前陶鬶初论》，这是到目前为止单个器物研究比较成功的重要文章，但我们注意陶器组合和器物群的变化，不要把器物分割。有时我们为了追溯一个文化发展谱系，要考虑每一个器物发展谱系，但如果没有组合和器物群的认识，就不能描述一个文化，通过以上方法把一个遗址的年代分期、文化发展阶段搞清了，与之共存的石器、骨器、灰坑、房子等都可以断定年代和分期。

一个遗址这样做，只能代表一个遗址的某一个或几个阶段，周围遗址可能不完全一样，有各种关系，这样我们由近及远进行比较，由小区域扩大到大区域的分期，再与安徽外面的文化对比，大的分期就出来了，然后在每一期中找出地域差别，这样每个区域的边界就清楚了。文化分期和分区与文化谱系不完全一样，因为一个遗址的一期和二期不一定是老子和儿子的关系，因此要进行文化因素的分析，具体分析后一阶段继承前一阶段的哪些因素，这样才能勾画出一个比较清晰的文化谱系，但绝不是单线条，原则上讲任何文化都不能孤立发展，只有相对较封闭或较开放的差别。

文化谱系建成后，可以考虑同历史文献记载相联系，包括对居民族属的探讨，但要有基础，如目前从考古学上谈淮夷就比较困难，但不是不能谈，可以谈较晚时期的，像黄盛璋先生的文章就很好。

在此基础上再解剖某一聚落或考古学文化的经济形态，社会组织等，这就是更深层次的研究，往往有不同的指导思想，而我们必须用马克思主义指导。

所以，考古学有几层结构，有的是基础性研究，有的是较高层次的研究或探索。这几个层次都是考古学的有机构成部分，不能孤立或割裂开来，也不能不分层次地搅在一起。这些层次同时也是研究的程序，只有前一个层次的研究做好了，后一个层次的研究才有基础，不能倒过来，这好像盖房子，基础不牢，房子盖好了也要垮掉。因此在基础研究还不扎实的情况下，不要急于做貌似新鲜而实际并不可靠的历史结论，中国考古学中这种教训太深刻了。

我们一些年轻同志思想活跃，对新事物敏感，这是很好的，要发扬这个优点，开拓考古研究的新局面。但如不注意，只想走捷径，或只追求时髦，也容易出偏差。如目前时髦的新考古学，有些人认为这大概是我们今后考古学发展的方向。我不想在这里多谈新考古学，全面而正确地评价是要花一番功夫的。简单地说，这是 20 世纪 60 年代初美国一批学者提出的一些想法，这原本是正常的，但有人把不是他们的一套统统说成传统考古学并加以批判，这就不恰当了。我觉得他们有些想法和勇于实践的精神是可取的，但就整体而言绝不是我国考古学发展的方向。年轻人可以去了解，实践，但决不能从根本上抛弃和怀疑我以上讲的一套所谓传统的方法，否则，什么新考古学也新不了。盖房子可以有各种设计和构想，但必须从地基盖起，不能吊在空中。这个道理是容易明白的。

总而言之，我们要搞好安徽考古工作，而安徽考古工作是很有前途的。现在纪念安徽省考古所成立三十周年，三十岁是而立之年，是成年人，取得了好成绩，值得我们来庆贺。但我们要朝前看，要做到四十而不惑，五十而知天命，必须做扎扎实实的工作，同时要解放思想，勇于实践，才能取得相应的成就。

［原载《文物研究》（第五辑），黄山书社，1989 年。后收录在《史前考古论集》，科学出版社，1998 年］

文明化进程中的一个实例——凌家滩

安徽含山凌家滩是以出土玉器出名的，许多人发表了研究文章，并且专门出版了玉器图录。但玉器是从墓葬中出土的，那些墓葬又与祭坛处在同一个地点。而墓地与祭坛所依托的，乃是一个约 160 万平方米的大型遗址。通过 1987 年 6 月、11 月和 1998 年秋季三次考古发掘，墓地和祭坛均已发掘完毕。本报告即这三次发掘的总结。据说本墓地以北隔沟相对还有一片墓地没有发掘。至于遗址部分的调查和发掘情况，将等到工作告一段落后再整理出版。

凌家滩墓地位于一条从太湖山脚下伸向裕溪河边阶地的长土岗的尽头，像一个天然的坟岗，所以从清代到近现代都不断有人埋墓，考古发掘前还是一个乱坟岗子。墓地的发现就是因为 1985 年有人挖墓坑时发现了许多玉器和石器，由当地文物干部收缴上报，然后由省考古所派张敬国等调查试掘才得以确定的。据此推测，那么多近现代墓挖坑时还不知破坏了多少座新石器时代的墓葬。现在发掘的 44 座墓葬应该不是原有的数目。换句话说，当我们依据现有墓葬的情况来做出种种历史的或社会的结论时，应该适当地留有余地。

这里所谓祭坛，是指在原有土岗上筑成的中间平坦并略向周围倾斜的可能是长方形的台子。因为后期的破坏，原有形状已经难以确定。祭坛的底层是黄斑土，比较硬，似为夯筑。中间一层系用灰白色胶泥掺和石英碎块、大粒黄沙和小石子搅拌夯筑而成，非常坚硬。上面一层则是用灰黄色黏土掺和小鹅卵石、石英碎块和黑色玛瑙颗粒等铺垫而成，中间掺杂有红烧土碎块和碎陶片，表面平整。祭坛上面有三个“祭祀坑”和四个积石圈。单凭这些情况尚难以对它的性质和功能做出确切的判断，姑且以祭坛视之。

墓葬大约都打破祭坛或叠压在祭坛之上。祭坛是否叠压墓葬，因为没有发掘不得而知。但是墓葬本身也是有早晚关系的。根据报告提供的资料有以下几种情况：

被第 1 层叠压而打破第 2 层的墓葬有 87M2、87M3、87M6、87M7、98M3、98M4、98M7、98M17，共 8 座墓。

被第 2 层叠压而打破第 3 层的墓葬有 87M1、87M8～87M14、98M5、98M6、98M8、98M9、98M13～98M15、98M18～98M30，共 28 座墓。

被第 3 层叠压而打破第 4 层的墓葬有 87M4、87M17、98M16、98M31、98M32，共 5 座墓。

被第 4 层叠压的只有 87M15 一座。

我不知道各个探方的地层是不是统一划分的，比如 T1207 的第 2、3 层是不是相当于 T1214 的第 2、3 层。所以以上述划分来作为分期的依据只能作为参考。报告认为被第 3、4 层叠压的是早期墓，打破第 2、3 层的是晚期墓，这是大致的情况。在局部的地方也许还可能划得更细。

墓葬相互之间有打破关系的有以下几组：

（1）87M1→87M4

（2）87M7→87M8→87M15

（3）98M9→98M15

（4）98M9→98M18

（5）98M24→98M18

（6）98M13→98M8

（7）98M25→98M26→98M30

（8）98M25→98M27

这些打破关系可以对上述地层关系作补充和校正。

由于有些墓葬已被破坏，整个墓地的布局难以准确把握，但也不是毫无章法可循。初步看来，大致可以分为南、中、北、西南、西北和东六个墓区，有的墓区之间还有一些零星的墓葬难以归入某一区。

南区位于整个墓地南侧的正中央，顶级的大墓都在这一墓区。这里共有 5 座墓葬，有两组打破关系。估计东边还有几座大墓被现代坟丘破坏掉了。本区最早的墓当是 87M15，因为它是唯一被第 4 层叠压的，后来又被 87M8 打破。这墓出土玉器 93 件、石器 17 件，陶器也有 17 件，合计 127 件，数目仅次于较晚的 87M4。这墓出土的玉璜达 29 件，除 87M15：48 一件为宽体外，其余全部是窄体的。后者又有半环形和中间平直、两端上翘的倒桥形两类。在倒桥形的玉璜中，有的是分两段对接，末端有虎头或鸟头装饰，这种装饰乃是凌家滩大墓所特有的。这墓随葬的石器主要有钺（7 件）和锛（8 件）。钺均为圆弧刃，大孔；锛多扁薄，仅有一件大锛厚宽比近于 2/3。陶器有壶、罐、豆、盘等。豆盘外有凸棱，豆把为喇叭形，有圆形镂孔。

紧靠 87M15 的正南面是 87M4，它被第 3 层叠压打破第 4 层，年代上比 87M15

略晚。这墓出土玉器 98 件、石器 30 件、陶器 8 件，合计 136 件，是整个墓地中随葬器物最多的一座。最引人注意的是出土一副玉龟，在背甲和腹甲之间夹一块玉板。玉板中央的小圆中刻八角星纹。小圆外刻一大圆，两圆之间等分为八格，每格中刻一圭形纹指向八方。大圆外刻四个圭形纹指向玉板的四角。玉板的三边有牙口并有若干穿孔，可能是连缀在某种有机物上的。这套奇特的玉器吸引了许多人的兴趣，试图给予适当的解读。论者多以为是占卜用的原始栻盘。果如是，则 87M4 的墓主人当是一位有权势而又富有的宗教领袖。

87M4 的玉璜也有 19 件之多，器体较 87M15 者略宽，多为半环形，仅 3 件为倒桥形，且未见两件对接或末端刻鸟兽头者。石钺仍多圆弧刃，也有个别为梯形弧刃者。石锛、石凿厚宽比从 1/2 到 1.2 不等，明显厚于 87M15 者。最大石锛长 34 厘米，最大石钺也长 34 厘米，当非实用器而是最高权力的象征。

打破 87M15 的 87M8 被第 2 层叠压而打破第 3 层，年代上比 87M4 要晚。它的北部被 87M7 打破，只剩了半截墓，仍然出土了 64 件器物，其中有玉器 43 件、石器 18 件、陶器 3 件。如果不被破坏，原来器物一定更多，也是一个大墓的规格。这墓出土半环形宽体玉璜，其中 2 件的两端为虎首，1 件外弧有细齿，这都是晚期的特点。玉镯和玉环甚多，还有玉玦和圆玉片，后者可能是镶嵌在漆木器上的。有 3 件梯形弧刃玉钺，也是晚期墓才出现的。同出石钺有圆弧刃和梯形弧刃两种，石锛则有薄体和厚体两种。

位于 87M15 和 87M4 之间的 87M1 是最早发现和发掘的，没有找到墓边。在层位上跟 87M8 相当，都是被第 2 层叠压而打破第 3 层，它本身又打破 87M4，因此是比 87M4 更晚的墓葬。这墓的出土物不多，但很特别。主要有 3 个形状几乎完全相同的玉人。每人头戴介形帽，双耳似戴玉玦，嘴上有稀疏的胡须，显为男性。双臂各佩 5、6 个玉镯，并且上屈开掌紧贴胸部。腰系宽带，双腿直立，赤脚。人体扁薄，后背有一对隧孔，当是穿缀在某种有机物上的，是巫师作法的器具，墓主人可能是专职的巫师，也许是 87M8 墓主人的副手。

从 87M15 经 87M4 到 87M8，前后 3 座最大的墓都处在墓地南侧正中的位置，这绝不是偶然的，而应该是一种精心的安排。可是再往后到 87M7 就发生变化了。87M7 打破第 2 层又打破 87M8，是墓地中最晚的墓。前面的 3 座大墓全是南北向，而 87M7 却是东西向，说明那时有一个大的变化。

87M7 有玉器 28 件、石器 11 件、陶器 5 件，合计 44 件，在 4 座东西向的墓中还算是最多的。主要有玉瑗、小玉璧和玉玦等装饰品和石斧、石锛、石凿等工具，没有明确的宗教性器具。

总之，凌家滩顶级的大墓都在南区，尽管前后有些变化，南区的中心地位并没有多大动摇，这一点是很清楚的。

南区之北偏东为中区。有 4 座墓。因为南北两边都被现代坟丘破坏，估计原来会有更多的墓葬。这 4 座墓相互打破，其中 98M30 最早，98M26 和 98M27 次之，98M25 最晚。98M30 出土玉器 5 件、石器 41 件，仅石锛就有 39 件之多。这墓被 98M26 和一座汉墓打破，出土器物可能不全。其规模至少是一座中等墓，墓主人也许是石匠或木匠。

98M26 和 98M27 都是穷人墓，前者仅出 1 件陶钵，后者也只有 4 件小玉环和 2 件残陶豆。98M25 同时打破 98M26 和 98M27，是中区墓中年代最晚的。出土器物有玉钺、玉环、玉璧、石钺和陶鬶等，合计 24 件，是一座普通的中小型墓葬。由此可见，中区在整个墓地中的地位是并不显著的。

北区有 8 座墓葬，即 98M3～98M6、98M8、98M11、98M13 和 98M17。其中 98M13 打破 98M8。98M12 在北区和中区之间，不知道该划分到哪一区。这些墓都很小，例如 98M3 仅 1 件玉环和 1 件陶鼎，98M4 仅 1 件鼎足和 1 个罐底，98M5 只有几件石锛，98M6 只有 1 件玉钺、1 件石锛和 1 件陶钵。98M13 只有 1 件石锛和几件陶器，98M17 只有 1 件玉璜、2 件残石钺和 1 件陶鼎足。98M8 和 98M11 出土器物稍微多些，也都只有 13、14 件，没有任何特殊物品。所以北区是一个穷人的墓区。

西南区只有 3 座墓，其中以 98M31 最早，98M29 次之，87M6 最晚。98M31 是一座小墓，仅随葬 2 件玉璜、1 件石钺和几件残陶器。墓主人身份不是很高。

98M29 是比较大的墓，层位上和 87M1 一样，也是被第 2 层叠压而打破第 3 层。出土玉器 52 件、石器 18 件、陶器 16 件，合计 86 件。特别有趣的是墓中也出土 3 个玉人，而且整个身条、穿戴和手臂贴胸的姿势等细节都和 87M1 的玉人一模一样，只是不见长腿，应为正面的坐姿。玉人的背后有隧孔，应该是穿缀在有机物上用以作法的道具。这座墓中还有一件特殊的器物是玉鹰。它头部侧向，双翅展开，翅端雕刻成猪头形，身体部位旋出两个同心圆，两圆之间刻划八角星纹。这样奇特的造型可能具有宗教的寓意在内。可见这墓的主人也是一位颇为富有的巫师。

87M6 被第 1 层叠压，打破第 2 层。出土器物以石器最为突出，仅石钺就有 32 件，石锛 22 件，另有玉器 11 件、陶器 5 件，合计 70 件，也是一座较大的墓。石钺绝大多数为圆弧刃，只有两三件为梯形弧刃。石锛多薄体，个别最厚的也只相当于宽度的一半。有几件石锛甚大，最大的一件长达 42.6 厘米，可算是巨锛了。从随葬品来看，墓主人好像是一个专职的石匠。

西北区有两组墓，一组包括 98M9、98M15、98M18、98M22、98M24 和

98M28，旁边一组包括 98M19～98M21 和 98M23，一共 10 座墓葬。本区中有几座墓的主人明显是玉石匠，其中最突出的是 98M20。该墓随葬玉器 12 件、石器 45 件、陶器 4 件。玉器中有玉钺、宽体细齿玉璜和玉环等，石器中有大量钺和锛。另外还有 111 个玉芯和 4 块磨刀石，看来墓主人是一个颇为富有的专职玉匠。据说墓中的玉芯没有一个可以与凌家滩出土玉器的穿孔相吻合，说明所制玉器都已外销，这是很值得注意的。

98M18 被 98M9 和 98M24 打破，出土器物不全。其中有 9 个玉芯和 2 块玉料，墓主人也应该是玉匠。

98M9 和 98M15 除出土玉器和石钺外，还有若干玉芯、玉料和石料。98M23 更出土石钻和石芯。

本区 10 座墓就有 5 座的墓主人可以确定为玉匠或玉石匠，其余 5 座墓都只随葬少量一般性物品。98M20 留存的大量玉芯不仅说明其生产规模很大，而且是为外销而生产的。本区死者生前应是一个以玉石制作为主要职业的家族。

东区只有 4 座墓葬，即 98M7、98M14、98M16 和 98M32。其中以 98M16 为最早，也是本区较大的一座墓葬。该墓被 3 座近代墓打破，出土器物仍然有 42 件。其中比较特殊的有一件玉龙，身体卷曲成圆形，近尾部穿一孔，当是坠饰。还有加工极精致的玉耳珰和喇叭形器。此外还有玉坠、玉管和玉玦等。石器仅石钺 1 件，陶器则有鼎、壶、盆、钵、杯、豆等共 23 件，是整个墓地中随葬陶器最多的一墓。其余 3 座墓则很一般。98M7 出土玉璜、玉玦、玉环、玉斧等，也有陶器 21 件。98M14 出土玉器和陶器不多，均破碎难以复原。98M32 是东西向墓，只有 9 件陶器，多可复原。总之东区的特点似乎是比较重视陶器。墓葬的规格略低于西边两区，而比中区和北区为胜。

以上便是墓地的基本情况。假如它是以氏族为单位的墓地，则每个墓区可能代表一个家族。各个墓区的情况有比较大的差别，说明各个家族的社会地位、从事职业和财富状况都有差别。其中西北区的家族明显是以制造玉石器为主要职业的。其产品除供应本氏族中的各家族外，还有很大一部分外销，用以交换自己所需要的物品，所以一些墓主人表现得比较富裕。西南区的家族中有的人是巫师，其社会地位和财富状况也比较优越。东区的墓葬随葬陶器较多，不知道是不是与该家族从事陶器生产有关。不过凌家滩墓葬随葬的陶器质量并不很好，很多是专门为随葬用的明器，难以反映当时的制陶水平。中区的墓葬缺少特点，它所代表的家族似乎只是一般的平民。而北区墓所代表的家族则是一些穷人。这些家族的死者既然合葬在同一个墓地，说明相互之间存在着非同一般的密切关系，很可能属于同一个氏族。而统治整个氏族的则是以南区顶级墓葬为代表的家族。

　　这种分析自然只可能是极粗略的，不一定完全符合真实的情况。因为凌家滩还有一些墓葬被后期破坏，墓地本身就不是很完整的。又因为酸性土壤的关系，所有人骨一点痕迹都没有保存下来，以至于墓主人的性别、年龄等这种对判别身份和相互关系极为重要的资料都无法获取，甚至连头向都无法判断，这完全是不得已的。由于有机物全部腐烂，无法知道葬具的情况。随葬物品中只知道有玉器、石器和陶器，其实许多玉器是穿缀件，有少量是镶嵌件，结合良渚文化中一些漆器镶嵌玉片和玉粒的情况来看，凌家滩很可能有漆器，似乎也应该有骨器和象牙器。在这些物件全都不知道的情况下，对判断各个墓主人的地位、身份和财产状况自然会产生影响。

　　不过仅就现有资料而言，凌家滩还是一颗耀眼的明星。从各种器物特征来看，它的文化性质最接近于南京北阴阳营墓地，两者甚至可能属于同一个考古学文化。这个文化的中心自然在凌家滩而不在北阴阳营。凌家滩也受到薛家岗文化的一些影响，或者反过来说是影响了薛家岗文化。但发展水平远远超过了北阴阳营和薛家岗。可以毫不夸张地说，在长江下游，凌家滩人是首先走上文明化道路的先锋队。虽然直到目前为止，我们还不知道他们的后继者是一个什么情况，是不是曾经拿过接力棒进一步奔向文明社会。但从各种情况分析，在凌家滩之后，文化发展的重心可能有所转移。至少玉石工业的重心转到太湖流域的良渚文化那里去了。因为良渚文化前身的崧泽文化玉器很少，加工技术也不高。良渚文化的玉器工业则发展到了登峰造极的地步。如果没有技术上的传承，这样突然爆发式的发展是难以想象的。事实上良渚文化玉器制造的各种技术，除了微雕式的线刻不见于凌家滩外，其他技术在凌家滩都已经采用。今后如果有更多发现，这些问题可能会看得更加清楚。

　　要把凌家滩关涉的所有问题都进行适当的解读是不容易的。报告编写者的分析也好，我个人极粗略的分析也好，都可能有很不恰当的地方。好在本报告把所有资料都发表了，读者可据以从不同角度进行分析和考察而不一定拘泥于既有的认识。

　　要进一步认识凌家滩，还有待于北区墓地和整个遗址的发掘情况，这是我们大家所期待的。

　　　　［原载《凌家滩——田野考古发掘报告之一》，文物出版社，2006 年。后收录在《长江文明的曙光》（增订版），文物出版社，2020 年］

凌家滩玉器浅识

　　1987 年春季和秋季，安徽省文物考古研究所张敬国等先后两次发掘了含山县凌家滩遗址，发现了许多精美的玉器，立刻引起学术界的普遍关注。1988 年 12 月 2～4 日，我应东道主的盛情邀请，参加了安徽省文物考古研究所成立 30 周年暨安徽考古学文化座谈会。在会议期间，尽管时间很紧，还是抽空详细参观了凌家滩的资料，并且由张敬国陪同去含山县现场考察了凌家滩遗址。当时只知道那是一个不大的墓地，墓葬的规格还比较高，建议重点保护，必要时再做点工作。1998 年，安徽省文物考古研究所对凌家滩又进行了一次较大规模的发掘，适逢该所成立 40 周年，我又应邀参加了庆典，顺便看了凌家滩新出土的遗物，并且比较仔细地考察了凌家滩遗址，多少加深了一点认识。大概就是有这么一些原委吧，所以张敬国在编辑《凌家滩玉器》一书时，一定要我写几句话，我自然难以推却。但我对玉器实在没有研究，只能谈一些初步的印象和相关的一些认识，不知这样能不能交卷。

　　要了解凌家滩玉器，首先要了解它所有出土的墓地的情况，特别是它的年代和文化性质，这样就还有必要进一步考察墓地周围的环境，考察它所依托的居住遗址的情况。我们看到墓地北倚太湖山，南临裕溪河，有一条长岗通向山麓，墓地就在长岗朝河一端的尽头，可谓是形胜之地。从墓地往南地势逐渐下降，相距约一二百米就是凌家滩村，也就是居住遗址所在地。该遗址就紧靠在裕溪河的北岸，由于地形的限制，东西较长而南北较窄，估计面积有 70 多万平方米，大部分被压在现代村落下面。村落北高南低，有些地方至今还可以看到大片的红烧土，有些红烧土堆积极厚，从出露的陶片来看应该是新石器时代的重要建筑。这样凌家滩墓地就不是孤立的了，它应该是属于整个凌家滩遗址的一个有机组成部分。而且凌家滩可能不只有一片墓地，据说在现在已经发掘过的墓地北边还可能有一片墓地。而居住遗址也可能比较复杂，过去在河边出过彩陶片，年代应该比墓地早些。看来遗址延续的时间比较长，到了较晚的时期，也就是墓地所代表的时期才发展到那样大的规模。

凌家滩墓地的规模不算大，现在总共发掘了44座墓葬，其中南边4座，西边20多座，北边也有十几座。东边有部分没有发掘，而且坡度较陡，又遭到过一些破坏，原来是不是有墓葬虽然无法确定，即使有也不会是很多的。在这些墓葬中，南边的几座是最大的，1987年发掘的4号墓就在南边的正中，其中出土有玉人头像、一个玉龟中间夹一块有八角星等刻划纹饰的玉板。1998年发掘的29号墓在南边偏西，出土三个玉人，还有玉鹰、玉戈和许多玉钺。墓地西边多是中小型墓葬，其中的20号墓出土111件管钻下来的玉芯，还有许多玉器的边角料，可能是一位玉匠的墓葬。从总体情况来看，墓地中埋葬的有贵族也有平民，并不是像良渚文化中的反山、瑶山那样单纯的贵族墓地。值得注意的是在墓地的中央有用砂石筑成的十分坚硬的台基，由于后期破坏，完整的形状已不大清楚。发掘者认为是祭坛的遗迹，也许近是。它压着一些墓，又被一些墓打破，看来是与墓地同时使用的，这与良渚文化中的瑶山、汇观山的情况也不尽相同。凌家滩的玉器就是在这样的背景下出土的。

凌家滩玉器明显地可以分为两类：一类是特殊的器物，是只为凌家滩的贵族所制造的，因而成为研究凌家滩贵族地位和身份的重要资料，也正是因为这些玉器非常特殊，除了上面的个别花纹外，几乎无法同其他地方的玉器作类型学的比较来确认它的年代和文化性质；另一类是比较普通的器物，有一定的分布范围，可以进行广泛的比较来认证它的年代和文化性质。让我们先对这部分器物进行分析。

凌家滩比较普通的玉器有环、镯、璜、玦和管珠等几类，其中以环、璜为最多；此外还有工具和武器类的斧、钺等。用玉做工具以仰韶文化的半坡类型为最多，是早期用玉的特点，凌家滩还有一点孑遗。而环、璜、玦和管珠的大量使用，则是北阴阳营文化、薛家岗文化和大溪文化晚期的共同特点，只是凌家滩的玉璜做得比较讲究，不但尽可能选择上好玉料，而且在有些玉璜的两端雕刻成兽头或鸟头的形状。到良渚文化时期则以琮、璧、钺为主要特征，环、璜的地位相对降低。凌家滩完全不见琮的踪影，几件璧的直径多在5～8厘米之间，只能算是璧的雏形。从长江中下游玉器发展的阶段性来看，凌家滩玉器应该相当于北阴阳营文化或薛家岗文化的晚期，比良渚文化要早一些。凌家滩玉器上没有良渚文化那样作为主体纹饰的兽面纹和作为地纹的云雷纹，只有比较稀疏的刻划纹，似乎也可以视为早于良渚文化的一个理由。至于凌家滩玉板和玉鹰上刻的八角星纹，则是在长江中下游和东方沿海广泛流行的一种纹饰。最早见于湖南澧县丁家岗，在大汶口文化和崧泽文化中最为流行，良渚文化中也有个别孑遗。凌家滩的八角星纹究竟属于哪一段，单从纹饰本身固然无法确定，但至少同比较普通的几种玉器的观察是不矛盾的。

　　墓地中出土的石器有的个体甚大，有点像大溪文化的风格。斧、锛、凿棱角方正，个体扁薄修长的特点又很像崧泽文化和薛家岗文化。陶器中除了某些特别的器形，多数也具有薛家岗文化或崧泽文化的风韵。例如那种有三角形把手的无流鬶与某些壶和豆等，就和薛家岗文化的同类器物十分相似。

　　总之，无论从玉器本身还是从石器和陶器来看，把凌家滩玉器的年代定在良渚文化之前，大约相当于北阴阳营文化的晚期是不至于有大错的，根据碳－14 年代的测定大致也反映相同的情况。当然根据地层关系，凌家滩的墓葬就有早晚之别，但器物的差别并不显著，说明其年代跨度不是很大，基本上可作为同一文化期来对待。

　　凌家滩的特殊玉器，最惹人注目的是玉人、玉鹰、玉板、玉龟壳、玉勺和一些动物形玉饰等，它们都是一些高档玉制品，而且相当集中地出在南边的几座大墓中。例如以前发掘的 4 号墓出土有玉人头像、一把玉勺和玉龟壳夹玉板等特殊器物，是这个墓地中最大的一座墓葬。1 号墓出土有三个站立的玉人和其他玉器。在西南角的 29 号墓可能是第二号大墓，其中也出土三个玉人，只是腿部特别短，可能是表现正面的坐姿。同墓中还出土玉鹰、两把玉戈和很多玉钺等。东南角也有一座较大的墓葬。

　　两组玉人虽然有或坐或立的不同，但都是双臂弯曲紧贴上身，双手张开捂住胸前，似乎是在祈祷的样子。玉板夹在玉龟壳中间，上面有以八角星纹为中心和象征四面八方的圭形刻划纹，显得非常神秘。玉鹰的两翅张开，末端均做成猪头形，体部则在一个圆圈中刻划八角星纹，很是奇特。这些物品可能都与宗教活动有关。由此可见几座大墓的主人不但拥有比较多的财富，还是宗教活动中的重要执事人员或祭司，甚至也可能兼作军事领袖，因为他们的墓中往往随葬玉钺等半实用和半仪仗性的武器。

　　凌家滩西边的墓葬数量最多，其中有中型墓也有小型墓。20 号墓出土有玉钺、玉斧、石凿、111 个管钻下来的玉芯和许多制造玉器时留下来的边角料，墓主人可能是一位玉匠。北面则只有少量小墓。从整个墓地的情况来看，虽然墓葬的规模和随葬品的档次有所不同，可以大致分为大中小三个级别，而且各有一定的分布区域，但毕竟都在一个墓地，而且都分布在同一个祭坛的周围，当属于同一个社会和宗教的群体，甚至可能是属于同一个氏族的。

　　凌家滩大墓的数量不多，如果和大汶口文化晚期或良渚文化的大墓相比，规格也不算很高。良渚文化有专门的贵族坟山，凌家滩则是富人和穷人在一起，有所分化但没有分家，还没有形成一个独立的贵族阶层。因此，反映等级差别的礼制似乎也还没有形成。那些特殊的高档玉器，除了玉人以外差不多都只有一件，各是一物，看不出有任何制度性的安排，因而不具有礼器的性质；玉人自然也不会是什么礼器。玉璧数量很少，个体较小，还处在发生的初始阶段，而且大墓中的玉璧比小墓中的玉璧还要小，可见也不具有礼器的性质。

凌家滩玉器的原料比较复杂，经过测定，其质地包括透闪石、阳起石、蛇纹石、水晶、玛瑙和玉髓等，有的还算不上是真玉。说明当时还没有一个基本固定的玉矿来源，而是到处收集或采集美石来做玉器。这跟良渚文化或红山文化有比较大的区别。但凌家滩玉器的加工技术已经相当高了，从一些器物上的痕迹来看，当时已经广泛地采用切割开坯的技术，包括线切割和片切割；同时采用了管钻的技术，20 号墓中成百件管钻的玉芯以及许多玉器穿孔上所见的管钻痕迹都是极好的证明。玉勺和玉喇叭形器的加工技术是十分高超的，有人以为使用了砣具，是否真是如此固然还需要有更加确实的证据，但当时已经能够做出那样体薄的圆弧形器物，表面还有抛光的处理，看不出一点工具的痕迹，晶莹温润，造型优美，在同一时期的玉器中是首屈一指的。

总之，凌家滩玉器是在生产力发展到一定水平，社会开始出现分化的历史条件下的产物，又是这一历史阶段已经到来的一种证据。与同一时期的其他文化遗址相比，凌家滩是比较发达的，凌家滩玉器也是比较先进的。从这个意义上来说，凌家滩玉器的发现，对于玉器文化的深入研究乃至聚落演化历史的研究都是至关重要的。对于中国文明起源的研究，也提供了一个起始阶段不可多得的实例。

2000 年 4 月 12 日于台湾大学人类学系

（原载安徽省文物考古研究所编《凌家滩玉器》，文物出版社，2000 年。后收录在《丹霞集——考古学拾零》，文物出版社，2019 年）

下篇

良渚文化与文明起源

良渚文化研究的新阶段 *

　　最近几年，良渚文化的研究出现了重大的突破。1982 年，南京博物院在清理武进寺墩的一座墓葬时，发现随葬玉器 120 多件，其中有大量的玉琮和玉璧；同年上海博物馆在青浦福泉山也发现了随葬大量玉器的墓葬，从而引起了学术界的普遍重视。汪遵国根据这两批资料，结合以前在草鞋山和张陵山等地的发现进行综合研究，提出了玉殓葬的问题，并且指出良渚文化对于中国早期文明的形成可能有重要的贡献。1984 年，上海博物馆在继续发掘福泉山墓地时，发现那座所谓的山实际上是良渚文化时期人工筑成的土墩，估算用土约 16000 立方米。反过来看张陵山、草鞋山和寺墩，大概也是人工筑成的，用土量也不相上下。这些巨大工程的发现，使得人们对良渚文化的发展水平不能不刮目相看。时隔不久，浙江省文物考古研究所在今年夏秋对余杭反山墓地先后进行了两次发掘，不但进一步证实了人工土墩的存在，而且规模更大，规格更高。土墩上的 11 座墓葬大多有漆棺殓葬，其中出土的玉器不但在数量和种类上都远远超过以前的发现，而且在制作技术上也更加精到。特别是在一些玉器上雕刻的人物形象和大量的地纹，其刻工的精细程度已接近于微雕。那人物形象显然是模式化了，看他装饰的华贵和神态的威严，简直有点王者的风貌。这一切令人眼花缭乱的发现使人惊奇，使人兴奋，使人不能不进一步思考；这一向被视为江南新石器时代典型的良渚文化究竟达到了什么样的发展水平？它在全国同时期的考古学文化中究竟占有什么样的地位？它对探索中国文明的起源又有什么新的启示？下面我想就这几个问题谈一些不成熟的看法，希望得到各位的指教。

　　关于良渚文化的发展水平，可以从几个方面来考虑。首先要考虑它所处的时代。过去以为良渚文化是龙山文化的一部分，因此它的年代应该与龙山文化相当，甚至还可能晚一些，现在看来这种估计太保守了。因为在良渚文化中已经发现不

---

　　*　本文为 1986 年 11 月 2 日在杭州举行的纪念良渚遗址发现五十周年学术讨论会上的发言。

少大汶口文化的因素，大汶口文化中也有不少良渚文化的因素，而龙山文化与良渚文化因素互见的情况反而很少。这说明良渚文化的年代至少有相当一部分与大汶口文化重合，其开始年代比龙山文化要早得多。碳－14 的测定则表明其绝对年代大约在公元前 3300 ~ 前 2000 年，与相对年代分析的结果相合。这一年代大体相当于铜石并用时代的年代跨度。尽管在良渚文化的遗存中至今还没有发现铜器，但不能说以后就不会发现。这是估计良渚文化发展水平的一个重要因素。其次要考虑良渚文化与同时代的其他考古学文化相比，究竟处在一个什么水平。我们注意到在良渚文化中除了没有发现铜器，其他许多因素都不比别的考古学文化低。例如轮制陶器的发达程度，只有龙山文化差可比肩。良渚文化在农业生产中已经使用石犁，在别的文化中还没有见到。良渚文化的丝绸业和漆木业也很可能比别的文化发达一些。至于玉器工业的发达程度，更是别的文化所无法比拟的。我们知道铜石并用时代是从新石器时代向青铜时代过渡的一个时代，在中国的具体情况下也是由野蛮走向文明的过渡时代。良渚文化在这一时代的发展中走在前列，因此会上有人主张已经进入早期文明社会，有人则认为还处在文明社会的门口。这是很可以理解的。我们不必急于做出结论，而需要做更多的考古工作，这正是我们今后应该好好规划的一项重要任务。再次谈一谈良渚文化新发现对中国文明起源研究的影响。最近几年，牛河梁、陶寺、大地湾、三星堆等一系列与文明起源相联系的地名不断地从报刊中出现。它们分布于全国各地，这种情况对于文明起源的一元论即中原中心论颇为不利，多元论时兴起来。由于良渚文化的新发现，长江下游又将是一个起源中心。但这个中心在良渚文化以后的发展不大清楚，其原因也不大明白。可能是因为把太多的人力物力用在土木工程和毫无使用价值的奢侈用品上，最后导致了社会的崩溃。但它的许多文化成就被后来的商周文化继承下来。例如漆器、丝绸，玉器中的琮、璧，纹饰中的雷纹和饕餮纹，凡此种种，都是良渚文化的主要因素而在别的文化中极少有的，后来都被商周文化继承和发展了。因此良渚文化对于中国文明的形成和发展都起了十分重要的作用，这在以前是估计不足的。

最后我想谈一下由于良渚文化的新发现，以及由这些发现引发的许多新问题，使我们有必要重新考虑我们的田野工作。反山不是一个孤立地点，它周围还有几十个遗址。它们之间究竟有什么关系？这群遗址同整个良渚文化又有什么关系？这就不能靠一般的调查或挖几个探方来解决问题，而必须用聚落考古的方法来规划和组织我们的工作。所谓聚落考古或者说聚落形态研究，在美国是一种很流行的考古调查研究方法，中国考古界似乎很少提及。其实早在 20 世纪 50 年代西安半坡的发掘就已明确提出研究氏族聚落的问题，只是后来没有继续下去。现在重新提起，当然要有所发展。这就是一个遗址要从整体来看，把它当作一个聚落来了解其细部结构以及每一部分的功能，进而了解不同聚落的分布及其相互之间的关系。这种研究方法有助于探索当时的社会组织和社会结构。而要研究文明的起源，就要研究当时的社会性质及其具体结构，所以聚落考古的方法是必须的。环境考古的研究也很重要。为什么良渚文化的中心在良渚而不在别的地方？这就是环境考古要解决的问题。当然，这需要多学科的合作，需要地质地貌学、动物学、植物学和其他各有关方面的专家参加工作。这就需要我们更新观念，改进田野组织工作。这样，我们的田野考古工作就会出现新的面貌，我们关于良渚文化的研究乃至关于中国文明起源的研究就会大大推进一步。

（原载《史前考古论集》，科学出版社，1998 年）

良渚文化与文明起源

良渚文化于 1936 年初次被发现，当时的西湖博物馆地矿部助理研究员施昕更在他的家乡——浙江杭县良渚镇（今属余杭市）附近，发现了许多地点出土黑陶和石器，于是进行了初步的发掘。后来出版了一本书，叫作《良渚——杭县第二区黑陶文化遗址初步报告》，从此学术界才知道杭州附近存在着所谓黑陶文化遗址。后来同类的遗址发现得越来越多，内容也越来越丰富，文化特征明确，所以从 1959 年起便正式将其命名为良渚文化。

从良渚遗址的发现和被初步认识，至今已是 60 年了。在这 60 年中，良渚文化又有一系列的重要发现和研究成果。对良渚遗址本身的研究不但已经大大深入，而且发现和发掘了一大批像寺墩、草鞋山、赵陵山、福泉山、普安桥等重要的遗址，获得了十分丰富的珍贵资料。在当前探讨中国文明起源的众多著作中，良渚文化已成为首先被关注的焦点之一。

现在知道，良渚文化是分布于江苏南部和浙江北部的一个铜石并用时代的考古学文化。中心地区大体可分为三个较大的群落。太湖南岸的群落以良渚遗址群为中心，包括嘉兴地区的荷叶地、雀幕桥、普安桥、千金角等一大批遗址。太湖东岸的群落以福泉山和赵陵山遗址为中心，包括苏州地区的草鞋山、张陵山、绰墩等一大批遗址。太湖北岸的群落以寺墩遗址群为中心，包括常州和无锡地区的高桥墩、嘉陵荡等一大批遗址。边缘地区可达江苏北部和安徽东部；至于某些文化因素的影响所及，则北达山东，西至江西，南到福建和广东。是一个发展水平甚高、影响颇大的考古学文化。

良渚文化是以快轮制造的黑陶和雕工精细的玉器而著称的。陶器的种类主要有鼎、豆、圈足盘、双鼻壶、宽把带流杯和小口高领瓮，还有少量的鱼篓形壶和捏流鬶等。圈足器特别发达是其特点。器物表面多打磨光滑，显得素洁高雅。只有在一些特别讲究的陶器上才有朱绘或针刻的花纹，其母题有龙纹、鸟纹和云雷纹等。这些陶器的制作工艺之精湛与造型之优美，在同时代的诸考古学文化中，只有山东龙山文化者可以媲美。

　　良渚文化的玉器特别发达。仅良渚遗址群中的反山墓地就出土了1100余件（组）。如果按单件计算则多达3200余件。其中有用作仪仗的钺、斧、锛等，有用于宗教法事的琮、璧、冠形器等，有用于装饰的头饰、耳坠、项饰、佩饰、手镯、指环、带钩、纽扣和穿缀于衣服上的各种饰品，种类繁多。其加工更是十分精细。现代加工玉器的基本方法，如线割、锯割、管钻和抛光等，当时均已采用，并应用了先进的砣具。许多玉器上都有美丽的花纹。例如在一件玉琮上就雕刻了八个神人兽面纹，神人头戴羽冠，身披皮甲，并带一兽面护胸，显得十分威严神圣。整个画面只有三厘米高，却刻得非常细致复杂。有时在一毫米宽度内就有四五道刻纹，看过的人无不叹为观止。

　　良渚文化的漆器也有很高水平。从某些大墓中发现的漆盘、漆壶和漆杯来看，都是黑地朱绘，并且镶嵌了许多玉饰，显得十分珍贵。

　　历来传说黄帝的妻子嫘祖发明了养蚕缫丝，是否属实无从稽考。现在知道，至少在良渚文化时期便已经有丝织物了。浙江吴兴钱山漾遗址中就发现有丝带和绢片。后者每平方厘米的经纬线各达47根，已经是很细的丝织物了。

　　江浙地区的稻作农业历来是比较发达的。良渚文化继承了这一传统，并且在中国最早实现了犁耕。许多遗址都已发现了石犁，还有破土器、耘田器、石镰和石刀等成套的农具。犁耕不但提高了劳动生产率，也提高了翻地的质量，因而大幅度地提高了农作物的产量。所以在农业发展史上，总是把犁耕农业的出现看成高于锄耕农业的新的阶段的重要标志。正是因为良渚文化首先迈出了这决定性的一步，给社会提供了较多的粮食和其他生活资料，才能使手工业获得全面的发展，诸如玉器、漆器、丝绸乃至陶器的制造等方面，都超出了同时期其他考古学文化的发展水平。这就使得良渚文化的农业与手工业的分工比同时期的其他考古学文化更为彻底。由于大部分手工业的高级产品几乎都为贵族所掌握，使得良渚文化的社会发生了明显的分化甚至分裂，这正是文明社会产生的必要前提。如果我们对良渚文化的聚落形态稍加分析，这情况便可看得更加清楚。

　　良渚文化的聚落遗址大致可以分为三级。第一级是中心聚落遗址，现在可以确定的大致有良渚、福泉山（也许还有赵陵山）和寺墩三处，其中尤以良渚遗址最为突出。所谓良渚遗址实际上是一个以莫角山为中心的遗址群。莫角山平面为长方形，东西约670、南北约450米，面积约30万平方米。它的整体高出周围地面数米，像个长方形的土台子，上面还有三个较小的台子。在小台子的前面曾发现过大面积的夯土基址和数以万计的经火烧过的土坯。这样巨型的建筑当为宫殿之所在，而整个莫角山可能即一座台形的城址。

　　莫角山的西北不足200米处即为反山，它是由人工堆筑起来的一座贵族坟山。

已发掘的 11 座墓均有棺椁，随葬大量玉器和漆器等，是良渚文化所有大墓中规格最高的。西南约 200 米处的桑树头曾出过大型玉璧等物，推测也是一处贵族墓地。东北约 500 米处是马金口遗址，那里曾出土过数米长、约 40 厘米见方的木柱或横梁，显然是一处重要的建筑遗址。东南约 500 米的钟家村发现过玉器，也当是一处重要遗址。实际上，以莫角山为中心的约 34 平方千米的范围内共有 50 多处遗址，其中包括瑶山和汇观山这种先作祭坛、后又作为贵族墓地的遗址。这样巨大的规模和高等级的规格，在全国同时期的遗址中是仅见的。

　　福泉山位于上海青浦县重固镇，为一东西长 94、南北宽 84、高 7.5 米的长方形土台，是在崧泽期的遗址上堆筑起来并经多次使用的贵族坟山。上面埋的墓葬坑穴深浅不一，一般有彩绘的木质葬具，个别的甚至有人殉的现象。随葬器物都比较丰富，多在百件以上。其中有制作精美的玉璧、玉琮、玉钺和各种装饰用的玉器，各种饰有十分繁复而美丽的针刻花纹的陶器，还有长达 25.4 厘米，两面都刻着兽面纹的象牙雕刻。其雕工之精美，实为前所未见。这些东西从总体来看仅稍逊于良渚，有的在良渚也还没有见到，可见其规格之高。在福泉山的中心部位有一处阶梯形的祭坛，周边用土坯镶砌，最上一层的西南角埋一口大陶缸。整个祭坛上都撒有介壳末，地面和砌边的土坯都被烧得通红。遗址的北部有一大坑，中间有一个圆形土台，坑中堆满灰烬，推测也是一处祭祀场所。在福泉山的周围，还分布有马桥、亭林、广富林、寺前村、金山坟、汤庙村等良渚文化的遗址或墓地，很明显是以福泉山为中心的一个遗址群。但这些遗址或墓地的规格都较低，以福泉山贵族坟山和祭祀场所的规格来看，似不应仅仅是这几个小遗址的中心聚落，而有可能是太湖东部的整个大群落的中心聚落。赵陵山也是一个中心聚落，只是位置偏西，当是西边一片（苏州、无锡地区）的中心聚落。遗址位于江苏昆山县，略呈长方形，周围有壕沟环绕。其北部有一人工堆筑的土台，上面有 60 余座排列整齐的长方形土坑墓。大多数墓中有彩绘的木质葬具和丰富的随葬品，其中有大量玉器如玉琮、玉钺和各种装饰品，此外还有象牙手镯等。墓地南部有用土坯砌筑的祭坛，被火烧得通红。祭坛之下也有若干墓葬，其中有的有殉人或仅殉一人头，有的则有婴儿陪葬。土台西北部的外围有 19 座小墓，头向不一，亦无墓坑，多数没有任何随葬品。死者约有半数被砍去了下肢，有的下肢则有捆绑痕迹，有的仅有人头，有的身首异处，其身份同墓地中的死者显然不同，说明当时已存在尖锐的阶级对立。

　　寺墩遗址位于江苏常州市东北约 15 千米，属武进县郑陆乡，面积约 90 万平方米。中间可能是一个大的圆形祭坛，外面是墓地，两者间有水沟相隔。墓地外围是住地，住地四周也有围沟。墓地的西北部曾因取土破坏了墓葬而发现过一些玉璧和玉琮。墓地的东南部曾经发现了四座大墓，呈东西排列，均有丰富的随葬品。其中仅 3 号墓便随葬有一百多件器物，包括 24 件玉璧和 33 件玉琮，是良渚文化中随葬玉琮最多的一座墓葬。5 号墓被宋代和近代坑打破，仍然残存 80 多件器物，且大多数为玉器。其中有做工十分精良的玉琮、玉钺、玉璧和带钩等。

在上述三处或四处中心聚落遗址中，良渚遗址的规格是最高的。其他三处在文化特征上与良渚基本相同或相似，但各自也有一些特点。根据这种情况暂时还难以判断各中心聚落实际控制的范围。比较现实的估量是，以莫角山为代表的良渚遗址群的占有者很可能实际控制或统治整个太湖南部群落，对其余两个群落则可能仅有宗教、文化和某些工艺技术方面的影响。福泉山和寺墩是否能够实际控制各自所在的群落，或仅能控制其中的一片，由于现在考古发掘和发现的资料还很有限，无法做出确切的判断。

良渚文化的第二级聚落遗址可称为次中心聚落遗址。例如江苏吴县的草鞋山和张陵山、浙江海宁荷叶地和桐乡的普安桥等遗址，总数有 20 多处。这些遗址中有的筑成土台，周围有壕沟环绕。多数有人工堆筑的贵族坟山，墓中随葬玉器和精致的陶器。有的坟山上也有祭祀场所。这种聚落周围往往聚集若干较小的遗址，形成各自的遗址群。特别值得注意的是这些次中心聚落中的贵族坟山的埋葬制度、随葬物品等都同良渚、福泉山或寺墩十分相似，其中随葬玉礼器的种类、样式和花纹都相当一致，只是或多或少加以简化罢了。这似乎可以证明它们同中心聚落保持着某种密切的关系。也许中心聚落对它们有一定程度的控制能力。

良渚文化的第三级聚落即普通的村落遗址。估计每处都有若干农舍，附近常有公共墓地。墓葬较小，随葬普通陶器和石器。这种遗址现已发现有数百处。

存在三个级别聚落遗址的事实，说明良渚文化的社会已非前阶级的原始共产制社会，而是由少数集军权、财权、神权于一身的贵族分级统治广大民众的阶级社会。反山大墓的死者可能就是这个社会的最高统治者，而为他随葬的玉钺、玉琮等上面刻划的那种神人兽面纹饰，可能即良渚国家缔造者的神化形象。所以我认为良渚文化已经进入了初级文明社会。

良渚文化的年代约当公元前 3300 ~ 前 2000 年，是龙山时代诸考古学文化之一，只是开始的年代稍早一些。这个时代在全国各地出现了许多城址，说明当时已是小国林立的局面。良渚文化是其中比较发达的一个，所以特别引起人们的注意。城的出现还说明战争已成为经常性的社会现象。由于良渚文化比较发达，武器精良（从大量的玉钺和石钺随葬即可想见一般），部队的战斗力自然会比较强。在江苏北部紧靠山东的新沂花厅村，可以看到良渚文化某支部队远征大汶口文化某个部落并取得光辉胜利的生动场景。那里原有的中小墓葬都是大汶口文化的，后来出现一批大墓，其中随葬许多良渚文化的玉器和部分陶器，也有一些大汶口文化的陶器。特别引人注目的是在这些大墓中还用妇女、小孩和牲畜一起殉葬。这很明显是良渚文化的远征队打败了当地部落，当地部落的男人逃走或战死了，剩下妇女和儿童则被当作牲畜一样殉葬，掳掠来的器物也同自己的器物一起埋葬。这一事例既有助于我们理解良渚文化的社会性质，也说明为什么良渚文化的影响范围会有那么广大。

　　良渚文化之后，在江浙地区兴起了马桥文化。它同良渚文化的关系似乎不是承袭而是一种替代，它的发展水平似乎还不如良渚文化。但良渚文化的许多因素，诸如玉器中的琮、璧，武器中的钺，漆器，丝绸，陶器中鼎、豆、壶的组合，以及纹饰中的饕餮、云雷等母题，都为后来的商周文化所继承和发扬，成为中国古代文明的有机构成部分。由此可见，若要探讨中国文明的起源，不能不深入研究良渚文化。只有把良渚文化看成中国古代文明的重要源头之一，才是符合实际情况的。

　　（原载日本《日中文化研究》第 11 号：《良渚文化——中国文明の曙光》，勉诚社，1996 年。后收录在《农业发生与文明起源》，科学出版社，2000 年）

良渚文化：中国文明的一个重要源头

　　良渚文化于 1936 年初次被发现，当时的西湖博物馆地矿部助理员施昕更在他的家乡——浙江杭县良渚镇（今属余杭市）附近，发现了许多地点出土黑陶和石器，于是进行了发掘。后来出版了一本书，叫作《良渚——杭县第二区黑陶文化遗址初步报告》，从此学术界才知道杭州附近存在着所谓黑陶文化遗址。后来同类的遗址发现得越来越多，内容也越来越丰富，文化特征明确，所以从 1959 年起便正式将其命名为良渚文化。

　　良渚文化是以快轮制造的黑陶和雕工精细的玉器而著称的。陶器的种类有鼎、豆、圈足盘、双鼻壶、宽把带流杯和小口高领瓮等。圈足器特别发达是其特点。器物表面多打磨光滑，显得素洁高雅。只有在一些特别讲究的陶器上才有彩绘或针刻的花纹，其母题有龙纹、鸟纹和云雷纹等。这些陶器的制作工艺之精湛与造型之优美，在同时代的诸考古学文化中，只有山东龙山文化可以媲美。

　　良渚文化的玉器特别发达。仅良渚遗址群中的反山墓地就出土了 1100 余件（组）。如果按单件计算则多达 3200 余件。其中有用作仪仗的钺、斧、锛等，有用于宗教法事的琮、璧、冠形器等，有用于装饰的头饰、耳坠、项饰、佩饰、手镯、指环、带钩、纽扣和穿缀于衣服上的各种饰品，种类繁多。其加工更是十分精细。现代加工玉器的基本方法，如线割、锯割、管钻和抛光等，当时均已采用，并应用了先进的砣具。许多玉器上都有美丽的花纹。例如在一件玉琮上就雕刻了八个神人兽面纹，神人头戴羽冠，身披皮甲，并戴一兽面护胸，显得十分威严神圣。整个画面只有三厘米高，却刻得非常复杂。有时在一毫米宽度内就有四五道刻纹，看过的人无不叹为观止。

　　良渚文化的漆器也有很高水平。从某些大墓中发现的漆盘、漆壶和漆杯来看，都是黑地朱绘，并且镶嵌了许多玉饰，显得十分珍贵。

　　历来传说黄帝的妻子嫘祖发明了养蚕缫丝，是否属实无从稽考。现在知道，至少在良渚文化时期便已经有丝织物了。浙江吴兴钱山漾遗址中就发现有丝带和绢片。后者每平方厘米的经纬线各达 47 根，已经是很细的织物了。

　　江浙地区的稻作农业历来是比较发达的。良渚文化继承了这一传统，并且在中国最早实现了犁耕。许多遗址都已发现了石犁，还有破土器、耘田器、石镰和石刀等成套的农具。犁耕不但提高了劳动生产率，也提高了翻地的质量，因而大幅度地提高了农作物的产量。所以在农业发展史上，总是把犁耕农业的出现看成高于锄耕农业的新的阶段的重要标志。正是因为良渚文化首先迈出了这决定性的一步，给社会提供了较多的粮食和其他生活资料，才能使手工业获得全面的发展，诸如玉器、漆器、丝绸乃至陶器的制造等方面，都超出了同时期其他考古学文化的发展水平。这就使得良渚文化的农业与手工业的分工比同时期的其他考古学文化更为彻底。由于大部分手工业的高级产品几乎都为贵族所掌握，使得良渚文化的社会发生明显的分化甚至分裂，这正是文明社会产生的必要前提。如果我们对良渚文化的聚落形态稍加分析，这种情况便可看得更加清楚。

　　良渚文化的聚落遗址大致可以分为三级。

　　第一级是中心聚落遗址，现在可以确定的只有良渚一处。它实际上是一个以莫角山为中心的遗址群。莫角山平面为长方形，东西约 670、南北约 450 米，面积约 30 万平方米。它的整体高出周围地面数米，像个长方形的土台子，上面又还有三个较小的台子。在小台子的前面曾发现过大面积的夯土基址和数以万计的经火烧过的土坯。这样巨型的建筑当为宫殿之所在，而整个莫角山可能即一座台形的城址。莫角山的西北不足 200 米处即为反山，它是由人工堆筑起来的一座贵族坟山。已发掘的 11 座墓均有棺椁，随葬大量玉器和漆器等，是良渚文化所有大墓中规格最高的。西南约 200 米处的桑树头曾出土过大型玉璧等物，推测也是一处贵族墓地。东北约 500 米处是马金口遗址，那里曾出土过数米长、约 40 厘米见方的木柱或横梁，显然是一处重要的建筑遗址。东南约 500 米的钟家村发现过玉器，也当是一处重要遗址。实际上，以莫角山为中心的约 34 平方千米的范围内共有 50 多处遗址，其中包括瑶山和汇观山这种先作祭坛、后又作为贵族墓地的遗址。这样巨大的规模和高等级的规格，在全国同时期的遗址中是仅见的。

　　良渚文化的第二级聚落遗址可称为次中心聚落遗址。例如江苏武进的寺墩、昆山的赵陵山、吴县的草鞋山和张陵山、上海的福泉山和浙江桐乡的普安桥等遗址，总数有 20 多处。这些遗址中有的筑成土台，周围有壕沟环绕。多数有人工堆筑的贵族坟山，其中墓葬的规模仅略逊于良渚大墓。墓中随葬玉器和精致的陶器。在福泉山甚至还有殉人的现象。有的坟山上也有祭祀场所。这种聚落周围往往聚集若干较小的遗址，形成各自的遗址群。特别值得注意的是这些次中心聚落中的贵族坟山的埋葬制度、随葬物品等都同良渚十分相似，其中随葬玉礼器的种类、样式和花纹都相当一致，只是或多或少加以简化罢了。这似乎可以证明它们同中心聚落保持着某种密切的关系。也许中心聚落对它们有一定程度的控制能力。

良渚文化的第三级聚落即普通的村落遗址。估计每处都有若干农舍，附近常有公共墓地。墓葬较小，随葬普通陶器和石器。这种遗址现已发现有数百处。

存在三个级别聚落遗址的事实，说明良渚文化的社会已非原始共产制社会，而是由少数集军权、财权、神权于一身的贵族阶级统治广大民众的阶级社会。反山大墓的死者可能就是这个社会的最高统治者，而为他随葬的玉钺、玉琮等上面刻划的那种神人兽面纹饰，可能即良渚国家缔造者的神化形象。所以我认为良渚文化已经进入了初级文明社会。

良渚文化的年代约为公元前 3300～前 2000 年，是龙山时代诸考古学文化之一。这个时代在全国各地出现了许多城址，说明当时已形成小国林立的局面。良渚文化是其中比较发达的一个，所以特别引起人们的注意。良渚文化之后，在江浙地区兴起了马桥文化。它同良渚文化的关系似乎不是承袭而是一种替代，它的发展水平似乎还不如良渚文化。但良渚文化的许多因素，诸如玉器中的琮、璧，武器中的钺，漆器，丝绸，陶器中鼎、豆、壶的组合，以及纹饰中的饕餮、云雷等母题，都为后来的商周文化所继承和发扬，成为中国古代文明的有机构成部分。由此可见，把良渚文化看成中国古代文明的重要源头之一，是符合实际情况的。

（原载《寻根》1995 年第 6 期。后收录在《长江文明的曙光》，湖北教育出版社，2004 年）

良渚文化与中国文明的起源

　　从良渚遗址的发现和被初步认识，至今已将近 70 年了，作为一个考古学文化而被正式命名也已 46 年。在这么长的时期中，良渚文化的发现和研究可说是一浪接着一浪，不断有新的突破。对良渚遗址本身的研究不但已经大大深入，而且发现和发掘了一大批像寺墩、草鞋山、福泉山、庄桥坟等重要的遗址，获得了十分丰富的珍贵资料。在当前探讨中国文明起源的众多著作中，良渚文化已成为首先被关注的焦点之一。中国国家博物馆推出良渚文化文物精品展，向观众展示四五千年以前长江下游先民的伟大成就和走向文明的特殊道路，是很有意义的。

　　现在知道，良渚文化主要是分布于江苏南部和浙江北部的一个新石器时代末期或铜石并用时代的考古学文化。主体部分大致可分为太湖以南、以东和以北三个较大的群落。太湖以南的群落以良渚遗址群为中心，还包括杭州地区的老和山、水田畈、辉山、横山，嘉兴地区的荷叶地、雀幕桥、庄桥坟、新地里、普安桥、千金角以及宁绍平原的慈湖、名山后和浦江的阔塘山背等一大批遗址。太湖以东群落的中心不甚明确，以上海福泉山比较突出，吴县草鞋山、张陵山和昆山赵陵山三地相邻，年代互有先后，似乎也是一个中心。其他还有苏州地区的东渚、俞家墩、绰墩、少卿山和上海地区的马桥、松江广富林和金山亭林等一大批遗址。太湖以北的遗址发现较少，可能与考古工作不够有关。不过江阴高城墩和武进寺墩都有规格甚高的贵族墓地，当是本区前后相继的中心遗址，其他遗址有常州和无锡地区的高城墩、城海墩、罗墩、嘉陵荡、仙蠡墩等，镇江磨盘墩和地处太湖西北的江宁昝庙也有良渚文化的遗存。此外，在太湖以西的溧阳洋渚也是一个重要的良渚文化遗址，它南面的小梅岭可能是良渚文化玉料的主要产地之一。由此可见良渚文化的主体部分基本上是环绕太湖而发展的，只是因为西面多山遗址甚少。但良渚文化并不局限于太湖周围，它还不断地向外扩张，主体部分之外的边缘地区可达江苏北部、浙江南部和安徽东部；至于某些文化因素的影响所及，则北达山东，西至江西，南到福建和广东。甚至对山西的陶寺类型和陕北的神木石峁一类遗存也有一定的影响。

良渚文化是以快轮制造的黑陶和雕工精细的玉器而著称的。陶器的种类主要有鼎、豆、簋、圈足盘、双鼻壶、宽把带流杯和小口高领瓮，还有少量的大口缸、鱼篓形壶和捏流鬶等。在良渚遗址群中还常见长椭圆形的盛鱼盘和带漏斗形过滤器的圈足碗等。圈足器特别发达是其特点。器物表面多打磨光滑，显得素洁高雅。只有在一些特别讲究的陶器上才有朱绘或针刻的花纹，其母题有龙蛇纹、鸟纹和云雷纹等。这些陶器的制作工艺之精湛与造型之优美，在同时代或稍晚的诸考古学文化中，只有山东龙山文化者可以媲美。

良渚文化的玉器特别发达。仅良渚遗址群中的反山墓地就出土了1100余件（组）。如果按单件计算则多达3200余件。其中有用作仪仗的斧钺，有用于宗教法事的琮、璧等，有用于装饰的璜、玦、项饰、佩饰、手镯等，有餐具匕、勺等，有纺织具纺轮等，有穿着上用的带钩、纽扣和穿缀于衣服上的各种动物形饰品如鸟、龟、鱼、蛙、蝉等。有在漆木器上镶嵌用的各种形状的玉块、玉片和玉珠，还有许多不知用途也难以正确命名的玉器，如三叉形器、锥形器、柱形器、圆形和三角形牌饰以及各种形状的端饰等等，种类繁多。其加工更是十分精细。现代加工玉器的基本方法，如线割、锯切、管钻和抛光等，当时均已采用。有的学者甚至认为在某些高档玉器上还应用了先进的砣具。管钻的直径小的只有一二毫米，大的可达四五厘米，长度可达20厘米以上，而且两头对钻，如果没有稳固的钻架是无法操作的。许多玉器上都有美丽的花纹。例如在一件号称琮王的玉琮上就雕刻了8个神人兽面纹，一件柱形器上更雕刻了12个神人兽面纹，只不过其中的6个稍有简化。有的钺、三叉形器、璜和半圆形牌饰上也雕刻有相同的图形。神人头戴羽冠，身披皮甲，并带一兽面护胸，显得十分威严神圣。整个画面只有3厘米高，却刻得非常细致复杂。有时在1毫米宽度内就有四五道刻纹，看过的人无不叹为观止。人们注意到这种图形仅仅出现在良渚文化中心最高等级墓葬中的高档玉器上，而次一等级的贵族墓中则以各种不同的简化形式出现，其覆盖面遍及整个良渚文化的主要分布区，成为联系整个文化的精神支柱。

良渚文化的漆器也有很高水平。从某些大墓中发现的漆盘、漆壶和漆杯来看，都是黑地朱绘，并且镶嵌了许多玉饰，显得十分珍贵。

良渚文化的木工和建筑水平也是很高的，它继承了河姆渡文化和马家浜文化的传统而又有新的发展。斧、锛、凿等木工工具比以前制作得更加精良。房屋的梁柱多加工成大型方木，例如在莫角山旁的马金口便发现有40厘米见方、长数米的木构件，在庙岩发现的2座大型房基，其柱洞也都是方形的。用大型方木而不用圆木，可见其房屋建筑比较讲究。许多地方都发现了良渚文化的水井，其中有不少木构井圈。有的是用木板拼成圆筒形，有的是拼成"井"字形，也从侧面反映出当时木工的水平。至于生活用具中的木器，因保存不好只有零星发现，有椭圆形鱼盘和篦等。

历来传说黄帝的妻子嫘祖发明了养蚕缫丝，是否属实无从稽考。现在知道，至少在良渚文化时期便已经有丝织物了。浙江吴兴钱山漾遗址中就发现有丝带和绢片。后者每平方厘米的经纬线各达 47 根，已经是很细的丝织物了。须知钱山漾并不是一个很高规格的遗址，只不过因为保存条件好而发现了一大批有机物，其中包括丝织品。可以设想在最高等级的墓葬中，如果保存条件好的话，会发现多么精彩的丝绸织物啊！

江浙地区的稻作农业历来是比较发达的。良渚文化继承了这一传统，并且在中国最早实现了犁耕。许多遗址都已发现了石犁，还有破土器、"耘田器"、石镰和石刀等成套的农具。对于石犁是不是真的可以作犁来使用，或者说是不是早在良渚文化时期就已经有了犁耕农业，人们是有过怀疑的。因为文献记载商周时期还是用耒耜而没有犁。有人根据甲骨文说有"犁"字，但是没有实物的证据。孔子的弟子冉伯牛名耕，有人据此推测春秋时期有了牛耕，牛耕当然是用犁的。北方发现最早的犁是战国时期的铁犁，准确些说是铁犁头即铧，所以战国已经有犁耕是没有问题的。不过前些年在江西新干大洋洲发现了 2 件商代的青铜犁，看来南方的水田确实可以比北方更早用犁耕。良渚文化的石犁既然很像后来的犁铧，当然也可能真是作犁来用的。过去牟永抗和宋兆麟曾经对石犁的用法进行过复原的尝试，最近在平湖庄桥坟发现了安装在木质犁底上的石犁，将有助于这种农具的科学复原。犁耕不但提高了劳动生产率，也提高了翻地的质量，因而大幅度地提高了农作物的产量。所以在农业发展史上，总是把犁耕农业的出现看成高于锄耕农业的新阶段的重要标志。正是因为良渚文化首先迈出了这决定性的一步，给社会提供了较多的粮食和其他生活资料，才能使手工业获得全面的发展，诸如玉器、漆器、丝绸乃至陶器的制造等方面，都超出了同时期其他考古学文化的发展水平。这就使得良渚文化的农业与手工业的分工比同时期的其他考古学文化更为彻底。由于大部分手工业的高级产品几乎都为贵族所掌握，使得良渚文化的社会发生了明显的分化甚至分裂，这正是文明社会产生的必要前提。

良渚文化本身有一个发展过程，一般可分为早、中、晚三期，年代为公元前 3300～前 2000 年。不过近年来从过去认为是良渚文化晚期的遗存中分离出了一个所谓广富林遗存，其年代相当于黄河流域的龙山文化。因此良渚文化结束的年代应适当提前，也许在公元前 2500 年比较合适。

良渚文化的早期是继承马家浜文化的崧泽期（也有称崧泽文化的）而发展起来的，因此还保留某些崧泽期的特点，同时又有显著的质的变化。一个明显的例子是贵族坟山和高规格祭坛的出现。例如上海福泉山和江苏的吴县张陵山、昆山赵陵山、常州罗墩等都是在良渚文化早期堆筑起来的人工坟山。有的是在人工土台子上建房埋墓，例如浙江的桐乡普安桥便是这种情况。这些坟山上埋葬的多是较大的有玉器随葬的墓，也就是贵族的墓葬。当然也有一些较小的墓，但比起平地掩埋的墓葬还是有明显的区别。这是社会分化在埋葬制度上的反映。

早期的祭坛有良渚遗址群中的瑶山和汇观山。因为瑶山上有几座早期的墓葬（1、4、5 号墓等）打破了祭坛，祭坛的起建年代当不晚于早期墓葬。汇观山出过早期玉器，也有可能是早期起建的。还有卢村的高台则可能是在早期人工建筑的祭坛。前两个祭坛都建在小山顶上，顶面分别用不同土色筑成"回"字形的图案，四边斜坡修成几级台阶并用石头护坡。到良渚文化中期这两个祭坛都成为贵族的墓地，可见当时最高等级的祭祀活动完全是由贵族把持的。

值得注意的是崧泽期主要分布于太湖的东部和北部，东南只到嘉兴地区，杭州地区极为少见，良渚遗址群所在的良渚—瓶窑一带基本不见。可是一到良渚文化早期，这里便建立起高规格的祭坛，也出现了一些等级较低的聚落如庙前和吴家埠等遗址所表明的那样。这些居民显然是从外地迁来的。这好像是有组织有计划的行动，它的背后显然存在着一个拥有很大支配权的权力中心。这一行动应该是具有战略意义的。因为这里是浙西山地与浙东平原的交接地带，两边的资源都可以很方便地加以利用。从地形上看，这里被西天目山两支余脉南北夹持，形成一个东西长约 8 千米、南北宽 3～5 千米，面积约 34 平方千米的小盆地，东苕溪从中间穿过，既便于防守，又利于交通，是建立政治中心的理想处所。这种情况到良渚文化中期可能会看得更加清楚。

进入良渚文化中期，良渚—瓶窑一带形成了一个以莫角山为中心的巨大的遗址群和以荀山为中心的规模稍小、规格也较低的遗址亚群，我们统称为良渚遗址群。至今在这里发现的遗址已多达 120 多处，其中许多地点因限于初步调查而无法准确分期，但从已发现的一些情况来看，似乎主要是属于良渚文化中期的。

莫角山平面为长方形，东西长约 670、南北宽约 450 米，面积约 30 万平方米。它的整体高出周围地面数米，像个长方形的土台子，上面还有 3 个较小的台子。在小台子的前面曾发现过大面积的夯土基址和数以万计的经火烧过的土坯。这些火烧土坯又被推到大土台的边缘并加以层层夯实以起到加固的作用。这样巨型的建筑当为宫殿或类似礼制性建筑之所在，而整个莫角山可能即一座台形的城址。这台形城址的始建年代尚不清楚，但至少在良渚文化中期是已经存在了。城里面的遗迹也还没有经过全面而仔细的勘查，因而更为具体的布局和功能也还难以推定。不过那里有超过其他任何遗址的大规模高等级建筑，近旁的反山又有良渚文化中最高等级的贵族墓地，因而把它看成整个良渚遗址群乃至整个良渚文化的最高权力中心，应该是没有多大问题的。

前面已经谈到，良渚遗址群所代表的人群本来就是由一个强有力的权力中心有组织地从各地移民而来的，它在一定程度上打破了原先的基于血缘的社群组织，是重新组织的复合体。在这个复合体中有莫角山那样的政治权力中心，有姚家墩和马金口等处贵族宅第，也有若干平民居址。有塘山等那样的制玉作坊和荀山附近制造高档陶器的作坊，甚至还有水运码头的设施。有贵族专用的祭坛、坟山，也有普通平民的墓地。尽管大多数遗址点的具体内涵尚不得而知，仅从已知的一些情况来看，这是一个按社会等级和职能划分而不是按血缘组织划分的大聚落群，有远超过一般聚落的人口规模，很像是初级形态的城市。说明良渚文化已经从简单社会向复杂社会转变，从而迈开了向文明社会演进的决定性步伐。

良渚遗址群同各地的联系和控制，可以从贵族阶层的埋葬制度和高等级玉器的雷同等方面进行观察。例如早期的常熟罗墩、吴县张陵山、昆山赵陵山和上海福泉山等墓地都在人工堆筑的土台上，头向基本上都朝南。罗墩出土的龙首纹圆牌饰与良渚遗址群的瑶山和反山所出十分相似。张陵山的镯式琮和作为梳背的所谓冠状饰与瑶山同类器基本相同。中期的江阴高城墩、昆山少卿山、海宁荷叶地等处的琮、璧、钺组合及其用料与制法也跟良渚遗址群相同或相似。玉琮上的神人兽面纹更是与瑶山、反山的简化形态一致。因此我们可以推测，当时的一些高档玉器可能是统一生产和分配的，而掌控权自然是操之于良渚遗址群的权力中心。

到良渚文化晚期，以莫角山为中心的良渚遗址群是否还是整个文化的中心，抑或文化中心有所转移？是否像有些学者说的向北迁移了？应该说直到目前的考古发现还难以清楚地做出回答，只能从一些相关的线索进行分析和思考。早在1919 年，美国人弗利尔从上海购买到一批据传出自浙江的玉器，现存弗利尔博物馆。其中有几件玉璧上有用极细的针刻的图画，画面是一只鸟站立在阶梯形台子上，或站在台上竖立的柱子上。大家都认为这是良渚文化晚期最高级别的玉器，只是具体出土地点不明。很幸运前几年在安溪百亩山也出土了一件形体和质地都很相像的玉璧，而且也有针刻的阶梯形台子。因此弗利尔博物馆的玉璧很有可能也出自良渚遗址群。

事实上，在良渚遗址群出土玉璧或传说出过玉璧的地点至少有 20 多处，其中有不少可以明确知道是属于晚期的，如文家山、钵衣山、钟家村、桑树头、庙前等处都是。由于绝大部分地点并未进行发掘，很难说其中没有几个最高规格的祭坛或墓地。甚至莫角山台城也可能一直使用到晚期，至少现在还没有到晚期就停止使用的证据。特别值得注意的是，在良渚遗址群近旁的横山发掘过 2 座晚期的高等级墓葬，墓中出土了琮、璧、钺等代表最高等级的玉器组合。2 号墓更出土了 132 件石钺，数目之多是良渚文化中所仅见的。墓主人也许是一位掌握武器生产和保管的头领。这说明良渚遗址群在一定程度上仍然部分地控制着最高水平的玉器和武器的生产和分配，证明良渚遗址群的权力中心的地位直到晚期也没有完全改变。但这只是问题的一个方面。从另一方面来看，良渚文化晚期毕竟发生了许多深刻的变化。首先是次级中心遗址的扩大和独立性的加强，这从福泉山和寺墩两个遗址的情况可以得到说明。

福泉山位于上海青浦县重固镇，为一东西长 94、南北宽 84、高 7.5 米的长方形土台，在良渚文化早期就在崧泽期的遗址上堆筑起一个土台并埋设墓葬。到良渚文化晚期土台增高，墓地面积扩大，墓葬的规格也显著提高，一般有彩绘的木质葬具。随葬器物比较丰富，不少在百件以上。其中有制作精美的玉璧、玉琮、玉钺和各种装饰用玉器。从材质、制作工艺和纹饰来看，有的应来自良渚遗址群，有的似来自寺墩，但总体规格均略低于良渚遗址群。和良渚遗址群不同的是各墓都随葬较多的陶器，有的陶器上饰有十分繁复而美丽的针刻花纹，与草鞋山所出十分相像，可能是太湖以东的地方特色。有的墓还随葬有长达 25.4 厘米，两面都刻着兽面纹的象牙器。其雕工之精美，实为前所未见。福泉山还出有大汶口文化的背壶和绿松石片等，说明它与远地也有交流关系。福泉山的中心部位有一处阶梯形的祭坛，周边用土坯镶砌，最上一层的西南角埋一口大陶缸。整个祭坛上都撒有介壳末，地面和砌边的土坯都被烧得通红。遗址的北部有一大坑，中间有一个圆形土台，坑中堆满灰烬，推测也是一处祭祀场所。这些与祭祀相关的遗迹与瑶山和汇观山祭坛的结构明显不同。所有这些都说明在良渚文化的晚期，地方中心在继续保持与良渚遗址群一定联系的情况下，大大发展了自己的特点，或者说是独立性明显加强了。

寺墩遗址位于江苏常州市东北约 15 千米，属武进县郑陆乡，面积约 90 万平方米，是良渚文化晚期兴建的大型中心遗址。遗址的中间可能是一个大的圆形祭坛，外面是墓地，两者间有水沟相隔。墓地外围是住地，住地四周也有围沟。墓地的西北部曾因取土破坏了墓葬而发现过一些玉璧和玉琮。墓地的东南部曾经发现了 4 座大墓，呈东西排列，均有丰富的随葬品。其中仅 3 号墓便随葬有 100 多件器物，包括 24 件玉璧和 33 件玉琮，是良渚文化中随葬玉琮最多的一座墓葬。墓中的玉琮围绕死者摆放一周，这种特殊的葬俗不见于福泉山，也不见于反山、瑶山。5 号墓被宋代和近代坑打破，仍然残存 80 多件器物，且大多数为玉器。其中有多节玉琮、玉钺、玉璧和带钩等。这些玉器从材质、制作工艺都与良渚遗址群大不相同，推测是本地制造的。所有这些说明寺墩作为太湖以北的地方中心，与良渚遗址群的联系已远不如以前的高城墩。这是地方独立性增强的又一实例。

良渚文化晚期的一般聚落遗址比较小，墓地也很小，以 10 ～ 30 座墓者为多。但桐乡新地里有 100 多座，平湖庄桥坟有 236 座，除少量属于中期者外，大部分是晚期的。聚落小可能与水田稻作农业生产的特点有关。水田地区的交通没有旱田地区那么方便，农户要尽量接近自己耕作的水田，只好分成比较小的聚落。与此相适应墓地也比较小，有的墓葬就埋在自家房屋的近旁。大型墓地可能是为了强调血族关系，并不一定对应某个大型聚落，而可能是若干有血缘关系的聚落的公共墓地，因此在墓地中还可以分片分组。在小型墓地中，有些有人工坟山，有较大的墓葬随葬较多的玉器、石器和陶器，有的整个墓地只随葬石器、陶器和少量简陋的玉珠。在大型墓地中，较大的墓葬往往聚成一片。由此可以看出一般聚落也是有分化的，也有小中心聚落和普通聚落之分。各地葬俗除保持头向朝南等传统习俗外，在器物组合和陶器风格等方面都有不少差别，说明在良渚文化的基层也出现了分化的现象。不过即使普通聚落，墓葬中也随葬不少器物。这一方面说明当时有厚葬的风气，另一方面也说明良渚文化的社会还是一个比较富裕的社会，全然没有衰败的迹象。

良渚文化的晚期还是一个势力大扩张的时期。往北直达江苏北部边界与大汶口文化发生了激烈的碰撞，这可以从新沂花厅村墓地的埋葬情况清楚地反映出来。那里原有的中小墓葬都是大汶口文化的，后来出现一批大墓，其中随葬许多良渚文化的玉器和部分陶器，也有许多大汶口文化的陶器。特别引人注目的是在这些大墓中还用妇女、小孩和牲畜一起殉葬。对于这种现象在学术界存在着不同的解释。其中一种解释是良渚文化的远征队打败了当地部落，当地部落的男人逃走或战死了，剩下妇女和儿童则被当作牲畜一样殉葬，掳掠来的器物也同自己的器物一起埋葬。另一种解释说这是文化的两合现象。不论怎么解释，良渚文化的势力已经扩张到了江苏北部边缘的事实是毋庸置疑的。

良渚文化往南则越过了钱塘江，势力直达浙江南部。近年发现的遂昌好川墓地及相关遗存是一个很有特色的地方性文化，年代大约相当于良渚文化晚期到马桥文化初期，在其早期遗存中就有不少良渚文化因素。例如陶器中的双鼻壶、圈足簋、圈足盘、宽把带流杯、捏流鬶等，玉器中的钺、锥形器和某些镶嵌饰片等，都跟良渚文化相同或相似。特别是一些漆器上镶嵌的台阶形玉片，其形状与良渚文化玉璧上的刻划符号完全相同。一件石钺上的针刻豹纹，与良渚文化玉璧上的针刻纹有异曲同工之妙。这些都说明良渚文化的势力已到达浙江南部的好川一带。至于在安徽、江西、广东乃至晋南、陕北发现的具有良渚文化特征的玉琮等遗物，年代都在良渚文化晚期，证明良渚文化晚期不但没有衰落，其势力反而有大面积的扩张，影响所及几乎达到半个中国。

　　良渚文化之后发展起来的，在上海是所谓广富林遗存，同类遗存在南京等地也有发现。现在考古工作刚刚开始，对于它的分布范围和发展水平还难以做出恰当的估计。不过从已知内容来看，明显是继承良渚文化而同时受到龙山文化和所谓造律台类型的影响。再往后在江浙地区兴起了马桥文化。它同良渚文化并不是直接承袭的关系，加上它继续受到中原地区二里头文化等的影响，文化面貌与良渚文化差别极大。在广富林一类遗存被确认以前，一般认为马桥文化是紧接良渚文化而出现的，两个文化的巨大差异被看作是良渚文化突然消失而为马桥文化所替代。为此一些学者便想从各方面探讨和论证良渚文化消失的原因。这些研究固然是有价值的，不过从历史的长河来看，任何考古学文化都有一个发生、发展和消亡的过程，良渚文化也不例外。如果今后对广富林一类遗存有更多的发现和研究，良渚文化的消亡也许不会像现在看到的那么突然。它在行将消亡的晚期的势力扩张，一方面造成了中心地区过度的消耗，另一方面又给广大地区播下了文明的种子。只要看一下良渚文化的许多因素，诸如玉器中的琮、璧，武器中的钺，漆器，丝绸，陶器中鼎、豆、壶的组合，以及纹饰中的饕餮、云雷等母题，都为后来中国的主体文化即夏商周文化所继承和发扬，成为中国古代文明的有机构成部分。良渚文化对于中国古代文明的贡献可谓大矣，它像一只涅槃的凤凰，经过炼狱烈火的考验而得到永生！

2005 年 6 月 16 日写毕于北大蓝旗营蜗居

　　（原载《文明的曙光——良渚文化文物精品集》，中国社会科学出版社，2005 年。后收录在《中华文明的始原》，文物出版社，2011 年）

良渚随笔

一

良渚遗址的发现与第一次发掘，至今已近 60 年了。记得 1986 年 11 月初，在杭州开过一次纪念良渚遗址发现 50 周年的学术讨论会。会上回顾了良渚文化研究的历史，总结了成绩，也分析了存在的问题，并且为今后进一步的工作提出了一些设想。那是一次颇有收获的会议。会上最令人难忘的是见到了将近 90 岁高龄的董聿茂先生，并聆听了他的讲话。董老原是西湖博物馆的馆长，对考古事业非常关心。正是在他的热情鼓励与支持下，年轻的助理研究员施昕更才得以完成那值得永恒纪念的历史任务。所以大家在缅怀施昕更历史业绩的同时，也都不约而同地表达了对董老的敬仰与感激之情。那次会召开的时候，余杭反山的发掘刚刚结束。东道主带领我们参观了现场和出土遗物，墓地的规模和随葬器物的精美程度都是前所未见的，真正使我们大开眼界。我在会上也做了题为"良渚文化研究的新阶段"的发言。我认为通过反山和其他良渚遗址的发掘，使我们对良渚文化有了崭新的认识，同时也给学术界提出了新的研究课题。我认为良渚文化即使没有进入文明时代，起码也已走到了文明社会的门口。过去谁也没有想到浙江在我国古代文化发展中会有如此重要的地位，河姆渡的发现曾使人们大吃一惊，现在良渚的发现再次加深了人们的认识。看来中国文明起源的单中心说肯定要让位给多中心说了。良渚的发现也给我们的田野考古工作提出了新的课题，为什么良渚遗址就有那样的大墓呢？墓主人在生时的房子肯定不同一般，那么又要到哪里去寻找呢？良渚附近有非常密集的遗址或古物出土地点，它们之间是否存在着什么关系呢？因此，我再一次提出要用聚落考古的观点来全面考察良渚地区以及整个良渚文化的遗址。要从思想观念、工作计划到组织形式都来一个转变。将近十年过去了，良渚遗址和良渚文化的研究又取得了许多新的成果。我想现在来纪念良渚遗址发现 60 周年，不是什么例行公事，确实又有了新的内容。而对良渚遗址和良渚文化遗存的保护、勘探和研究的任务，再一次迫切地摆在我们的面前。

二

良渚在历史上原属钱塘县，其得名至少可以追溯到宋代。成书于民国年间的《杭县志稿》即云"宋有良渚镇"。良渚近旁的安溪大概也是宋已有之。北宋著名的博物学家沈括即出身于钱塘县，去世后归葬于钱塘安溪太平山（见明万历《钱塘县志》及《钱塘沈氏家乘》），今沈括墓犹存。沈对古物颇有研究，在他所著的《梦溪笔谈》中，曾经批评《三礼图》中所载蒲纹与谷纹玉璧图纯系想象之作，与战国时的蒲璧、谷璧实物的纹样完全不同。但笔谈中没有记述在他的家乡是否有玉器出土的情况。良渚玉器的大量出土，大概是直到清代才有的事。开始可能是在修整农田等动土工程中偶尔有所发现，后来知其宝贵便有意识地寻找，有时甚至成窖（墓?）地出土，成为当地农民的一种副业收入。传世有乾隆题款的许多良渚文化的玉器，很可能就是出自良渚一带的。据说清朝末年安溪一位姓洪的就曾挖到几担玉器。而一些古董商也便乘势收购，其中不少流传到了欧美和日本。例如1915年法国吉斯拉（G. Gieseler）发表了他收购的良渚式玉琮。该琮分为七节，上面有许多刻划记号，是他收购品中较重要的一件。又如1915～1919年间，美国的弗利尔（C. L. Freer）在上海收购了大量良渚式玉器，其中有4件玉璧和一件玉镯上有风格相似的刻划符号。此外还有许多玉钺、山形器、冠状饰和半圆形饰等，据说有些出自浙江，现在看来很可能出自良渚。自从前些年在安溪出土有类似刻划符号的玉璧以后，这种推测就显得更有说服力了。尽管如此，由于那些玉器不是经过科学的考古发掘而出土的，缺乏判断年代的根据，一般都认为那是汉玉，或者说是周汉玉器，不知道那些玉器原来是出自一个巨大的史前遗址群中的。

1936年，原西湖博物馆地质矿产组助理研究员和绘图员，年仅25岁的施昕更到他的家乡良渚一带进行考古调查，发现了石器和黑陶片等，接着便在荀山附近的棋盘坟等处进行试掘，又对13处遗址进行了调查，取得了丰硕的成果。在那之前，梁思永和吴金鼎已在山东历城县龙山镇的城子崖进行了卓有成效的发掘，1934年出版了大型发掘报告《城子崖》。施觉察到良渚一带发现的石器和陶器同城子崖的相比有颇多相近之处，因而增强了信心。后来梁思永和董作宾访问杭州，亲自指导施进行整理和研究。施的同事钟国仪也给予了许多帮助，才得以于1937年完成发掘报告《良渚》。后来又因抗日战争的爆发而几经周折，终于在1938年出版。从此，良渚遗址在中国新石器时代考古研究中便成为引人注目的一个地点。

　　良渚遗址的被认识既与城子崖有很大关系，所以在很长一段时间内，与良渚遗址相同的一类遗存都是被划分在龙山文化或黑陶文化之内的。梁思永首次把龙山文化分为三区，良渚一类遗存被划分为杭州湾区。1958 年，我们在编写中国新石器时代考古教材时，觉得良渚一类文化遗存固然与龙山文化有相近之处，但毕竟还有明显的差异，地理分布上又不相连续，因而将它从龙山文化中划分出来，单独命名为良渚文化。1959 年，夏鼐在长江文物考古队长会议上又正式提出了良渚文化的名称，很快为学术界所接受并一直沿用至今。

　　在良渚文化一名确定之前，已有吴兴钱山漾和杭州水田畈等遗址的发掘。这些工作不但丰富了良渚一类文化遗存的内涵，也为良渚文化一名的确立提供了比较充分的条件。后来良渚文化遗址的发现日益增多，分布范围遍及于江苏南部和浙江北部，包括上海市在内，大体上是环绕太湖的周围，而以太湖东部、东北和东南为多。

　　良渚文化的年代也逐渐明确起来了。以前因为被划分在龙山文化范围以内，所以在估计其年代时，总是认为与山东的龙山文化同时甚至更晚。后来在山东和江苏北部发现了大汶口文化，其中明显地包含有良渚文化的因素，而良渚文化中也有大汶口文化的因素，所以应把良渚文化的年代适当提前。碳－14 年代的测定也与这一情况基本相合，兹将其结果列为表一。

表一　良渚遗址碳－14 测年

遗址	标本	出土层位	碳－14 年代（公元前）	高精度表校正年代（公元前）
吴兴钱山漾	千篰	甲区 T16④	2295±85	2882～2528
吴兴钱山漾	炭化稻谷	乙区 T22④	2750±100	3496～3100
吴兴钱山漾	竹绳	乙区 T13④	2190±85	2857～2464
吴兴钱山漾	木杵	乙区④	2745±90	3375～3101
余杭安溪	梯形木	T3④	2385±85	2915～2628
嘉兴雀幕桥	木板	M1 盖板	1990±95	2463～2141
德清辉山	木头	M2 葬具	1790±75	2134～1900
青浦凤溪	木头	T6④	2130±100	2590～2340
青浦福泉山	炭化木	T3	2780±80	3499～3142
青浦福泉山	炭化木	T6	3060±80	3777～3538

遗址	标本	出土层位	碳-14年代 （公元前）	高精度表校正年代 （公元前）
金山亭林	炭化木	T2	2370±70	2910~2629
金山亭林	树干残段	T1②	1890±95	2294~1989
金山亭林	人骨	T4M12	1690±150	2131~1689
武进寺墩	炭粒	T108②	2320±200	3013~2470
吴县张陵山	木炭	T2②	3210±230	4037~3535
吴江龙南	稻谷炭	T103③F1	2330±125	2910~2580

在表一所列的 16 个数据中，张陵山和福泉山 T6 的两个显然偏早，其余数据若按高精度表校正年代的中心值计算，大抵落在公元前 3300~前 2000 年，相当于大汶口文化的中晚期和龙山文化时期。

三

我第一次考察良渚遗址是在 1967 年。那时"文化大革命"正席卷着全国，机关学校完全瘫痪。我和几个朋友借着大串连的名义来到杭州，游遍西湖的各个景区，大家觉得很是惬意。我却兴犹未尽，一个人揣了两个馒头跑到良渚镇附近，想看看良渚遗址的风貌。根据《良渚》一书的提示，主要在小溪和池塘岸边来回察看，想找到哪怕一小段文化层或者捡到一些陶片。因为时间短促，又没有专人指引，终于不得要领而回。但对于良渚附近的山山水水、肥沃的稻田、美丽的农舍，还是留下了深刻的印象。事隔十年，1977 年在南京参加"长江下游新石器时代文化学术讨论会"之后，同几位朋友历经常州、无锡、苏州、上海，最后到达杭州。沿途参观了许多遗址和博物馆藏品，对长江下游的新石器文化遗存有了一些实际感受。到杭州后跟苏秉琦先生会合了，一起受到浙江省同行的热情接待。记得有一天牟永抗把我们领到良渚遗址参观，先是在荀山一带看了几个地点，看了施昕更曾调查和试掘过的水塘，又看了几个曾出玉器或良渚陶器的地方，最后坐在大观山果园的一块草地上，一边休息一边聊天。苏先生问我：

"你说良渚这个遗址怎么样？"

"很大，但是一下子看不很清楚。"我知道苏先生还要进一步提问，所以只说一个初步的印象。

"我是说，它很重要。你看重要在什么地方？它在历史上应该占一个什么位置？"

"我看很像是良渚文化的中心。打一个不恰当的比方，假如良渚文化是一个国家，良渚遗址就应当是它的首都。"我答。

"你说得也对"，苏先生停顿了一下。"我本来是想说良渚是古杭州。你看这里地势比杭州高些，天目山余脉是它的天然屏障，苕溪是对外的重要通道。这里鱼肥稻香，是江南典型的鱼米之乡。杭州应该是从这里起步，后来才逐渐向钱塘江口靠近，到西湖边就扎住了。把良渚比喻成首都，也有道理。杭州也做过首都，南宋的首都，那个时候叫临安。这是从政治上说。如果从经济文化上说，杭州应该是丝绸之都，是古越文化的中心。考古学更重视经济文化的研究，所以你说这里是良渚文化的中心或者首都，我说是古杭州，好像我们坐在这里大发奇想，其实都是有道理的。只是还要做许多工作。没有扎实的工作当然不行，但是没有一个想法就去做工作，也难得达到理想的效果。"

这一段谈话给我留下了十分深刻的印象，至今还能清楚地记得当时的情景。有趣的是我们坐下休息谈话的地方，当时从地形分析就觉得重要，也仔细地踏查过，可惜一块陶片都没有找到。只是在十年后的 1987 年，因为扩建公路而发现了大量良渚文化的红烧土坯，才引起了我们极大的关注。此事后文还要细说。

的确，做考古工作也跟做任何事情一样，事先总要有个想法，而想法又往往是在有关的发现和研究的基础上才能形成的。施昕更发现良渚遗址，是受到《城子崖》发掘报告的启发，同时也有在杭州古荡遗址发掘的亲身体会，所以他特别注意黑陶和石器的关系。尽管他知道良渚出土过许多玉器，因为一般人总以周汉玉视之，而城子崖和古荡也都没有发现玉器，所以他和在他以后的许多人都不曾把两者联系起来。

良渚本来有许多小土墩，也曾引起过学者们的注意。但只是在草鞋山和张陵山等一系列其名为山，而实为人工筑成的土墩上不断发现良渚文化的大墓，并且在墓中出土了许多精美玉器之后，人们才会对良渚的那些土墩刮目相看，才会把至少从清乾隆以来不断在良渚出土的玉器同良渚文化联系起来。再把良渚遗址同其他良渚文化遗址作一比较，才会有良渚文化中心或古杭州的想法。我想正是因为对良渚遗址群中的土墩有了一定认识，所以在 1986 年一个制动材料厂在扩建工程中将要触及雉山村的反山时，浙江省文物考古研究所便采取了坚决的措施，并且及时地、有控制地进行了发掘。收获是多方面的，仅就所揭示的大墓的集中程度，出土随葬物品数量之多和规格之高，在良渚文化和同时代的其他文化中都是罕见的，良渚遗址的中心地位于此得到了一定的证实。

反山的地位提高以后也产生了负面的影响，盗玉之风又曾一度刮了起来。一些不法分子在苕溪北面的一个叫作瑶山的小山头上挖了许多坑穴，挖出了许多玉器。在当地政府严肃查处之后，浙江省考古所立即组织发掘，发现那里原来是良渚文化的一个祭坛。那祭坛的做法大致是先把山头削平，然后从山下运去不同颜色的土，筑成层层相套的方块，外面贴筑石头护坡。这在良渚文化中是首次发现，或至少是首次被认识。更有进者，这祭坛后来又成了贵族墓地。发现的 12 座墓葬同样出土了大量精美的玉器等物，其规格仅略逊于反山墓地。

在良渚，类似反山、瑶山的地点还有许多，其中必然还包含有一些墓地和祭坛。人们自然会想到，这些墓地和祭坛的主人应该有在生时的住地。根据墓地和祭坛的情况可以推知，这些人是相当富有的，掌握有军事指挥权和宗教权力的，甚至已组成一个脱离人民的统治集团。他们活动的地方一定不同一般，应是良渚文化的中枢所在。这个中枢机构的遗址究竟在哪里呢？

事有凑巧，在瑶山发掘之后不久，104 国道余杭段动工扩建，在通过大观山果园的公路两侧发现了大量的经火烧过的土坯。省文物主管部门一方面及时上报国家文物局，一方面组织考古人员进行清理。国家文物局派我去了解情况，对发现的文化遗存做出估计，以便及时采取必要的保护措施。1987 年 12 月 1 日，我和李水城到了工地。一看正是十年前我和苏秉琦先生休息和谈话的地方。公路的北侧拓展较宽，省考古所在那里开了 13 个探方，各探方中都有厚薄不等的红烧土坯的堆积。这些土坯被一层一层地夯筑紧密。有的地方夯层较平，厚薄也较均匀，大致厚 15～20 厘米。有的地方有些起伏，夯层较薄也较短，层层相咬接。总厚度也有很大变化，厚的地方超过 1 米，薄的地方只有一二十厘米。夯层中夹杂了许多灰烬和炭末，薄的地方则以灰烬为主，呈黑灰色。土坯因大部分已被砸碎，原有尺寸已无法量度。个别较完整的仅从剖面上看也难以测到准确的数据。勉强可测的长 25～30、宽 16～20、厚 8～10 厘米不等。一般表面已被烧成红色，里面因没有烧透而呈灰黑色。我用步子量度，东边的一段东西断断续续延伸约 100 米，较宽的地方南北约 20 米。往西隔三四百米，在路南的断面上又可看到约 30 米长的一个剖面上，有用红烧土坯夯筑的情况。特别值得注意的是，这一段夯土中夹杂了许多良渚文化的陶片而根本没有其他时代的遗物，可见这些用红烧土坯筑成的夯土是属于良渚文化的。看到这些从来没有见过的遗存，心里真有说不出的兴奋和激动。

为了让我更深一层地了解这一发现的意义，牟永抗和王明达向我展示了一张万分之一的地形图，图上清楚地显示大观山果园实际上是一个长方形土台子。这个台子基本上是正方向的，东西长约 670、南北宽约 450 米，相当规整，只有西头有一小块地方凸出去。自然力量是不可能形成这样一种长方形土台子的，换句话说，这个面积 30 万平方米、高 5～8 米的土台子竟是人工筑成的，至少也应该是依托自然土岗，由人工裁弯取直、填平补齐，才成为现在这个样子的。王明达还特别补充说，在已经开挖的 13 个探方中，在红烧土坯以下的看似生土的地层，实际是经过人工搬动的，是人工用自然土筑成的，其最深的一处已达 7 米。听到这里，我真是惊呆了：良渚文化时期果真有能力营建这么巨大的工程吗？这么整齐的台子，我怎么来了几次都没有看出来呢？于是我拉着他们两位沿着台子边缘走了一圈，才知道每边的确是很直的。除南边外，地势也是相当陡峭的。平常因为只在上面走，又有许多果树，加上台子的体量极大，所以不容易看清楚。真所谓"不识庐山真面目，只缘身在此山中。"现在总算看到庐山的轮廓线了！

重要的发现接踵而来。1991 年 2～6 月，省考古所对余杭瓶窑镇的汇观山遗址进行了发掘，发现了一处与瑶山大小相若、形状相似的祭坛遗址。除顶部系凿平风化岩石并铺以三层相套的土外，北部缺口还有石头护坡，东西两边坡下则有在石头上开凿出来的排水沟，沟外低处又凿成平台，这些是瑶山祭坛所未见的。有意思的是这祭坛后来也被作为贵族墓地，只是多已破坏，仅清理了四座大墓。其中除随葬玉器和陶器外，还有较多的石器，规格似比瑶山者又略逊一筹。

1992～1993 年，省考古所在大观山果园中的大莫角山西南和乌龟山东侧的长命印刷厂院墙内发掘了 1400 平方米。发现下面全是良渚文化的夯土，而且四周都没有到边。1992 年 12 月 26 日，我曾专程赶赴良渚察看杨楠和赵晔挖的夯土。虽然冒着小雨，我却不肯放过任何一个细节。他们的工作做得很仔细，我看到那些夯土面上密密的夯窝，简直跟二里头文化的夯土差不多。其筑法是先铺一层泥，撒上沙子，然后密密地夯筑；再铺一层泥，又撒上沙子，然后密密地夯筑。如此反复达 9～13 层之多，总厚度为 50 厘米左右。这是在良渚文化以及整个龙山时代诸考古学文化中所见的加工最好的夯土。如此大面积地精心夯筑，说明它很可能是一个大型建筑的基址。在印刷厂外西北和小莫角山的南侧，也曾发现过一片夯土基址，上面有成排的柱子洞，只是夯筑方法没有前者那么讲究。据初步钻探表明，这些夯土基址附近还有大片的分布，总面积不少于 3 万平方米，估计是一个大型建筑群的地基。那么它上面应该是什么样的房屋建筑呢？

大量的土坯应该是房屋建筑的重要材料。考古发现表明，土坯是龙山时代发明的。在龙山文化、中原龙山文化和良渚文化的福泉山、赵陵山等遗址中都有发现，但数量都很少。莫角山遗址发现的土坯数量超过了同时代诸遗址土坯的总和，说明其建筑的规模大，技术先进。据当地老乡说，过去在长命印刷厂修围墙时，曾发现有一条壕沟内出土几米长的大方木。不久以前，在莫角山遗址东北不远处的马金口，也发现过同样的大方木，并且与良渚文化的陶片共存。在良渚镇附近的庙前遗址中，发现了良渚文化的大型房基，其柱子洞也是方形的。把这些情况联系起来，可以得到一种比较合理的推测：就是在莫角山这个长方形土台子上，一定有成组的大型房屋建筑。虽然我们暂时还不知道这些房屋的具体形状，但可知道它们都有精心夯筑的地基，有用大方木构建的梁柱和用土坯建造的墙体，房子外面还可能有壕沟。这在当时的条件下，可以算是颇为雄伟和气派的了。很有可能，它就是我国最早的宫殿！我们甚至还可以进一步推测，因为房子内有大量的木柱梁架，一旦失火，就会引发熊熊烈焰。有的梁柱倒下掉进了壕沟，长期在淤泥中有幸保存了下来。土坯墙倒塌了，散乱的土坯被烧成了砖红色。人们清理废墟，把那些烧过的碎土坯运走，铺在大方台子的边缘，并加以层层夯实。这样就出现了扩建 104 国道时发现大量红烧土坯被夯筑的情况。火不能烧掉所有的屋宇。人们清理废墟并精心夯筑大土台，是为了重建他们的宫殿。所以在莫角山遗址上应不止一层建筑遗迹。要详细地搞清楚这些情况，自然不是短期内能够完成的，但这些建筑的规模和规格还是可以大致勾画出来的。

近些年在龙山时代的各考古学文化中发现了许多城址，小的几万平方米，较大的多为十几万或 20 多万平方米，只有湖北天门的石家河城址特别大。莫角山那个长方形土台子的面积已经超过除石家河以外的较大型的城址，它是否就是良渚文化的一座城呢？

现在对整个长方形台子还没有进行普遍的勘察，要做出确切的判断还比较困难。不过根据它的规模和一些建筑遗迹的规格来看，应该就是良渚文化最高贵族集团的一个统治中心。既然在这个时期许多地方都已出现城堡，这样一个统治中心自然也不应没有坚固的防卫设施。土台子的长方形可能出于某种礼制的需要，而它周围之所以修成陡坡并且用红烧土坯等夯筑结实，使人很难爬得上去，则应是为了某种实际的需要。如果在边缘加修一条小土垣，或者建造篱笆栅栏，栽些荆棘之类的防护带，当可起到有效的防护作用。山东城子崖的"龙山城址"，实际上就是这么做的，有的学者把它称之为台城。也许莫角山遗址就是良渚文化的一座台城。这并不排除在它的外围还会有其他的防卫设施的可能。

有了这个想法以后，整个良渚遗址群乃至整个良渚文化的社会就似乎看得明白了。莫角山城（姑且这样称呼）的中心地位不但表现在大型建筑群和城址本身，还在于这台城中有三个更高的土墩，即大莫角山、小莫角山和乌龟山，自然原因很难形成这样鼎立的小土山，推测它可能是人工建造的中心祭坛之类的设施，这需要以后通过勘察发掘来证实。

紧靠莫角山城的几处遗址的地位也是非常突出的。反山就在它的西北不足 200米处，那是一座人工堆筑的坟山。现在仅发掘了它西头约三分之一的面积，发现的 11 座大墓就已震动了学术界，是良渚文化所有大墓中规格最高的。剩下的三分之二要是发掘出来，你能保证它不会有更惊人的发现吗？那这反山到底是贵族坟山还是应该称为王室陵墓呢？

莫角山城西南约 200 米处有一个桑树头遗址，过去曾出土过大型玉璧等物，推测也是一处贵族墓地。莫角山东北约 500 米是马金口遗址，那里有许多红烧土和良渚文化的陶片，还出过 7 米多长、约 40 厘米见方的大木柱或横梁，显然是一处重要的建筑遗址。莫角山东南约 500 米的钟家村发现过玉器，东面的稻田里又发现了很大的石筑墙基，表明那里也有重要的遗迹。

把眼光放大一点，我们就会看到所谓良渚遗址，实际上是以莫角山为中心的一个大型遗址群。它位于浙西山地与东部平原的交接地带。西天目山的余脉向东伸展，至彭公分为南北两支，良渚遗址群即位于这两支山脉之间的谷地，东西长约 8、南北宽 3~5 千米，总面积约 34 平方千米。其间共发现有 50 多处遗址或墓地。除前面谈过的几处外，荀山周围几处也曾出土过大量玉器，附近的庙前遗址发现过有方形大柱洞，面积达 80 平方米的大型房基，以及用大量木桩护坡的水沟，同时也发现过一些小型墓葬。吴家埠、梅园里等处也有一些小墓。据统计，迄今已有 17 个地点发现了玉器，看来这个遗址群的结构还是很复杂的。加强勘探，配合试掘，尽快了解各遗址的内涵、性质及各遗址间的关系，是今后一个时期内的重要任务。

良渚文化不止一个中心。例如上海的福泉山、江苏昆山的赵陵山和武进寺墩等处都有人工筑造的贵族坟山，周围往往集聚许多较小的遗址，它们都各自构成一个中心。但就其规模及出土遗迹遗物的规格来看，都不如良渚遗址群。以莫角山城为代表的良渚遗址群既是良渚文化中最大的中心，是不是就可以看成整个良渚文化的中心呢？假定莫角山城是某个统治集团的权力机构所在地，是否就可以称为都城？反山墓地是否就可以称为王陵？这里牵涉的问题很多，不是几句话就能说得清楚的。但是我想要强调的是，由于一系列令人鼓舞的新发现，这些问题已经现实地摆在我们的面前，理所当然要继续深入地研究。哪怕花几代人的努力，也要探索出一个究竟。每想到这些，就越发感到良渚遗址重要。可以毫不夸张地说，良渚遗址是探索中国文明起源的一块圣地。值此经济建设的大潮汹涌澎湃，良渚三镇的现代化建设也正突飞猛进，我的心情可说是亦喜亦忧。因为建设要动土，稍一不慎就会对遗址造成威胁。不法分子因觊觎良渚玉器，不时有盗掘事例发生。如何保护好良渚遗址，现在已经成为一件非常迫切而又困难的任务。但愿我们的各级主管部门，当地群众和专业人员通力合作，下决心把这件事情办好，让现代化的良渚同时焕发出中华古老文明的光彩！

［原载《文物》1996 年第 3 期。后收录在《长江文明的曙光》（增订版），文物出版社，2020 年］

良渚遗址的历史地位

我想分三点谈谈良渚遗址的历史地位。

一　良渚遗址是良渚文化的中心

良渚文化是新石器时代末期或铜石并用时代的一个考古学文化，分布于江苏南部和浙江北部，年代约为公元前 3300 ~ 前 2000 年。

良渚文化的遗址可分中心遗址、次中心遗址、普通遗址三级。

普通遗址即普通村落遗址，现已发现有数百处。

次中心遗址一般有贵族坟山，有的有祭坛或环壕，墓中随葬有琮、璧、钺或其中的一两种玉器。这种遗址有江苏武进寺墩和吴县草鞋山、赵陵山，上海福泉山，浙江桐乡普安桥和荷叶地等，总数大约有一二十处。

中心遗址只有良渚一处。它面积大（33.8 平方千米），遗址密集（50 多处），遗址遗物的规格高。例如它的主体遗址莫角山，就是一个由人工筑成的长方形土台，面积达三十万平方米。上面有大片的夯土基址和成千上万的土坯残块，说明原先有宏伟的礼制性建筑。这是其他良渚文化遗址所无法比拟的。反山、瑶山、汇观山等贵族墓地和祭坛都很引人注目，出土玉器的数量超过其他良渚文化遗址所出玉器的总和，制作工艺的水平也是最高的。从玉礼器的种类、形制和神人兽面纹的高度一致性来看，当时很可能对整个良渚文化有一定程度的控制或统治。

二　良渚文化是龙山时代比较发达的一个文化

龙山时代有龙山文化、中原龙山文化、齐家文化、石家河文化和良渚文化等，良渚文化的稻作农业和玉器、漆器、丝绸的生产都是水平最高的，轮制陶只有龙山文化可以比美。良渚文化的大型建筑基址、贵族坟山和祭坛等组成的复合体，以及中心聚落、次中心聚落和普通聚落遗址的结构也是最清楚的。良渚文化的琮、璧、钺等玉器以及云雷纹饰等都为商周文化所继承和发展，鼎、豆、壶的陶器组合后来成为战国随葬品的主要组合。所以良渚文化在龙山时代是一个比较发达的文化，对后世的影响也比较大。

三　龙山时代是中国文明起源的关键时代

中国文明究竟是在什么时候、什么地点、以什么样的方式起源的，曾经是人们长期关心的问题。现在知道，中国新石器时代发展到晚期即大约相当于仰韶文化的时期，特别是仰韶文化的前后期之间有一个明显的转变，其绝对年代约当公元前3500年左右。从此社会出现贫富分化，出现中心聚落和普通聚落的分化。到公元前3000年前后进入龙山时代又有一个大的变化，到处都出现城堡，武器明显改进，手工业生产以前所未有的速度发展，邦国林立，战争频仍，这种情况与传说中的五帝时代正好相合。这是中国的英雄时代，出现了一大批长久为人传颂的英雄领袖人物。对这个时期的历史过去所知甚少，只有零星的传说资料，许多人不相信。现在考古学家正在揭示它丰富多彩的真实面貌。龙山时代有几大中心，都已发展到文明社会的边缘，甚至已进入初级文明社会。可知中国文明的起源是多元的，又是紧密相联系的，初步形成了一种多元一体的格局。当时江浙的良渚文化发展水平就是较高的，只是到夏商周时代，中原地区的中心地位才逐渐显现出来。即使到那时，江浙地区仍然具有较强的经济文化实力，不然吴越称霸的事实就难以理解了。

从以上三点来看，中国文明起源的时间比许多人估计的要早，东亚文明曙光的出现看来并不比西亚晚。而最初照射的几束光芒中，良渚的一束显得特别耀眼。这就是为什么我们特别重视良渚遗址的保护与研究的缘故。也许有一天我们可以提笔写一部良渚王国的历史，就像写西亚两河流域苏美尔王国的历史一样。

（原载《长江文明的曙光》，湖北教育出版社，2004年）

把良渚文化的研究向纵深推进（提纲）

良渚遗址发现 50 周年的时候，我在纪念会上做了"良渚文化研究的新阶段"的发言。良渚遗址发现 60 周年的时候，我写了《良渚随笔》的纪念文章。现在到了良渚遗址发现 70 周年的时候，浙江省文物考古研究所主持召开隆重的纪念会，要我讲几句话，我讲点什么呢？想了一下，就以"把良渚文化的研究向纵深推进"为题讲几点意见吧。为什么提出要向纵深推进这个任务，是考虑到以下的一些情况。

（1）经过 70 年的考古研究，大家对良渚文化已经有比较多的了解。良渚文化产生的背景以及它的去向的研究也有明显的进展，在同时期的考古学文化中是研究得比较好的一个。由于这些成就，它在中国文明起源的研究中扮演着越来越重要的角色，成为一个不可替代的范例。

（2）尽管如此，但认真分析一下，良渚文化的考古研究仍然有许多不足之处。从田野工作的地域分布来看主要是太湖东岸和南岸，北岸显得比较薄弱。从遗迹类型来看主要是墓葬，居住遗址大多不甚清楚。从出土器物的研究来看主要是玉器和陶器的类型，对石器、骨器和木器等方面的研究明显不足。在对遗迹、遗物的研究中现代科学技术的应用还远远不够，对于有关自然环境和人文环境方面的研究也有待深入。

（3）相对而言，良渚文化遗址的保存状况是比较好的。有些遗址因为在潜水面之下，一些有机物得以保存下来，这在别的地方是很难见到的。但近年来由于经济建设的急速开展，对古代遗址的破坏日益严重。特别是在浙江嘉兴等地推行的平桑田改水田的工程，大批遗址被彻底毁坏，造成不可弥补的损失。但在这个过程中也发现了不少新的遗址。因此考古工作者一定要抓住机遇，应对挑战，把良渚文化的考古工作引向深入。现在不抓紧，将来就无法挽回了。

为此，在今后一个时期内要尽量做好以下几件工作。

（1）要加强遗址的调查勘探和保护。现在一些重要的遗址已经或正在采取保护措施，但保护过程中仍然有不少问题。要仔细研究这些问题并及时加以解决，更要注意新发现遗址的保护工作。前提是要进行全面的调查和勘探，做到心中有数。我曾经多次强调对良渚遗址群要进行全面的调查和勘探，省考古所做了切实的工作，发现了比过去所知多几倍的遗址和地点，对一些过去已知的地点也有了新的认识。他们的经验可以作为其他地区考古调查的参考。

（2）要加强考古资料的管理和利用。现在有一个市属良渚遗址管理处和博物馆，省考古所有一个良渚工作站，要考虑如何配合。最好是建成像苏秉琦先生提倡的有科学管理又对外开放的资料库与研究中心。

（3）要制订中长期的田野考古与研究的规划，尽量变被动为主动，不能老是跟着基本建设屁股后头转。要加强科学技术的投入，有计划地培养相关人才和添置必要的设备，把良渚文化的考古研究切实地向纵深推进。

2006 年 11 月于杭州

（原载《丹霞集——考古学拾零》，文物出版社，2019 年）

在良渚论坛上的讲话[*]

大家好！

首先，我在这里表一个态，在这次会议上提出的《国家考古遗址公园管理办法》《国家考古遗址公园的评定细则》和《关于建设考古遗址公园的良渚共识》这几个文件，以及单霁翔局长、王国平书记他们的主旨发言和主题讲话，我都衷心拥护。

关于大遗址的保护，从国家文物局的角度已经提出多年了，这么多年来所积累的很多经验值得肯定，但仍然存在不少问题。究竟怎么样才能切实得到保护，还一直在探索，因为这个问题是非常重要又非常困难的。

大遗址为什么非常重要？因为它集中了非常多的重要历史信息。比如说一个城市遗址，就包括了一个城市的衙署、各种各样的民居、手工业作坊、商业店铺，有的还有寺庙等宗教性建筑，当然还有街道、水井等等，方方面面，很多很多。但是，这些都已经埋在地下，得有一个逐步发现、认识的过程。而这些大遗址经常在现在的大城市底下，或者是在大城市的外围，或者是经济建设的重点地区，如果这儿也不能动，那儿也不能动，就怪不得别人会感觉烦，认为我们考古总是耽误他们的经济建设，这也就导致了我们具体从事文物考古工作的同志"两头受气"——保护不好，要受到批评；不让人家施工，那人家对自己也没有好感。这一直是困扰我们的非常头疼的问题，但是通过大家的努力，应该说这些年我们已逐步摸索到了一些怎么样保护大遗址的办法、理念，也就是在这个会上提出的这几个文件。

讲到这些办法和理念，我们可以以良渚遗址的保护为例来加以说明。今天这个会议在良渚召开，会议的主题就是"大遗址保护良渚论坛"，通过会议我们还要形成一个"良渚共识"，就是因为良渚遗址的保护本身有相当的代表性。这个遗址是在 1936 年发现的，到现在已经 70 多年了。但是这个遗址受到特别的重视是在

---

　　*　本文为 2009 年 6 月 12 日在良渚论坛上的发言。

1986 年以后，1986 年和 1987 年发现的反山和瑶山两个遗址，出土了大量非常精美的玉器，让世人一下子感觉到了良渚遗址的非同寻常。接着，1987 年 12 月因为 104 国道要拓宽，在莫角山遗址发现了大量的红烧土堆积，经过研究，发现那些红烧土实际上原来是土坯，经火烧过，搬运到遗址边沿又经夯打过，有的红烧土堆积里面夹的陶片都是良渚时期的。之后我们对莫角山的周围进行仔细观察，发现它是一个长方形的土台。那个时候我记得牟永抗同志还拿了一张 20 世纪 40 年代的航空照片，那个上面非常清楚地显示，莫角山就是一个长方块，长约 700、宽约 450 米，面积竟达 30 万平方米。这样一个长方形台子不可能是天然形成的，肯定是人工筑成的，至少是利用天然土丘加以裁弯取直、填平补齐才可能形成这个样子。继续在周围勘察，发现断断续续都有红烧土堆积，更加证实了我们的认识。这是多么巨大的工程啊！如果没有强有力的组织机构，完成这样的工程是难以想象的。这样良渚遗址的独特地位就越来越显现出来了。

后来在莫角山上面的长命印刷厂的院子里，也就是我们昨天举行"良渚国家遗址公园启动仪式"的地方，在那里进行考古发掘，发现在 1400 平方米的范围内全是夯土，夯土面上密密麻麻都是夯窝。后来经过进一步的挖掘和勘探，发现周围有两三万平方米的夯土。根据经验，我们可以判断这种夯土应该是大型建筑的基址。这显然不是一般的建筑，一时又难以准确定性，所以不叫宫殿，就称之为礼制性建筑，超大型的礼制性建筑。而莫角山的旁边就是出土大量玉器的反山贵族墓地。一个新石器时代的遗址怎么会有超大型的礼制性建筑和那么高等级的贵族墓地呢？这不是要调整我们的认识吗？

从那个时候起，我们就建议对良渚遗址群进行保护性规划。要规划首先就要对整个遗址群有一个全面的了解。省考古所不断地进行调查，开始只知道有四十几个遗址点，后来发现越来越多，从 50 多个、90 多个，直到现在的 135 个遗址点，以后还可能有新的发现。所以，从反山、瑶山的发现到莫角山遗址的发现，再到良渚古城的发现，我们对良渚遗址在史前文明中的重要地位的认识也不断提升，保护的力度也必须跟着加强。我这里要特别强调的是：大遗址的保护一定要与考古工作相结合，只有通过考古工作，才可能逐步发现、逐步认识，很难一步到位。因此做规划时一定要留有余地。

一开始我们对良渚遗址并不能看得那么清楚，这也正是大遗址保护工作有相当大难度的原因。当考古工作者开始认识到这个遗址重要的时候，暴露的迹象并不很充分，怎么跟政府相关部门和老百姓讲呢？你说反山、瑶山出土了那么多精美的玉器，是重要，那就保护反山、瑶山好了。你说莫角山重要，那就保护莫角山，但是你要保护一大片，几十平方千米，说它非常非常重要，到底怎么个重要法，又说不出个一二三来。在这种情况下，你要当地的各级领导干部大家都来重视，让老百姓都来配合，这个确实太难了。

那个时期我们国家还处在改革开放的初期，经济放开了，老百姓的积极性很高，纷纷办厂、做生意。我记得当时在良渚遗址群的地方，104 国道的两边，密密麻麻的一路几千米差不多都是商业店铺，进行竹篾器和各种小买卖，有的地方盖了工厂，要考古人员去配合。还有人在北面的山上开采石头，因为那里不是遗址保护区，在那儿开石头并不违法，但是对环境影响极大。山上挖开了一个个的膛口，天天放炮，轰隆轰隆巨响，拉石头的拖拉机马达声像坦克似的，碎石机的声音又像机关枪，烟雾弥漫，简直就像一个大的战场。这个时候我们跟老百姓说这个遗址要保护，可是在山上采石，那里不是遗址保护范围，怎么不能开采呢？这个老百姓就很难理解，所以这种大遗址保护的理念，文物考古干部不仅自己要认识到，关键是还要让老百姓认识到，这必须有一个过程。

良渚遗址至今还保护得比较好，除了业务人员的努力，主要还是政府领导非常得力，从省、市到区的负责同志，多年来坚持不懈，克服各种困难保护良渚遗址。为了更好地保护良渚遗址，下令拆除了妨碍遗址保护的长命印刷厂等房屋建筑，也关闭了山上开采石头的场所，还搬迁了一些民居。现在我们看到的良渚遗址群的环境多么好啊！老百姓的心情也发生了变化，早期的时候，我们的保护力度还远不如现在，不断地会出现有盗墓的，尤其是那些古董商，走家串户地收买古物，现在这种情况基本上绝迹了。

根据施昕更写的那个《良渚》报告，良渚遗址是他在 1936 年发现的，1938 年出了报告，在报告上他就写道：这儿的老乡挖的玉器是一筐一筐的，一筐一筐地在那儿卖啊！我们现在看到的美国弗利尔博物馆里收藏的几件最好的玉璧，就是弗利尔 1919 年在上海收买的，当时就说是出在浙江某个地方，我想应该是在良渚挖出来的。那个时候是一个无政府的状态，根本谈不上遗址的保护问题。

现在老百姓的认识，我认为经历了三个阶段：第一个阶段是要发展经济，有点顾不上保护；第二个阶段是注意到保护了，但认识还不到位，还没有同环境联系起来；第三阶段把遗址和环境保护统一起来，因此现在环境改善许多后，大家都很高兴。所以王国平同志特别指出：这次开会，老百姓的心情完全不一样了，把遗址和环境的保护看成自己的事了。我想，当我们把遗址保护好，并且把良渚遗址公园建设好的时候，老百姓注意自己文化素养的提高，自觉到这儿来感受良渚文化的熏陶，那时候的认识又提升了，我们的保护工作才算是到位了。

恐怕很多大遗址的保护都会走这么一条道路，所以说良渚遗址的保护有相当的代表性。在这里召开这次会议，特别是提出要形成"良渚共识"，我觉得意义重大。但是，我们认识到这一点，真正要做下去并不是很容易的。比如说我们要建设遗址公园，建设的过程中是否也要适当地动点土，再整治一下？若要整治一下考古就得先行，考古工作跟不上，就不能轻举妄动。因此，这对考古人员也提出了更高的要求，要求我们不能停留在现在的认识上。

我一直认为良渚遗址重要，我们现在对良渚遗址及其重要性的认识也已经比过去提高了很多。

这个遗址为什么那么重要？

第一，它的文化发展水平在全国同时期的文化中是最高的，对于探索文明的起源是最有希望的。

第二，它的范围非常大。就我们现在所知道的，已发现的有 135 个遗址点。内容非常丰富，有中心、有区划，有城墙，有莫角山那样的巨型台基和超大型礼制性建筑，也发现了一些高低不同等级的房屋和许多做得十分讲究的水井。还有手工业作坊，在塘山遗址就发现了制玉的作坊；在卞家山还发现了码头，至于到底是港口还是船码头，我们现在还不是很清楚；另外还发现了祭坛和很多不同等级的墓葬。这在全国同一时期的遗址里面来讲没有第二个，非常齐全。

第三，这个遗址群至今还保存得比较好。尽管在它的上面现在有良渚和瓶窑两个大镇，5 万人口住在这个地方，而且经济比较发达，毕竟破坏还不算太大，地下遗存都还留着，这种情况是十分难得的。

正是因为这么重要，才受到各级政府和各方面人士的特别关注。现在又决定在保护方案的基础上建设遗址公园，并且建立专门的考古研究机构，使遗址的保护和进一步的研究有了希望。我作为一个考古工作者感到无比的高兴。预祝我们的会议圆满成功！谢谢大家！

（原载《丹霞集——考古学拾零》，文物出版社，2019 年）

良渚古国，文明奇葩*

　　浙江良渚是个很吸引人的地方，国内外很多学者都希望参与到良渚遗址的发掘与研究中来。我也曾先后十多次到良渚遗址学习和考察，并被聘为良渚遗址群保护专家组成员。虽然未能直接参与良渚遗址的发掘，但看到浙江省文物考古研究所的同仁有了一个个的重大发现，心里总是特别高兴。

　　良渚遗址最初的考古发掘至今八十年了，这八十年可以分为三个阶段。

　　第一阶段五十年。1936年年末到1937年年初，当时西湖博物馆的绘图员施昕更，在梁思永先生主持山东历城县龙山镇城子崖发掘并出版了中国第一部大型田野考古报告的启发下，在自己家乡良渚镇附近的棋盘坟、茅庵里等六个地点进行了考古试掘，获得了大量石器和黑色的陶器。1938年正式出版了《良渚——杭县第二区黑陶文化遗址初步报告》，引起了学术界的关注。因为城子崖在龙山镇，故被称为龙山文化。又因为出黑陶器，所以也称为黑陶文化。良渚既被称为黑陶文化遗址，明示与城子崖属于同一文化。梁思永先生将龙山文化分为三区，良渚一类遗存被划为杭州湾区。后来类似的遗存陆续有所发现，文化特征明显不同于龙山文化，到1959年夏鼐先生才正式提出应命名为良渚文化。此后虽然有草鞋山和寺墩等重要遗址的发现，初步知道良渚文化有较高等级的贵族墓葬，并随葬有琮、璧、璜、玦等玉器，但对整个文化的研究进展较为缓慢。

　　第二阶段二十年。1986和1987年连续发掘了良渚遗址核心区的反山和瑶山两处高等级的贵族墓地，瑶山还有明确的祭坛遗迹。王明达告诉我，反山是人工堆筑的土山，用土量大约有2万立方米。山顶建墓，这次发掘的12座墓只占整个墓地的一小半。两处墓地都出土了大量精美的玉器，单是反山12号墓就出土了600多件。其中的琮王更是精美绝伦，上面就用极细的线条刻划出八个神秘莫测的神人兽面纹。同样刻有神人兽面纹的玉钺，其柄部还通体髹漆并镶嵌无数细小的玉粒，尽显豪华与威权。墓中还有镶嵌玉饰的彩绘漆盘与漆杯，以及象牙"笏板"

---

　　*　本文为2016年11月26日在良渚遗址考古发现八十周年学术研讨会上的总结发言。

等，还有很多穿缀在衣服上的玉饰件。如此高等级的墓葬，被葬者生前地位的显赫可想而知，我想他应该是一位总揽神权、军权与财权的良渚王。旁边那些大墓埋葬的是什么人？我想无非是最高统治集团的成员。他们的朝廷设在哪里，是首先要弄清楚的问题。很巧的是，就在1987年将近年末的时候，因为要扩展104国道，就在紧靠反山的莫角山东南发现大批良渚文化时期的红烧土坯，跟着这个线索追寻，发现莫角山竟是一个人工筑成的长方形大土台，面积达30万平方米。当时就设想这应该是一个台城，上面的大莫角山、小莫角山和乌龟山应该是宫殿或神庙所在。而在它周围的几十个遗址，应该是跟它有密切关系的一个遗址群。此后又连续发现了汇观山、卞家山和姚家墩等重要遗址，直到发现了良渚古城才进入第三阶段。

第三阶段十年。2006年，刘斌在瓶窑葡萄畈首次发现了古城墙的一角。墙基垫大石块，上面夯筑黄土，工程浩大，由此展开了探查整个城墙的工作。经过一年多的努力，终于探清了一座约300万平方米古城的范围。记得我曾经特地来杭州参加良渚古城的新闻发布会，当场书写了"良渚古城，文明圣地"的题词。古城发现的意义重大，竟然引起了多方面的质疑。但省考古所的各位对自己的工作充满信心，他们知道只要严格按照田野考古操作规程办事就不会出错。经过不懈的努力，整个古城的布局和结构越来越清楚，事实本身回答了那些冒充内行的质疑。不久，在城东约30千米发现一个以玉架山、灯笼山、横山和茅山等组成的遗址群。其中茅山发现有大面积的水稻田和配套的道路与水渠等，显然不是一般农户所能有，而应该是一个公共机构经营的农场。在古城以西的矮山区更发现有岗公岭等十处水坝形成的大小水库群，集水面积达100多平方千米。并且与古城北边长达5千米的塘山水渠连接，共同构成了一个集防洪、灌溉与漕运多种功能于一体的庞大的水利系统。建设如此浩大的工程，需要成千上万的劳力持续多日的施工，还需要大量后勤物资的保障，如果没有一个强有力的机构来组织是难以想象的。同样，如果没有一个精英阶层的"水利工程师"来勘察设计，以至到现场组织施工，也是无法实现的。

三个阶段，一个比一个时间短，一个比一个成绩大，这与考古学理论和方法的进步有关，与考古团队持之以恒、锲而不舍的努力有关。我认为良渚考古工作成功的经验值得很好地总结，可以作为类似遗址如何开展考古工作的典范。

如此发达的良渚文化，到底是不是进入了文明社会，是不是建立了国家，是人们普遍关心和思考的问题。人们往往把文明和国家联系在一起，说国家是文明的总结。我觉得两者固然有关系，毕竟还是两个不同的概念。文明是对野蛮而言的。从良渚贵族的衣食住行就可以看出文明化的程度。衣服虽然看不到了，但衣服上装饰的各种玉制品，包括玉带扣等，还是可以想见服饰的华贵程度。头发看不到了，却有插发的玉笄，梳子是象牙做的，为了装饰还镶上一个精致的玉梳背，身上则佩戴玦、璜、项链、手镯等玉器。不但高等级贵族如此，普通贵族和地方贵族也莫不如此，只不过有程度的差别，那可能体现着某种礼制！当时饮食也很讲究，一是饮食器复杂多样，除了一般的簋、豆、盘、碗、碟、杯，还有特制的椭圆形鱼盘和滤酒器。可谓食不厌精，脍不厌细。良渚到处是水，但是还要凿井，可见十分讲究卫生。房屋的情况可以从莫角山上层层夯实的地基再铺上木板，庙前房屋的柱子不用圆木，而加工成 40 厘米见方的，可见住房也很讲究。这样的生活还不算文明吗？

良渚是不是产生了国家，这要问什么是国家。过去讲国家，总是说国家是阶级斗争不可调和的产物，是统治阶级镇压人民的工具，但在良渚似乎看不出这种情况。良渚社会很和谐，也比较富裕。你看庄桥坟或新地里那些基层平民的墓葬中仍然有不少随葬物品，卞家山的普通墓葬也有独木棺，随葬陶器、石器和少量玉器。当然良渚社会已经有明显的阶级分化，有贵族和平民，有高等贵族和普通贵族。同时还有职业分工。士农工商，前三种人的分工很明确。有没有商不好说，但远近产品的交换肯定是有的。工本身还可分为玉、石、漆、木、陶、丝绸等行业。钟家港和塘山两个玉器作坊又有分工，前者做工明显比后者精细。这显然是一个高度组织化的社会！如果把眼光放大，从整个良渚文化来观察可能会更加清楚。

良渚文化是广泛分布于太湖流域的考古学文化，良渚古城同如此广阔的地区是否只有文化上的联系，还是存在着某种程度的实际控制？我们知道良渚古城的核心地区之外还有不少著名的遗址，包括上海的福泉山及江苏吴县的草鞋山、昆山赵陵山、无锡邱承墩、武进寺墩、江阴高城墩等，都是用人工堆筑的小土山做墓地，苏秉琦先生形象地比作土筑金字塔。上面埋葬的多是大小贵族。这些贵族墓中随葬的也多为玉琮、璧、璜、玦、钺、梳、带钩等，样式跟良渚核心地区的十分相似。特别是玉琮等上面刻划的神人兽面纹，也跟良渚核心区的一致，只是多为简化的形式。这说明什么？说明这些地方的贵族也有同样的礼制和宗教信仰，他们很可能是秉承良渚最高统治者的意志治理各自所属的地区，好像后来的州县一样。因此，良渚应该是一个广域王权的国家。恩格斯讲国家有两个特点，一是公共权力的设立，二是按地区划分人民。良渚古城和巨大的水利工程的建设，正是体现了强大的公共权力；地方贵族各自治理一方也就是按地区划分人民。这样看来，良渚时期明显建立了国家，而且是一个很像样的广域王权的国家。良渚文化至今没有发现金属器，生产工具主要是石器，最多属于新石器时代晚期。如果强调玉器的作用而划为玉器时代也未尝不可。没有青铜器，更没有铁器，在这种情况下能产生国家吗？良渚做了肯定的回答。即使是一种特例，在社会发展的理论上仍然是一个重大的突破。

良渚作为一个考古学文化也值得好好地总结一下。良渚文化有以古城为标志的核心区，有环太湖的主体区。还有一个扩张区，扩张到长江以北，比如蒋庄、花厅，那是用武力征服的。西面扩张到江西和安徽，南面扩张到浙江南部的遂昌好川。最后还有一个影响区，比如山东的大汶口文化、广东的石峡文化、山西的陶寺文化、陕西的石峁等。如果把良渚文化画一个圈，你画哪一层圈？显然一个圈难以如实反映情况。我们在研究别的考古学文化时，是不是也要考虑类似的情况。

探索中国文明的起源，首先要从中国特有的自然地理环境出发，分析这样的环境怎样孕育和滋养出具有如此特色的文化。同时要考察从旧石器时代以来逐渐形成的文化传统。中国文明是在不同的自然环境和不同的文化传统下，以不同的方式发展起来的，同时又发生复杂的相互关系。张光直先生曾经提出一个中国文化的相互作用圈，认为最早的中国就是在这个相互作用圈内逐渐形成的。实际上这个相互作用圈主要在长江流域和黄河流域，圈内有多个比较发达的文化。其中良渚文化所在的自然环境是最优越的，文化的发展也是比较成熟的，因而率先形成了古国。良渚古国应该是中华文明开创时期的一朵奇葩。如果说中华文明有五千年的历史，良渚文明应该是最有说服力的。所以我在会上题词："中华文明五千年，伟哉良渚！"还在良渚考古工作站题词："良渚古国，文明奇葩！"

[原载《长江文明的曙光》（增订版），文物出版社，2020年]

华夏文明五千年，伟哉良渚

良渚是个吸引人的地方，国内外的很多学者都希望参与到良渚遗址的发掘与研究中来。虽然没有参与过良渚遗址的发掘，但看到浙江省考古所的同志们有了一个个重大发现，我也并不遗憾。

良渚考古八十年可以分为三个阶段。

第一阶段，从 1936 年发现以后，引起了学术界的关注，一开始归到龙山文化里面，后来区分出来，单独叫良渚文化，但总体上讲进展不大。

第二阶段，以 1986 年牟永抗、王明达先生发掘反山良渚贵族墓地为起始标志，他们花了很大的功夫。为了安置贵族墓地，专门营建了反山这座坟山，出土那么多精美的玉器，这显然是已经分化的社会。墓葬这么厉害，那么活人住在哪里呢？1987 年，因 104 国道的修建，在莫角山东南角发现大量的红烧土，很多实际上是土坯被火烧了，然后一层一层填的。那这个土坯哪儿来的？那只能是在莫角山上面。后来杨楠在长命印刷厂做出来了一大片夯土，夯筑层次很多，密密实实。我看比二里头当时所谓夏的夯土要做得好、做得讲究。良渚这么早就发现这么高级的夯土，更显得莫角山不简单。良渚的考古从一开始就不是挖宝。

第三阶段，以 2006 年发现良渚古城遗址为起始标志，到现在是十年，进展就更快了。近年来发现了大型水利工程，良渚之所以这么发达，跟水利工程也是连在一起的，首先它既要有国家的公共权力来组织人力，又有防洪、运输、灌溉的作用，整个良渚也就发展起来了。世界最古老的几个文明——苏美尔文明、古埃及文明，也是在水利工程的基础上发展起来的。在茅山遗址发现的八十多亩的水稻田，很可能是良渚国的国有农场，至于石犁，还是耕田犁地的。

总体上讲，反山、瑶山到莫角山的发现，良渚古城再到水利系统的发现，都是一步一步做出来的，良渚的考古工作为中国其他地方的考古工作树立了一个典范。

良渚文化之所以这么发达，跟稻作农业有很大的关系，也只有发达的农业作为保障才能有剩余产品，才能供养工匠和大量的劳动力，才能建成这么大的城和水利系统，这就是社会分化。社会分化有两种。一种是职业的分化，中国古代有士农工商，良渚肯定已经有了士农工。另外一个就是社会分层，良渚的贵族墓是一般墓地没法相比的，已经有了阶级分化。

现在我们经常讨论，良渚有没有国家，良渚有没有进入文明。过去我们把文明跟国家连在一起。有关系，但是我认为还是两个概念。良渚这么高等级的这些玉器啊、漆器啊什么的，它不是文明是什么？而我们过去讲国家，说国家是阶级斗争不可调和的产物，但良渚看来是很和谐的社会。我就想到恩格斯讲国家有两个特点：一是设立了公共权力，二是按地区划分人民，而不完全是血缘。良渚遗址当时很发达，周围福泉山、高城墩、寺墩、赵陵山也都有很多埋在坟山上高等级的墓葬。可以推论，假若良渚是一个国都的话，那些就是各个州郡所在地，这就是一个很像样的广域王权国家了。我们过去都说新石器时代，但是新石器时代就不一定产生文明吗？就不一定形成国家吗？良渚就是一个例子。这在社会发展史上，真要写上重重一笔，突破了过去的传统观念。

良渚的考古学文化也值得好好总结。良渚有核心——良渚古城；也有主体——环太湖流域；还有一个扩张区，扩张到长江以北了，比如蒋庄、花厅，西面到了安徽、江西，南面到了好川；最后还有影响区，比如说广东的石峡文化，还有山西的陶寺，陕西的石峁。因此，文化有核心、主体、扩张区和影响区，不能像以前那样简单地划分考古学文化。

中国文明是在多个地方，在不同的自然环境下，以不同的方式发展起来的。过去张光直提出"相互作用圈"，各个地区相互影响、相互作用，最后形成了一个大的以中原为主体圈，然后有外围圈的中华文明，像一个重瓣花朵。在这个过程中，各地的贡献是不一样的。良渚的贡献起码在中国南方是最大的，它在北方同样也有贡献。刚才他们要我题个字，我就说"中华文明五千年，伟哉良渚"。良渚在中华五千年文明里面，占有一个突出的地位，在世界上也有非常突出的地方。

（原载《中国文物报》2016 年 12 月 2 日第 5 版）

弗利尔美术馆的良渚玉器

美国收藏家弗利尔（Charls Lang Freer，1856～1919 年）从 1917 年起，曾经从上海和纽约古董商那里购买了大批中国玉器，收藏于 1923 年建成的弗利尔美术馆。据说其中有些出自浙江省。当时对这些玉器的年代无法确定，只能推测。一般认为可能是商周乃至汉代的遗物，简称周汉玉器。时隔半个多世纪，在我国东方沿海的山东、江苏和浙江等省的新石器时代遗址中不断发现玉器，其中有不少与弗利尔收藏的玉器非常相似。人们不得不重新考虑那些玉器的年代和意义。日本学者林巳奈夫 1980 年访美时见到了那些玉器，认为是属于良渚文化的[1]。美国人莫瑞（Julia K. Murray）在弗利尔美术馆建馆 60 周年时发表的一篇文章中，比较详细地介绍了这批资料，认为其中一部分像良渚文化的，一部分像大汶口文化的[2]。我于 1986 年访美时也特地参观了那些玉器，知道确实是良渚文化的。

这批玉器的数量甚多，按种类分别有钺、琮、璧、璜、环、梳背、手镯和佩饰等，其中以玉璧居多，尺寸变化也较大，且均系软玉制成。最吸引人眼球的莫过于那四件具有精细刻划纹的玉璧。四件均通体磨光，据台北故宫博物院的邓淑苹反复核对，各璧的直径分别为 24.6、31.75、23.65 和 17.62 厘米。其中最小的一件上有多道弧形琢痕，应当是轮锯切割所致。这些玉璧上都有非常精细的线刻图画。第一件画一鸟直接歇立在有台阶的基座上，基座上画一个圆形符号，圆形中又画出七个排列成梅花状的云纹，符号下面则画一个新月形符号。这件璧的外缘略显内凹，上面刻一对飞燕和一对鱼刺纹，各自相对，且均按顺时针方向飞翔和游动，中间则以云纹填充。这对燕子均画出嘴和双眼，剪刀尾上有小点或线纹。这么小的图形，还是刻在狭窄的双向曲面上，线条都很流畅，真可谓巧夺天工（图一，1）！第二件画一鸟停歇在一个有基座的柱头上。柱子的下面有三个圆形，基座有三级台阶，上面画一个"四"字形符号（图一，2）。第三件的图样大致与前者相同，只是

---

〔1〕　林巳奈夫：《良渚文化玉器的若干问题》，日本《博物馆》杂志 360 号，1981 年。

〔2〕　J. K. Murray，1983. Neolithic Chinese Jades in the Freer Gallery of Art. *Orientation*，12.

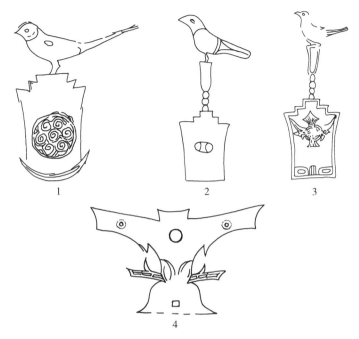

图一　弗利尔美术馆藏良渚玉璧和玉镯上的刻划纹

鸟尾稍向上翘起，似乎是振翅欲飞。柱子和基座都用双线勾勒，基座上有一个比较复杂的符号（图一，3）。第四件只有一个简单的"四"字形符号。

　　在弗利尔之前，法国收藏家吉斯拉（G. Gieseler）即曾发表其收藏的良渚玉琮及其上面的刻划符号。此琮现藏于巴黎吉美博物馆。邓淑苹是研究玉器的著名专家，她曾经于1992～1993年两度赴美专门考察弗利尔的玉璧上的神秘符号，接着就发表了《中国新石器时代玉器上的神秘符号》的重要论文[1]。

　　类似的玉璧近年来已出土多件。在良渚遗址群北面安溪乡的百亩山，在一位老乡的厨房或后院一个元代瓷坛上盖着一块玉璧，上面刻划了一个类似基座的长方形符号，上面刻划一个似龟又似飞鸟的图画，对称的一面则刻划玉璋形的符号，现藏浙江省博物馆。台北故宫博物院收藏的玉璧和北京首都博物馆收藏的玉琮上也有相同的一对符号。良渚博物院也收藏了一件刻划有鸟立基座的玉璧，鸟足端更刻出了六个鸟爪，基座上也刻划似龟又似飞鸟的图画，与百亩山玉璧的符号别无二致。后来我在台湾一个私人收藏家的蓝田山房库房看到一件跟百亩山一样的玉璧，开始根本看不清上面有什么图样，只是拿了带电灯光的放大镜才勉强看出

────────────

　　[1]　邓淑苹：《中国新石器时代玉器上的神秘符号》，《故宫学术季刊》1993年第1卷第3期。

来，显得特别神秘。近年来在上海福泉山 M40 随葬的一块玉璧上刻划一个很草率而不明含义的符号。江苏东台县蒋庄也发现同百亩山相似的玉璧。这类玉璧厚不过 1 厘米，边缘稍稍内凹，上面往往刻划有非常纤细的飞鸟和云雷纹，刻划方法跟璧面图像的刻法一致。都是特别纤细，若隐若现。这些玉璧上的立鸟和飞鸟等符号具有神秘感，良渚文化晚期的年代跟龙山文化和肖家屋脊文化的年代基本相同，后二者玉器上的鹰鸷纹饰应该是当地传说中的祖先神的形象，良渚文化玉璧上立于高台上的鸟纹应该具有同样的意义。正如古埃及雕刻的站在宫殿或国王头顶上名为荷乐斯的鹰表示其祖先太阳神的意思一样，是人类文明起源时期民神杂糅，不可方物，此其事也。问题是这种玉璧都是良渚文化晚期的作品，年代基本一致。不同地方出土玉璧的制作技术与刻划的纹样也基本相同或相近。上面刻画的纹样那么纤细，普通肉眼都不容易看清楚，不是一般的玉工所能制作出来的。我猜想这可能是一位超高水平的技师的作品而传到各地的。

该馆收藏的玉琮也很多，都是良渚文化中所常见的。有两类。一类似环，四边呈弧形，外壁以转角线为中心刻划出四个简化的神人兽面纹，高 6.5 厘米。另一件转角不明显，近似手镯。也有四个简化的神人兽面纹。外径 7.1、高 3.5 厘米。另一类琮为分节的方柱形，发表的三件分别为二、五和十一节，高度则分别为 4.5、17.5 和 28.5 厘米。

钺有两件软玉质的，器身扁薄，略呈梯形，通体磨光，用管钻法穿孔。其一为赭红色，长 16.2、宽 11.9 厘米，两边略凹，弧刃；另一件为墨绿色，长 22.6、宽 15.7 厘米，亦为弧刃，唯刃部更为突出。此外还有一件灰色石英质钺，长 17.7、宽 13.3 厘米，也是通体磨光，器形接近墨绿色玉钺，唯穿孔较大，孔径达 4.5 厘米。弧刃钺流行于江苏南部和浙江北部，早在马家浜文化时期即已出现，只是数量少，磨制不精，穿孔也没有用管钻。其后的崧泽文化和北阴阳营文化则已较普遍，均为石质，通体磨光，且多用管钻。到良渚文化时期才出现玉钺。上述三件钺与江苏武进寺墩的良渚文化墓葬中出土的石钺和玉钺，在形制和大小上都十分相像，应该是良渚文化的器物。

镯也有两类，一类为圆筒形，有两件，分别高 3.9 和 5 厘米，直径 6.4 和 7.3 厘米。前者有两个纤细的刻划纹，一为圆下一个新月，另一个符号略似一个猛禽站在钟形基座上，张翅欲飞（图一，4）。后者有简化的神人兽面纹。另一类似环，剖面有圆形、椭圆形和方形几种。

梳背有两件，以前不认识，自从浙江海盐周家浜 M30 发现安放在象牙梳上，才知道是作梳背用的。

玉牌有两件，上圆下方，上面有简化的神人兽面纹。此外尚有一件玉璜，长

9.4厘米。

　　由上可知弗利尔所藏玉器都是良渚文化的。实际上良渚文化的玉器早在两千六七百年以前的吴越贵族就注意到了。江苏吴县严山春秋时期的玉器窖藏就出土有璧、琮等多件良渚玉器。浙江安吉递铺垄坝的战国墓中也出土过良渚的玉璧。宋代更出土过不少良渚玉器。后来盗宝之风起，最早发现和发掘良渚遗址的施昕更就已经注意到了出土玉器的窖实际上是墓葬，包括出土大量玉器的高等级贵族墓葬。在《良渚》考古报告结论的列表中，他把出土玉器的墓葬和少部分晚期黑陶列于铜石并用时代，是很有见地的[1]。在《良渚》考古报告第四章"遗物"中的其他类还专门谈到玉器。他推测那些玉器"都是墓葬物"，玉器摆放的情形有所谓梅花窖或板窖之称。他注意到一座墓葬的玉器"多者竟达百余件，摆放有序"。器类则有"琮、璧、环、瑗、圭、璜、瑂、勒及其他饰玉、佩玉等"。他还注意到葬玉的墓"所在地不同，而玉有优劣之别。一方面固因环境不同，一方面更为当时殉葬的阶级制度不同所致"[2]。这是多么有见地啊！在该考古报告插图二的地图上分别标明了玉器墓葬和黑陶等遗物的出土地点，其中有玉器墓葬的地点自西向东有钟家村、金家巷、后湖村、棋盘坟、荀山和荀山塔下、茅庵前和近山等共9处。可惜这些地方至今仍没有进行正式的考古调查与发掘。直到1972年江苏吴县草鞋山发掘的良渚文化墓葬中发现了璧、琮等玉器与良渚陶器共存，才知道良渚文化确有高等级的玉器；到1986年和1987年反山和瑶山相继发现高等级的贵族墓，并出土了大量极为精致的玉器，才看出良渚文化有多么高超的技术与艺术，良渚文化的社会又有多么高的发展水平。

1984年10月初稿，2019年6月修改

［原载《长江文明的曙光》（增订版），文物出版社，2020年］

---

〔1〕　施昕更：《良渚——杭县第二区黑陶文化遗址初步报告》，浙江省教育厅出版，1938年，45页。

〔2〕　施昕更：《良渚——杭县第二区黑陶文化遗址初步报告》，浙江省教育厅出版，1938年。

良渚文化的人头盖杯

2005 年 11 月，在良渚文化核心区的卞家山一条水沟内与大量木构件和漆觚等一起发现了一个人头盖杯，编号为 G1②∶223，是用线切割的方法切下顶盖，局部可见切割的痕迹。切割面不甚平整。前后各穿两孔以便系绳。里面从前往后有两行各六个很浅的小钻孔，排列不甚整齐（图一）。为什么人头盖杯会被抛弃在河沟里，还是同多件珍贵的漆觚、漆豆、漆盘等一起抛弃？只有战争能够解释。正是在这个时期，也就是良渚文化的晚期，整个良渚古城都毁掉了，那场战争的规模与惨烈可想而知。

图一　良渚卞家山河沟里的人头盖杯

2010 年在上海福泉山吴家场良渚文化墓地的 M207 中又出土了一个人头盖杯，做得比较讲究。从前往后用线切割，切口经过研磨。表面也经过磨光并涂朱砂，部分涂黑。前后各钻三孔以便系绳。同墓还出土了 100 多件器物，其中最重要的是一个象牙权杖。它是将象牙切成长 97 厘米的薄片，前宽后窄，前头切平，后头插入也是用象牙做的镦部。镦为椭圆柱形，高 9.8 厘米。权杖表面上有十组神人兽面纹的浅浮雕和细密云雷纹的地纹。镦上有两组鸟纹和兽面纹，也有云雷纹的地纹。这是前所未见的重器，说明该墓的主人身份不同一般。持权杖的人应该是具有指挥权的首领，他持有的头盖杯很可能是用敌方首领的头骨做的，用以显示自己的权威与战功。

后来在 2011～2015 年发掘的江苏东台蒋庄良渚文化的墓地中，于 M158 二人合葬的二次葬墓中，在独木棺脚头的挡板外更发现了三个人头盖杯，做得都不甚讲究。旁边还有一个人头骨，头部挡板外也发现了一个人头骨和一个下颌骨。这是发现人头盖杯最多的一例。墓中埋葬的人骨一大一小，性别和年龄均不甚清楚。墓中仅随葬一件陶鼎和一件双鼻壶，不像是贵族或首领级人物。为何有这么多人头盖杯随葬？耐人寻味。这个墓地除一次葬外还有超过半数的捡骨葬和烧骨葬，三者基本上是分区埋葬，与良渚文化其他墓地的埋葬方式均不相同，也是非常特别。尽管这个墓地分为三期，但从大型玉璧来看都是良渚文化晚期的。从几乎每个墓葬都有很讲究的大型独木棺来看，这个聚落还是很富足的。

以上几个人头盖杯的做法基本相同，并且都比河北邯郸涧沟人头盖杯的制作讲究得多，年代也早了许多。良渚文化的年代，据多个碳 – 14 数据的测定和校正，为公元前 3300～前 2250 年。因此，这些人头盖杯是世界上最早的标本。这与良渚文化最早进入文明时代是有密切关系的。

［原载《长江文明的曙光》（增订版），文物出版社，2020 年］

一部优秀的考古报告——《反山》

　　浙江余杭县的反山遗址是 1986 年发掘的，正值良渚文化发现 50 周年的日子。为此在杭州召开了一个别开生面的学术讨论会，并且在会前组织大家参观了反山遗址。所有参观者莫不为那些极其重要的发现所震撼，纷纷发表感想，觉得过去对良渚文化的认识实在太不够了。会上的许多发言几乎都认为要提高对良渚文化的认识，要与文明起源的问题挂起钩来。有的说良渚文化走近了文明的门槛，有的说已经跨进了文明的门槛。我在会上也作了"良渚文化研究的新阶段"的发言，认为反山的发掘使良渚文化的研究进入了一个崭新的阶段，今后有关的考古工作也应该有新的思路和新的方法。从那以后，人们对良渚附近的考古工作更加关注，瑶山、莫角山、汇观山等重要发现一个接着一个，而整个良渚遗址群的调查也逐步开展起来。这些工作可说是举世瞩目的，可是在较长一段时间内只能看到简报、图录或讨论文章中提供的不完整的资料，人们以不无急切的心情期待正式发掘报告早日面世。值得庆幸的是，最近浙江省文物考古研究所连续推出了良渚遗址群的一系列田野考古报告，包括《良渚遗址群》调查勘探报告和《瑶山》《反山》《庙前》等发掘报告，其力度之大前所未见。由于这些报告的出版，使公众对良渚文化核心区的基本情况和文化发展水平，以及在那里所进行的卓有成效的考古工作有一个比较全面的了解，对于推进良渚文化和文明起源等相关问题的研究，无疑将会起到重要的促进作用。几本报告的内容不同，编写各有特色，但就其内容之精彩、编写者投入的精力和达到的水平来说，当首推《反山》一书。

　　反山发掘之前，在江苏吴县草鞋山、张陵山，武进寺墩和上海福泉山等地相继发现了良渚文化随葬玉器的大墓，特别是在福泉山发掘中认识到这些大墓所在的土墩或小山乃是人工营建的坟山，并且被苏秉琦先生比喻为"土筑金字塔"。在这些事例的启发下，考古人员自然会想到在良渚也可能找到类似的坟山。恰巧余杭县长命制动材料厂在反山筹建厂房，省文物考古研究所派员考察，看到了人工形成的熟土堆积，只是没有发现可以明确时代和文化性质的陶片。在人们的认识并不统一的情况下，主事者认定那是一处良渚文化高规格的墓地，当即与有关方面交涉停建厂房，而着手有计划、有组织地进行考古发掘。这可以说是一个具有科学预见的战略性决策。

人们常说做考古工作要有课题意识，反山的发掘就是有明确的课题意识和学术目标。而且在工程建设有可能危及重要的考古遗迹时迅速采取断然措施。这两点在反山的考古发掘中表现得十分突出。

现在知道，反山至少是经过两次人工营建的土台。第一次营建的时间大约在良渚文化中期偏早，筑成的土台高约 5 米。上面似有祭坛，然后在祭坛上埋了 9 座贵族墓葬。过了好几百年，到良渚文化的晚期，人们在原有土台上加高加大，并且又埋了若干墓葬。此后又过了两千多年，到了东汉时期，再次把土台当作墓地，埋了 11 座砖室墓，把良渚文化晚期的墓葬破坏殆尽，只剩下了 2 座。这三批墓葬中，最重要的是第一批 9 座墓葬。从各墓的分布和相互关系来看，应该是一个完整的墓地。它是迄今为止良渚文化中等级最高、保存最为完整的贵族墓地。

在这个墓地中，M12 随葬品数量最多，品位最高。单玉器就有 647 件之多，还有数百粒找不到归属的玉粒和玉片没有统计在内。被称为琮王的大玉琮、大玉钺、玉柱形器和可能是权杖部件的玉瑁、镦上都刻有完整形态的神人兽面纹，还有镶嵌各色玉件的彩绘漆盘和漆杯等，每件都堪称稀世珍品。而这座墓恰巧处在中心的位置，说明墓主人是一位掌握军政大权和宗教法权的首领。这座墓的北端即脚端是 M22，也有很多高品位的随葬品，其中有玉璜和玉圆牌而没有玉钺、玉琮，且是唯一在玉璜上刻有完整神人兽面纹的墓葬，发掘报告推测这墓的主人应属女性，很可能是 M12 墓主人的配偶。M22 的左边是 M20，随葬品的数量仅次于 M12，其中有玉琮 4 件、石钺 26 件，说明墓主人生前拥有很大的神权和军权。M12 的右边有 M17 和 M14，左边有 M16，这几座墓的随葬品也很多，并且都有玉钺，又紧靠 M12，显示其地位显赫。M23 在 M14 的北端即脚端，随葬品中有玉璜、玉纺织具、玉圆牌和玉琮而没有玉钺，墓主人可能是 M14 墓主人的配偶。M15 和 M18 位于墓地西侧稍远处，各随葬有数十件玉器，数量和品位均低于以上各墓，其中也有玉琮和刻有神人纹的"冠状器"等，地位也不算太低，报告推测其墓主人可能属于以 M12 为中心的上层贵族中的"臣僚"或"巫觋"。由此可见这 9 座墓的主人生前应该是一个统治集团的核心人物，其地位不但在良渚遗址群中是最高的，就是在整个良渚文化中也是无可攀比的。

从各种角度分析，良渚遗址群的中心遗迹应该是莫角山那巨大的长方形土台，它上面的大片夯土应该是宫殿一类礼制性建筑的遗存。而反山就在莫角山的西北角，二者相距不足 100 米。在那里营建最高统治者的坟山，一定是经过慎重选址和精心设计的。不过以 M12 为中心的墓地持续的时间并不很长，根据前面的分析，可能还不到两代人。莫角山的中心地位似乎不会这么短。如果这个估计没有大错，就近还应该有或早或晚的同样规格的墓地。在反山之后发掘的瑶山和汇观山尽管也是高级贵族的墓地，但其地位似乎还无法同反山相比。因此我推想反山尚未发掘的东半部，是否存在另一个或两个规格相当、只是年代上略有先后的最高贵族的墓地呢？

反山发掘已经过去20年了。在这20年中，有关良渚文化的重要发现可说是一个接着一个，其中没有一个可以同反山相颉颃的。随着时日的推移，反山和莫角山的中心地位也日益显现出来，这对于估量良渚文化的社会结构和发展水平是至关重要的。

反山的出土遗物中以玉器为最多，也最受学界关注。如果说草鞋山等地的发掘第一次辨识出良渚文化的玉器，并且把过去流散在海内外的一大批所谓周汉玉器而实属良渚文化的玉器得以识别出来的话，那么反山的发掘则极大地提高了良渚文化玉器的研究水平，进而把中国史前玉器的研究推进到一个崭新的阶段。其原因盖在于良渚文化的玉器规格最高，品种繁多，绝大部分并非单体成器，而是由多个部件联系在一起的组装件、穿缀件和镶嵌件。如果在发掘时稍不留意，这些物件的整体形态和功能就无法辨识，成为一堆形状大小各异而乱无章法的零碎物件。例如玉钺在过去多只发现钺体本身，连如何安柄都不大清楚，甚至有错认为是玉铲的。这次发现的几件玉钺虽然除本体外柄部腐烂无存，但是还有柄两端的玉瑁和玉镦，二者相距约70厘米，可知钺柄大约有70厘米长。不但如此，在钺柄的部位散布有许多玉粒，有些玉粒上还黏有朱漆痕，显然是镶嵌在漆木柄上的饰物。有的柄端还有琮形管，很可能是璎珞上的挂件。把这些情况联系起来，不但使已经散开的各个部件得到合理的解释，而且可以清楚地了解玉钺的整体形状和豪华气概。又如穿缀件多是由管、珠、璜或牌饰等穿缀在一起，作为头饰、项饰、胸饰或其他饰物，由于将这些饰物联系在一起的有机物都已腐烂，如果不注意相互的位置和摆放部位，作为一个个单体就不知道是什么东西。至于镶嵌在漆木器上的玉粒、玉条和玉片等，如果不注意摆放的位置，就更是一堆乱麻。有的器物如琮、璧等尽管是单体的，也可以从随葬的具体情况得到新的认识。按照传统的看法琮、璧二者应有配伍关系，但反山的情况证明二者在数量上不成比例，制作的精粗上明显有别，在摆放的位置上也看不出有特别的联系，可以肯定良渚文化的琮、璧是没有特别的配伍关系的。类似的例子还有许多，这可以说是对史前玉器研究的一大贡献。

反山发掘的可贵之处在于事先做好了充分的准备，在发掘每一座墓葬时都非常注意所有随葬物品的位置和相互关系，直到弄清楚以后才记录和起取。有的在田野中实在分辨不清，在室内还要细心研究。这本来是任何考古发掘的基本要求，可惜不是每一个发掘都能够做到的。这不完全是考古水平问题，而是有没有责任心和求真务实精神的问题。

反山的漆器也十分引人注目，其中最大的当然是葬具，也就是漆棺。至少 5 座最大的墓都有漆棺，可惜全部腐朽只剩了漆皮，无法窥知其本来的面目。而最华贵的当数 M12 的漆杯和漆盘。二者除造型和花纹讲究外，单是镶嵌的玉粒和玉片等就分别有 141 和 182 件之多，品位之高可想而知。由于胎骨完全腐烂，只剩漆皮和镶嵌的玉件，经过细心的剔剥、翻模、起取和室内研究才得以大致复原，使我们能够欣赏到几千年以前的工艺精品。略显不足的是漆杯插图正反面大小不一致，不知哪个是正确的。插图、翻模的照片和文字描述都说明这件漆杯是有把有流，流部上翘，很像那种有针刻纹饰的宽把带流陶杯。可是复原的漆杯却是平口，无把无流，这是不应该有的差错。

总起来说，这部报告有两个特点是比较突出的：

首先，报告全面如实地报道了反山考古调查与发掘的资料，并且经过充分消化，较好地处理了重点与一般的关系。考古报告的首要任务就是要全面如实地报道所得资料，但事实上许多报告做不到这一点，这是令人遗憾的。全面报道资料不等于开流水账，照单验收。一定要有研究，看什么是最有代表性的，最重要的或最为突出的，就要把它的代表性、重要性或突出特点表现出来。一般的情况也不能省却，既要面面俱到，又力求有所概括，有所分析，尽量节省篇幅。在这个基础上还要进行全面的考察，注意各种现象之间的联系，以获得最佳的解读。反山遗址的重点是良渚文化中期偏早的贵族墓地，墓地中的重点是处于中心地位的 M12。报告如实地报道了该墓的发掘情况和保存状况，强调了改进发掘方法的重要性。接着以极大的篇幅报道了随葬器物中号称琮王的大玉琮、大玉钺、玉柱形器和可能是权杖的瑁与镦，因为这些器物上都有神人兽面纹，有的还有繁复的地纹或其他纹饰。刻纹的纤细程度有如微雕。报告以多幅放大尺寸的插图（整体的、分幅的和细部的）、拓片和彩版多种方式相配合来表现，并且配以详细的文字说明，使读者对良渚匠人精湛的雕刻技法和高超的艺术表现手法等有真切的认识和感受。这还只是该墓随葬器物的一小部分。如果把全部随葬品联系起来，再同周围的其他墓葬相比，那位墓主人高居于群雄之上的王者的形象和气概便表现得淋漓尽致，埋葬在他周围的显贵自然就是以他为首的最高统治集团的成员。这恰恰是反山发掘所获得的最重要的信息。《反山》报告突出地强调了这一信息，体现了编写者的深刻用心和学术水平。

其次，报告特别注意总结田野工作经验。一份发掘报告不能只写发现了什么，还必须写如何发现的以及为什么要发掘的理由。这里有对遗址基本情况的了解，对它的性质和学术重要性的判断，要有预期的学术目标和为达此目标制定的工作计划。如果发掘过程中遇到了事先没有估计到的新情况，是不是做了相应的调整和对策，实行的效果如何，等等。写出这些内容乃是为了读者更好地理解发掘报告所提供的考古资料，以便于做更深入的研究；同时也是为了总结经验，便于相互交流以提高田野考古水平。为此我曾经多次呼吁，可惜大部分发掘报告忽视了这方面的内容。反山报告则非常重视，讲了许多有价值的经验，也讲了工作中的某些失误，毫不隐讳。这种实事求是的精神是值得大力提倡的。

　　总之，《反山》是一部优秀的考古报告，值得提倡，希望对正在编写和将要编写的考古报告有所启迪。

　　　（原载《中国文物报》2006 年 7 月 12 日。后收录在《中华文明的始原》，文物出版社，2011 年）

《良渚玉器》序言

中国史前玉器以良渚文化最为发达，良渚文化的玉器又以良渚核心地区的反山、瑶山出土者最为集中，数量最多，档次最高，蕴含的内容也最为复杂。如何解读是一件十分困难而又具有重要意义的事情。

解读良渚玉器，离不开对整个良渚遗址的认识。良渚遗址是以良渚古城为中心的巨大群落。古城中心有莫角山等类似宫城的高等级建筑和钟家港的玉器等手工业作坊，周围有反山、瑶山和汇观山等王室祭坛和高等级贵族墓地，还有卞家山船港码头等水运设施。更有塘山运河和彭公大坝等世界级的超大型水利枢纽工程。而这一切又是以极其发达的稻作农业为基础的。

良渚文化的稻作农业已普遍实行犁耕，虽然只是用石犁铧，但总比耒耜的效率要高得多。正是因为有了犁耕，才可能开辟像茅山那样大面积的稻田，才会有莫角山上那样巨大的粮仓，那里被烧毁的稻谷遗存就有数十万斤，这在中国同一时期的史前文化中是独一无二的。如此发达的农业自然可以养活大量非农业人口，包括各种专业的手工业者、权势阶层和神职人员等，大大促进了职业分工和社会地位的分化。亚当·斯密在其著名的《国富论》中说："分工是文明的起点。"对良渚文化来说，这种复杂的专业分工自然也是文明起源的重要标志。

良渚核心地区的高等级建筑和各种巨大工程的建设，需要集中大量的人力物力。在当时的条件下，只有掌握巨大财富和军事力量的贵族集团和他们的首领才能办到。反山、瑶山高等级墓葬所埋葬的应当就是这样的贵族集团。而反山 12 号墓埋葬的死者很可能就是一位王者，我们可以称之为良渚王。王者行使权力要达到无可争议，还必须依靠神力，让大家相信王权神授。

本书在解读良渚玉器时首先注意到精心刻划而十分独特的神像，包括完整的神人兽面像和各种简化的形式。它被刻划在除玉璧以外几乎所有个体较大的玉器上，尤以各种形式的玉琮为最。其中的兽面像很可能是良渚玉器中龙首纹的另一种表达方式。那是一种神圣的徽号，可以称之为良渚文化的神徽。

本书将良渚玉器分为六类，即葬具上的礼仪用玉，反映神权的琮和琮式玉器，反映王权的钺和权杖，反映财富观念的璧，礼仪服饰用玉和礼仪工具用玉，大致是符合实际情况的。说明玉器的使用已经渗透到良渚贵族生活的方方面面，是良渚古国文明的集中表现。

本书在解读良渚玉器的功能时还特别关注考古发现的情景，以了解某些玉器的组装和配伍关系。例如葬具上的礼仪用玉，如果不与埋葬方式和礼仪联系起来考察，单从器形和纹饰上观察是难以确知其用途的。玉钺和权杖的瑁和镦，以及数以百计的小玉粒，如果不是在考古发掘时注意其相互之间的关系，单凭其形状和纹饰是无法确知其功用的。良渚玉器的佩饰中有一种所谓冠状器，因海盐周家浜发现其呈凸榫状嵌入象牙梳顶端，遂被命名为玉梳背。本书注意及此，但仍然保留冠状器的名称。因为冠状器很像神像的冠帽，不仅是实用器，还具有礼制的内涵，这样处理应当是比较合适的。

本书图版编排十分考究，文字说明也颇具匠心。在以前多种良渚玉器图录的基础上又有显著的提高。对研究良渚玉器和良渚文化都是十分难得的好书，相信会得到广大读者的欢迎！

2018 年 7 月 10 日于北京大学蓝旗营寓次

（原为杭州良渚遗址管理区管理委员会、浙江省文物考古研究所编著《良渚玉器》序，科学出版社，2018 年。后收录在《耕耘记——流水年华》，文物出版社，2021 年）

《良渚古城——东亚早期国家》序

　　良渚文化是 1936 年首次发现的，至今已超过 80 年。这个文化的核心部位正是在浙江杭州余杭区的良渚镇附近。开初只是作为一般新石器时代的考古学文化对待，可是到 1986 年一个偶然的机会，由于当地长命乡的制动材料厂打算在一个叫反山的小土堆上施工，省考古所的人员因为发现其边缘有人工堆筑的痕迹，当即制止了施工而进行正规的考古发掘。结果发现了一批高等级的贵族墓葬。单是其中的 12 号墓就出土了 600 多件玉器，包括一件 6.7 千克的大型玉琮，上面刻划着 8 个神人兽面纹，其线条纤细得像微雕，看了简直令人震撼，被称为琮王。同墓还出土了雕刻神人兽面纹的玉钺以及镶嵌玉件的漆器和多件象牙制权杖。这是前所未见的高等级贵族墓葬，因而被称为王墓。紧接着在 1987 年于反山以东不远的瑶山又发现了一处高等级贵族墓地，其规格仅次于反山，并且是处在一个精心规划的祭坛之上。也是在那一年的末了，因为扩建 104 国道而发现了莫角山遗址。那是一个 30 万平方米的长方形城址，而反山就在它的西北角。当时考古界正在探索文明的起源，这一发现自然引起了极大的关注。2006 ~ 2007 年进一步发现了环绕莫角山和反山的大型城址。在省文物局和文物考古所召开的新闻发布会上，我讲了该城发现的重大学术价值，并且写了"良渚古城，文明圣地"的题词。2009 ~ 2015 年，在良渚古城以西的彭公等处发现了成体系的高低水坝遗址，这是世界级的大型水利工程，而良渚古城的外城墙也逐渐被认识出来。这样一个有宫城、内城和外城的三重结构，已是我国古代都城的滥觞。在整个良渚文化的范围内，还有福泉山、赵陵山、张陵山、寺墩等多处高等级的聚落与墓地。从出土的玉琮、玉钺等重要器物来看，都跟良渚古城有密切的联系，好像后来的州郡所在。这就是一种邦国结构。而不同等级的贵族墓葬和大量平民墓葬的存在，又说明当时已经出现了相当复杂的社会等级结构。因此在良渚文化发现 80 周年的纪念会上明确提出了良渚古国的概念。它是中国最早出现的国家，也是世界上最早出现的国家之一。这个重大的发现完全是由考古工作者一铲一铲地揭示出来的。因为在中国丰富的古代文献中丝毫没有这个国家的记载，连相关的传说也没有。

　　鉴于良渚遗址如此重要，很早就列入了国家级保护单位，后来又被列入世界文化遗产的申报项目。与此同时就要有一个相应的保护规划。陈同滨同志自始至终就主持保护规划的制订，对良渚古城的山山水水和历年的考古发现了如指掌。考虑到良渚古城和古国至今还没有一本综合性的著作，她就欣然命笔。开宗明义题目就叫东亚早期国家，对良渚古城遗址进行了全面的梳理和价值评估，并且与国内外早期城址进行了比较研究。值得关心良渚考古的人仔细和认真阅读。

（原载《耕耘记——流水年华》，文物出版社，2021 年）